Gabriela Hilf

REIKI für alle Fälle

Die Ratschläge in diesem Buch sind von der Autorin sorgfältig erwogen und geprüft worden, dennoch kann eine Garantie nicht übernommen werden. Eine Haftung der Autorin bzw. des Verlages und seiner Beauftragten für Personen-, Sach- und Vermögensschäden ist ausgeschlossen.

ISBN 3-89845-108-9

1. Auflage 2005

Illustrationen: Rudi Parthe, Wien; Uwe Hermann, Obersimten; Beatrix Niemann, Dannstadt; Eduard Schwöbel, Dannstadt

Gestaltung & Satz: XPresentation, Boppard
Druck: Finidr, s.r.o. Cesky Tesin

Verlag "Die Silberschnur" GmbH · Steinstr. 1 · D-56593 Güllesheim

www.silberschnur.de
e-mail: info@silberschnur.de

REIKI

für alle Fälle

Gabriela Hilf

*Jede Erfahrung ist eine Chance zum Wachsen
mit neuen Erkenntnissen und Einsichten!*

SILBERSCHNUR

Wahrlich,
keiner ist weise,
der nicht
das Dunkle kennt ...

(Hermann Hesse)

霊
気

Inhaltsverzeichnis

Wir haben die Erde
nicht von unseren Eltern geerbt,
sondern
wir haben sie nur von
unseren Kindern geliehen.

(Uraltes indianisches Sprichwort)

Widmung

Dieses Buch ist meinen Kindern
Carolin, Marco, Nico und Manuel gewidmet,
die ich so sehr liebe.

Die ideale spannende Urlaubslektüre ...
(... und Entspannung durch Reiki)

Danksagung

Ich danke meinen Kindern,
die langsam Verständnis für meine Arbeit entwickeln und auf meine Tätigkeiten stolz sind.

Ich danke meinem Ehemann,
der zwar immer noch relativ wenig spirituelles Verständnis zeigt, aber doch alles Erdenkliche tut, um mich zu unterstützen.

Ich danke meinen Reiki-Schülern und Schülerinnen,
die ich lehren und von denen ich lernen durfte.

Ich danke meinen Lesern und Leserinnen ganz herzlich für die vielen lieben Briefe, Mails und Geschenke. Es ist wunderschön, dieses positive Feed-back erhalten zu dürfen, das die notwendige Motivation verleiht, weiter zu schreiben.

Ich danke den Autoren,
die mir die Genehmigung zum Abdruck ihrer eigenen Werke gaben.

Ich danke meinen lieben Karikaturisten
für die humorvollen Bilder.

Ich danke meinem Verlag "Die Silberschnur",
dass er mir meine Manuskripte nicht einfach wieder ungelesen zurücksandte, sondern meinem *etwas anderen Reiki-Buch* eine Chance gab. Ich bin auch dankbar für die gute Zusammenarbeit.

Ich danke meinen himmlischen Helfern und Führern,
die mich so liebevoll und mit ihrer überirdischen Geduld begleiteten.

Ich danke Gott, meinem himmlischen Vater, dass ich diesen Weg kennen lernte und ihn weiter gehen darf - hin zu ihm und hin zu mir.

霊
気

Vorwort

Gibt es ein Rezept für Gesundheit und Harmonie? Ich bin davon inzwischen überzeugt. Die letzten zehn Jahre haben gezeigt, dass die Integrierung von *Reiki*, *Heilsteinen* und *neuer Denkweisen* nicht nur mein Leben, sondern auch das meiner Familie und sehr vieler anderer Menschen positiver verlaufen ließ.

In großer Dankbarkeit durfte ich nun auch ein weiteres Buch überarbeiten und so die Erlebnisse nicht nur meinen Reiki-Schülern zur Verfügung stellen, sondern allen Interessierten. Die Geschichten in meinen Büchern sind alle authentisch, doch zum Schutz der Betroffenen wurden Namen und Handlungsorte geändert. Ich habe mich jedoch sehr bemüht, genaue Anleitungen zu geben, sodass jede Leserin und jeder Leser die Informationen für sich umsetzen kann, denn:

»Was gelten soll,
muss wirken und dienen.«

(Johann Wolfgang von Goethe)

霊
気

Einführung

Reiki

Reiki (Rei = fließen, Ki = Energie, also: fließende Energie) ist eine anerkannte Heilenergie, die universale Lebensenergie, die uns alle umgibt und die wir nutzen können, wenn wir die körperliche Schwingungserhöhung mittels Einweihungen erhalten haben.
Jeder kann Reiki erlernen und für sich, im engeren Familienkreis oder auch beruflich anwenden. Denn Reiki dient nicht nur der körperlichen Heilung, sondern ist auch ein Weg und Werkzeug zur persönlichen Weiterentwicklung und es fördert zusätzlich bereits veranlagte Talente.
Über Reiki kann man viel diskutieren, doch ein Begreifen ist nur durch eigene Erfahrungen möglich - wie die Liebe.

Heilsteine

Können Steine Heilwirkungen in uns hervorrufen? Ja! Das Geheimnis ist ihre Schwingung, ihre Strahlung, die ständig von ihnen ausgeht und so Menschen, Tiere und auch Pflanzen positiv beeinflussen kann. Diese Schwingung ist bei Steinen sehr gleichmäßig und konstant, und Informationen werden durch das Tragen der Steine in den Organismus eingestrahlt und lösen dort bestimmte Reaktionen aus. Voraussetzung ist jedoch die Echtheit der Steine und der Wille zur Gesundung.

Gesundheit durch die Kraft der Gedanken

Ungefähr siebzig Prozent aller Krankheiten sind Botschaften des Körpers, die es zu verstehen gilt. Wenn dann das Gedankenmuster aufgelöst werden kann, welches den Zustand der Krankheit hervorgerufen hat, dann ist die Krankheit selbst nicht mehr notwendig. Die beste Gesundheitsvorsorge besteht daher im liebevollen Lösen von Konflikten oder unangenehmen Lebenssituationen.

Solange du verletzt, wirst du verletzt.
Solange du verletzt wirst, willst du auch verletzen.

Wer macht den ersten Schritt aus dem Teufelskreis ...?

霊気

1. Kapitel
Reiki für Tiere

Poliflams wunderbare Heilung

“Hallo, Martina, das ist aber schön, dass du dich meldest, wie geht es dir?”, fragte ich und verzog mich mit dem Mobilteil des Telefons in einen anderen Raum. Martina aus Weinheim war seit über einem Jahr in Reiki Grad 1 eingeweiht und belegte vor kurzem auch einen Kurs für den 2. Reiki-Grad. “Mir geht es wunderbar. Ich bin so glücklich und würde dir gerne etwas erzählen, hast du einen Moment Zeit für mich?”, wollte sie wissen und ich merkte sofort, dass es ihr ein wichtiges Anliegen war.

Da unsere kleinen Kinder bereits im Bett und die größeren im Wohnzimmer sich noch mit Spielen beschäftigen durften, konnte ich mir etwas Zeit zum Telefonieren nehmen. “Ja, gerne, da bin ich ja mal gespannt”, forderte ich sie auf loszulegen. “Du erinnerst dich vielleicht an meinen Wunsch, meine Familie möge meine Reiki-Tätigkeiten nicht länger als esoterischen Quatsch abtun. Seit ich den ersten Reiki-Grad bei dir erworben habe, musste ich alle Reiki-Übungen heimlich ausführen und konnte mir nie mal abends auf der Wohnzimmercouch zum Beispiel einen Reiki-Chakra-Ausgleich machen, ohne dass mein

»Poliflam«

Mann und ebenso mein halbwüchsiger Sohn schrecklich lästerten. Beide hielten nichts von Reiki, lehnten jegliche Diskussion strikt ab und befürchteten sogar, dass ich in die Fänge einer Sekte geraten sei. Deshalb verzichtete ich in ihrem Beisein auf Reiki-Behandlungen und sprach auch mit niemandem aus unserem gemeinsamen Bekanntenkreis über meine Einweihung.

Doch ich wünschte mir so sehr, dass sich die Meinung meiner beiden Männer eines Tages ändern würde. Und stell dir vor, was geschehen ist: Wie ich dir ja bereits früher einmal erzählte, ist mein Mann im Reitverein. Sein Lieblingspferd ist ein fünf Jahre alter Hengst mit den Namen *Poliflam*. Dieses Jungtier ist ihm besonders ans Herz gewachsen und als es sich bei einem Ausritt vor ein paar Wochen am rechten Vorderlauf eine Knochenverletzung zuzog, war seine Sorge um das Pferd sehr groß. Das Bein wurde sofort geschient und bandagiert, doch die Verletzung wollte und wollte nicht heilen. Verschiedene Tierärzte versuchten zu helfen, aber leider ohne Erfolg. Nach einer erneuten Röntgenuntersuchung des verletzten Vorderlaufs erklärten die Ärzte, dem Tier sei nicht mehr zu helfen. Es sei nun am sinnvollsten, Poliflam zu töten, um ihm ein längeres Leiden zu ersparen.

An einem Sonntagmorgen berichtete mir mein Mann traurig von dieser Entscheidung. Die Tötung sollte bereits am darauf folgenden Donnerstag vorgenommen werden - nur noch vier Lebenstage für Poliflam. Das bevorstehende Lebensende seines Lieblingspferdes stürzte meinen Mann in tiefe Verzweiflung. "Soll ich Poliflam Fern-Reiki schicken? Vielleicht hilft die Reiki-Energie, seine Knochenverletzung zu heilen", fragte ich ihn damals sehr zaghaft. "Schick ihm, was du willst, es ist jetzt sowieso alles egal", antwortete er daraufhin eher mürrisch und vergrub sich dann hinter einem Aktenberg auf seinem Schreibtisch, er schien sich mit Arbeit ablenken zu wollen. Nun, da damit dieser Sonntag für irgendwelche gemeinsamen Aktionen sowieso nicht mehr zu gebrauchen war, entschloss ich mich, meine Absicht, Fern-Reiki an Poliflam zu senden, sofort in die Tat umzusetzen. *Zufällig* fiel mein Blick auf ein kleines Pferdchen aus Metall.

Es stand schon seit vielen Jahren in unserer Wohnzimmerschrankvitrine und schien mich regelrecht zu rufen. Dieses würde ich als symbolischen Überträger verwenden. Ich nahm Armbanduhr, Goldkette und Fingerring ab und wusch gründlich meine Hände. Dann konzentrierte ich mich bei dem kleinen Metallpferd auf die Stelle des Vorderlaufes, die mir mein Mann als Bruchstelle beschrieben hatte. Nun nahm ich mit Hilfe des Fernkontaktzeichens die Verbindung zu Poliflam auf und sandte den Reiki-Energiestrahl exakt auf den verletzten Bereich.

Fern-Reiki an ein verletztes oder erkranktes Tier senden:

- *Schmuck ablegen, Hände reinigen (mit Wasser oder visuell).*
- *Mehrmals tief ein- und ausatmen und sich auf das Tier konzentrieren, entweder mittels Foto, einer Zeichnung, eines Symbols oder der Gedankenkraft.*
- *Um Heilung, Licht und Liebe für das Tier bitten.*
- *Den Zeitpunkt der Energie-Übertragung bestimmen, z. B.: "Reiki soll fließen am (Tag, Monat, Jahr, Uhrzeit)!", oder "Reiki soll als Depot angelegt sein!"*
- *Bestimme: "Das Tier ist frei, die Reiki-Energie anzunehmen oder abzulehnen!"*
- *Benenne nun drei Mal das Tier (z. B. mit Namen: Poliflam - Poliflam - Poliflam).*
- *Fernkontaktzeichen (HSZSN) auf das Tier visualisieren und sich geistig vorstellen, wie sich der Kontakt herstellt.*
- *Visualisiere, wie sich eine Brücke aus Licht aufbaut und von deinen Händen bis zu der verletzten Stelle des Tieres reicht.*
- *Befestige die Brückenenden mit je einem Kraftzeichen (CKR).*

- *Um Reiki-Energie bitten und diese mindestens fünfzehn Minuten zu der Verletzung oder Erkrankung fließen lassen. Dabei können die Hände direkt über das Foto (o. Ä.) gehalten werden oder locker mit den Handrücken auf den Oberschenkeln liegen.*
- *Am Ende der Fernkontakt-Übertragung visuell erneut das erste Reiki-Zeichen auf das Tier visualisieren (CKR).*
- *Sich das Tier klein in beiden Händen vorstellen und den Segen sprechen: "Friede sei mit dir, Gott schütze dich!"*
- *Dann das Tier sanft wegblasen und gründlich die Hände ausschütteln, eventuell mit Wasser abwaschen.*
- *Für die Reiki-Energie bedanken.*

Täglich schickte ich nach diesem Ritual ungefähr für fünfzehn Minuten Fern-Reiki an das Tier – und du wirst es nicht glauben: Am Tag seiner bevorstehenden Tötung, also donnerstags, fiel allen auf, dass der Hengst nicht mehr so stark lahmte. Man beschloss, dem Jungtier noch eine Chance zu geben und der Termin beim Pferdemetzger wurde kurzerhand abgesagt. Du kannst dir gar nicht vorstellen, wie sehr ich mich freute, als mein Mann mir von dieser *zufälligen Heilung* berichtete, und von diesem Zeitpunkt an sandte ich Poliflam vier Wochen lang täglich etwa fünfzehn Minuten lang Fern-Reiki. Mein Mann schilderte mir stets die Genesungsfortschritte und von Woche zu Woche ging es dem Hengst wieder besser. Schließlich konnten Bandagen und Schienen vollkommen entfernt werden und die Tierärzte meinten, dass sie sich diese Wendung, diese plötzliche Genesung, überhaupt nicht erklären könnten, sie würden sich aber ebenfalls sehr darüber freuen.

Gabriela, stell dir vor, inzwischen ist der Hengst wieder voll im Polizeieinsatz und sicherlich ahnst du, wie glücklich mein Mann darüber ist. Er wird zwar möglicherweise nie ein Reiki-Fan werden, aber zu Hause kann ich nun jederzeit Reiki-Übungen praktizieren, ohne dass lästige negative Kommentare dazu von meiner Familie abgegeben werden. Ich genieße Reiki jetzt ohne Heimlichkeiten und freue mich sehr darüber."

Ich war von Martinas Schilderungen tief gerührt und freute mich gleichzeitig mit ihr über diesen schönen Heilerfolg. "Ich danke dir sehr für diesen schönen Bericht, Martina. Er zeigt uns, dass wir auf dem richtigen Weg sind. Reiki zum Wohle von Menschen und Tieren zu nutzen, ist wunderbar. Hast du eigentlich selbst mit Poliflam auch einmal Kontakt gehabt?", fragte ich interessiert. "Ja", antwortete Martina, "nach seiner vollständigen Genesung bat ich meinen Mann, mich auch einmal zum Stall mitzunehmen. Obwohl ich dort noch nie zuvor in meinem Leben war, den Hengst also das erste Mal sah, waren wir uns sofort vertraut. Zum Erstaunen meines Mannes ließ Poliflam sich sogleich von mir streicheln und rieb sanft seinen Kopf an meinen Schultern. Und plötzlich schaute er mich ganz intensiv mit seinen dunklen Augen an. In diesem Moment war mir klar und ich konnte es mit jeder Faser meiner Seele spüren: Poliflam wusste, dass ich diejenige war, die ihm die heilende Fernenergie gesandt hatte. Seine Augen schienen "DANKE" zu sagen, "danke, dass du mich vor einem frühen Tod bewahrt hast". Und diese besondere Schwingung berührte mich so, dass mir die Tränen in die Augen schossen und ich vor lauter Freude, dass ich das alles so erleben durfte, fast zu weinen begann."

»Alle Geschöpfe der Erde fühlen wie wir.
Alle Geschöpfe der Erde streben nach Glück wie wir.
Alle Geschöpfe der Erde lieben, leiden und sterben wie wir.
Also sind sie uns gleichgestellte Werke
des allmächtigen Schöpfers.«

(Franz von Assisi)

(Nachtrag: Poliflam erfreut sich weiterhin allerbester Gesundheit und Martina ist inzwischen eine beliebte Reiki-Lehrerin geworden.)

Eine Igelgeschichte

"Mami, Mami, komm schnell!", schrie mein kleiner Sohn und schluchzte laut. "Mein Igel stirbt, ausgerechnet mein kleiner Igel stirbt." Ich rannte nach draußen in den Garten und tatsächlich, mitten auf der Wiese lag das kleine Igelchen, streckte alle viere von sich und sein Atem war mühsam und unregelmäßig. Ein ganzer Fliegenschwarm umgab ihn, so als hätte dieser schon längst den Geruch des Todes wahrgenommen.

Der kleine Igel war eines von vier Geschwistern, die wir zwei Tage zuvor in unserem Garten gefunden hatten. Vergangene Woche sahen wir ab und zu einen ausgewachsenen Igel, doch dieser war seit den letzten Tagen verschwunden und statt dessen purzelten die vier Kleinen durch die Gegend. Zum Glück waren sie aber doch schon groß genug, um selbst Nahrung zu finden. Ich wollte ihnen ein Schälchen mit verdünnter Milch hinstellen, doch meine Freundin riet mir dringend davon ab, da dies der Tod der Igelkinder sei, denn sie vertragen keine Milch, sondern bekommen davon Durchfall und trocknen aus. “Lass sie sich ihre Nahrung selbst suchen, im Juni ist euer Garten für Igel wie ein üppig gedeckter Tisch. Je weniger du dich einmischst, desto gesünder ist es für die Kleinen. Dann lernen sie, für sich selbst zu sorgen”, riet mir Maria, und sie hatte Recht.

Belustigt beobachteten wir, wie die Igelkinder sich gegenseitig stupsten, nachrannten und auf Beutezüge gingen. Ein in der Nähe befindliches Ameisennest wurde von einem der Kleinen als Futterquelle entdeckt. Doch musste er rasch seine Mahlzeit beenden, denn jetzt verließ eine Armee winziger Ameisen das Nest und attackierte das Igelchen regelrecht, sodass es sich hungrig trollte. Von den paar kleinen Ameisen konnte es nicht satt geworden sein, doch ich widerstand meiner Versuchung, ihm schnell noch etwas zuzustecken, obwohl ich wusste, dass Katzenfutter ebenfalls ein geeignetes Nahrungsmittel für Igelkinder ist. Einen herrlichen Samstag lang durften wir die Vier bei ihren Entdeckungsreisen durch unseren Garten beobachten, und unsere vier Kinder adoptierten je ein Igelchen. Sie behaupteten, die Igelkinder auch ganz genau voneinander unterscheiden zu können: Der mit der dreckigen Schnauze war das Adoptivigelchen unseres Siebenjährigen. Wahrscheinlich bestand da sowieso eine Seelenverwandtschaft, denn unser Zweitältester sah auch nie lange sauber aus ...

Doch jetzt rannen ihm dicke Tränen über sein Gesicht und hinterließen weiße Streifen auf der Haut. Sein Igel lag mit halb geöffneten Augen apathisch da und ich dachte: “Armes Kerlchen, hast du deinen Sturz in unsere Schwimmbadgrube doch nicht ohne innere Verletzungen überstanden?” Denn kurz zuvor hatte ich ihn aus der einen Meter tiefen Grube holen müssen, in die er in seiner Vorwitzigkeit hineingestürzt war. Zum Glück war das Becken noch in der Bauphase und nicht mit Wasser gefüllt, doch so war der Sturz ungebremst. "Nico, ich glaube, dass dein kleiner Igel stirbt, aber ich gebe ihm jetzt Reiki, um ihm das Sterben zu erleichtern und damit er sich mit seinen inneren Verletzungen nicht so quälen muss."

Gesund und »glücklich« durch Reiki ...

Unser Sohn rannte mit einem Aufschrei zurück ins Haus und ich ahnte, dass er sich in sein Bett verkroch. Seufzend folgte ich ihm, um mir in der Küche eine kleine Schüssel zu besorgen. In diese legte ich behutsam den kleinen Igel hinein, setzte mich auf die Gartenbank und ließ von meinen Hände Reiki zu dem nur noch schwach atmenden Tierchen fließen. In der Stunde des Todes ist sicherlich die Meisterenergie auch für Tiere angebracht, sinnierte ich, malte zugleich auch das Meisterzeichen und bat um einen leichten Tod für ihn. Regungslos lag er so in unserer Suppenterrine, doch mein gerade vorbeikommender liebevoller Ehemann runzelte missmutig die Stirn: "In dieser Schüssel servierst du uns morgen wieder die Suppe, weißt du eigentlich, wie viele Parasiten solche Viecher haben?" "Nein, nein, das ist eine Schüssel, die ich sowieso nie verwende", versuchte ich ihn zu beschwichtigen. Resigniert ging er weiter, wusste er doch, dass er im Moment gegen dieses kleine Igelbaby keine Chance hatte, schließlich kannte er mich seit knapp zwanzig Jahren. Ich ließ weiter Reiki fließen und versuchte mir ein paar würdige Worte für ein Igelgebet zu überlegen. Da mir aber absolut nichts einfiel, betete ich ein VATERUNSER für ihn, das würde mir der Herrgott sicherlich nicht verübeln. Schon seit einiger Zeit handelte ich gerade bei Gebetstexten eher aus dem Bauch heraus, instinktiv und weniger nach den Vorschriften der katholischen Kirche. Nach ungefähr fünfzehn Minuten bemerkte ich das Nachlassen des Meisterenergie-Reikiflusses. So beendete ich die Reikigabe, dankte und legte das Tierchen vorsichtig in der hinteren Ecke unseres Gartens unter eine schützende Hecke ins weiche Gras.

Nico lugte mit tränenüberströmtem Gesicht um die Hausecke. "Ist er tot, Mami?", schluchzte er fragend. "Ich weiß es nicht, mein Schatz, aber hier ist sicherlich ein schönes, schattiges Plätzchen. Hier kann er sanft sterben", antwortete ich und entfernte mich leise. Gemeinsam setzten die Kinder und ich uns auf die Gartenbank, jeder in eigene Gedanken versunken, sogar unser Jüngster, der sonst ohne Pause redet, blickte still und mit kummervoller Miene zu dem Igelbaby. Doch plötzlich trauten wir kaum unseren Augen. Als ob nie etwas gewesen wäre, erhob sich der Kleine und marschierte zielstrebig durch den Garten. Unsere Kinder jubelten und als sogar seine Igelgeschwister ihn regelrecht zu begrüßen schienen, war unsere Freude grenzenlos. Wir sangen und tanzten im Garten herum, im gleißenden Licht der mit uns lachenden Sonne und alle Traurigkeit war verflogen. Selbst die Vögel stimmten mit lautem Getschilpe unserer Freude bei.

Nur mühsam wandte ich mich nach einiger Zeit wieder dem Haushalt zu, doch überraschenderweise ging mir die Arbeit nun viel leichter von der Hand. Das Glücksgefühl, mit Reiki in solchen Situationen etwas erreichen zu können, ist bis heute geblieben. Der Igel ist längst kein Baby mehr und er sowie seine Geschwister haben sich inzwischen andere Reviere gesucht. Doch es war ein schöner Sommer mit diesen putzigen und nützlichen Tieren. Zeitweise sahen wir sie abends, da kamen sie wohl zu Besuch. Sie waren richtig zahm geworden. Aber nur einer lief manchmal auf mich zu, stupste mich am Schuh und blickte mich mit seinen wunderschönen Igelaugen liebevoll an.

Reiki-Schüler berichten

Uschi aus Dannstadt:

Als meine Tochter Anja letzten Sommer aus dem Schullandheim zurückkehrte, musste ich ihr eine schlimme Nachricht überbringen: Unser geliebter Wellensittich *Benji* war einen Tag zuvor aus einem versehentlich geöffneten Fenster entflogen. Wir trauerten sehr um das Tier, welches uns allen über die Jahre so ans Herz gewachsen war, aber am schlimmsten war es für Anja.

Am nächsten Tag stand ich alleine in der Küche, den Tränen nahe, da mir gerade wieder Benji in den Sinn kam. Wie mochte er die zwei Tage verbracht haben, ohne sein gewohntes Futter, ohne sein Wasser? Beim Einräumen des Geschirrs in meine Spülmaschine kam mir plötzlich eine Idee, ein Impuls, ja, eine regelrechte Eingebung: um Reiki zu bitten. Das machte ich dann auch und die Wirkung erreichte mich sofort. Plötzlich war ich ganz sicher, dass Benji zurückkehren, den Weg nach Hause zurückfinden würde.

Zwei weitere Tage vergingen, als plötzlich ein Anruf einer Freundin aus der Nachbarschaft kam. Sie sagte aufgeregt: "Uschi, komm schnell, ich glaube euer Wellensittich sitzt in meinem Garten auf dem Nussbaum." Ich rannte sofort los, meine Tochter mit dem Käfig hinter mir her - und tatsächlich, es war Benji, der dort in den Ästen regelrecht auf uns zu warten schien. Denn schon nach kurzem Locken flog er direkt auf seinen Käfig zu, hangelte sich zu der geöffneten Türe hinein und machte sich sofort über sein Futter her.

Für uns war es ein Wunder, denn welcher Wellensittich kommt schon wieder zurück? Reiki hat mir Angst und Sorge genommen - und Hoffnung und Zuversicht geschenkt. Dafür danke ich.

Sabine aus Frankenthal:

Unser kleiner Dackel litt furchtbar unter Durchfall, bis ich ihm die Hände auflegte, Reiki gab und eine Baby-Bernsteinkette um seinen Hals band. Von diesem Moment an erholte er sich zusehends. Die

Kette ließ ich ihm vorsorglich auch noch einige Zeit nach seiner Genesung an. Die belustigten Blicke einiger Passanten störten mich nicht.

Bea aus Dannstadt:

Unser Wellensittich Hansi gehörte bereits seit vielen Jahren zu unserer Familie. Besonders unsere kleine Tochter liebte ihn abgöttisch und führte lange Zwiegespräche mit ihm. Eines frühen Morgens sahen wir ihn in einer so komischen Haltung am Boden seines Käfigs sitzen, dass mir sofort klar wurde: Sein Vogelleben näherte sich dem Ende. Hektisch überlegte ich, wie ich ihm helfen könnte. Zum Tierarzt zu fahren, das war noch zu zeitig, zu dieser Morgenstunde war dort noch niemand zu erreichen.

"Mami, bitte, gib ihm Reiki!", beschwor mich mein Kind und ich nickte. "Leg auch die Reiki-CD für ihn auf, du weißt, dass er die mag!", riet sie mir weiter und holte gleich eine meiner Lieblings-CDs aus dem Schrank. Dann nahm ich unseren Wellensittich behutsam in die Hand, bat um Reiki und setzte mich mit dem Tierchen auf einen Sessel. Unsere Tochter setzte sich still daneben und schaute andächtig zu, wie ich Hansi Reiki gab. Der Vogel schien sich regelrecht in meine Hand hineinzukuscheln, und als die letzten Klänge der CD verstummten, schloss er die Augen und starb - gerade so, als ob er das Ende der Reiki-CD noch hätte abwarten wollen. Mir rannen die Tränen über das Gesicht und doch war ich stolz und glücklich, dass ich dieses kleine Vögelchen bei seinem Tod begleiten durfte.

Zusammen mit meiner Tochter erlebte ich, dass die Heilenergie *Reiki* auch Wellensittichen zu einem würdevollen Tod verhelfen kann, so friedlich lag er in meiner Hand. "Jetzt ist er im Vogelhimmel!", meinte unsere Kleine, und da sie seinen Tod auf so natürliche Weise miterlebt hatte, schien sie noch nicht einmal traurig zu sein. "Er ist uns schon mal in den Himmel vorausgeflogen", sagte sie und begab sich in den Garten, um für ihn eine schöne Vogelbestattung vorzubereiten. - Ich bin sehr dankbar, dass ich diese Erfahrung mit Reiki machen durfte.

Monika aus Sinsheim:

Ich bin seit zehn Jahren leidenschaftliche Hundezüchterin von Yorkshireterriern und habe viele schöne Erfolge mit Reiki und Heilsteinen erlebt. Besonders der *Dumortierit* wird häufig von mir eingesetzt, und ich verstärke ihn zusätzlich mit Reiki.

> ***Dumortierit***
>
> *kann Überdrehtheit und Sturheit abbauen. Schenkt Durchhaltevermögen und Geduld. Verleiht Mut und Zuversicht auch in schwierigen Situationen, hilft bei Panik und großer Furcht und fördert Harmonie und Vertrauen. Er kann auch zwanghafte Verhaltensmuster auflösen und ist laut* Michael Giengers Steinheilkunde *körperlich hilfreich bei Übelkeit, Erbrechen, Krämpfen, Koliken und Durchfall.*

So konnten wir erfahren, dass unsere Hunde auch das Autofahren mit diesem Stein wesentlich besser vertrugen. Einige Hunde wollten aber schon gar nicht erst in ein Auto einsteigen. Diesen Tieren banden wir eine halbe Stunde vor Fahrtbeginn einen *Dumortierit* oder einen *Amethyst* um. Durch die Strahlung dieser Steine waren sie bis zur Abfahrt stets ruhig und stiegen problemlos ins Auto ein.

> ***Amethyst***
>
> *ist der Stein der Zufriedenheit. Er schenkt Stabilität, Stärke, Kraft und inneren Frieden. Bei Temperamentsausbrüchen übt er einen beruhigenden Einfluss aus und entfernt unproduktive, unfreundliche Schwingungen. Er hilft bei der Behandlung nervöser Beschwerden, bei Verdauungsstörungen, Herz-, Magen-, Haut- und Zahnproblemen.*

Nur bei ganz besonders ängstlichen Hunden führte ich zusätzlich vor der Fahrt eine Reiki-Direktbehandlung durch und fügte folgende Affirmation hinzu: *Jetzt spürst du deine persönliche Stärke und lebst sie liebevoll aus* (dreimal wiederholen). Daraufhin folgten mir sogar die ängstlichsten Tiere ins Auto.

Viele Hunde gehen zudem äußerst ungern in den Hundesalon. Doch auch das hat sich bei uns geändert, seit ich ihnen über Fern-Reiki drei Stunden vor dem vereinbarten Termin Reiki sende und ebenso nochmals zwei Stunden nach der Schur die Energie fließen lasse. So ist auch mein Trimmtisch mit der Affirmation: *Ich bin frei von Angst, ich bin ruhig und lieb* programmiert, und die Hundebesitzer wundern sich, dass sich ihre Lieblinge in unserem Hundesalon von mir so problemlos scheren lassen. Ein als besonders bissig geltender Hund schlief auf diesem Tisch während der Schur sogar ein. Die Besitzerin war sprachlos, und sogar ich staunte über die wunderbare Wirkung und Hilfe durch Reiki.

Eine meiner Hündinnen verstauchte sich einmal dermaßen ein Bein, dass sie nur noch auf den restlichen drei Beinen laufen konnte. Ich band einen *Wassermelonen-Turmalin* auf die verstauchte Stelle und ließ tagsüber etwa alle zwei Stunden etwas Reiki darüber fließen. Am Abend war das Tier beschwerdefrei und konnte sein Bein wieder benutzen.

Wassermelonen-Turmalin

fördert die Nervenregeneration, hilft bei Lähmungen und Multipler Sklerose. Er ist der "Super-Aktivator" des Herzchakras und schenkt den richtigen Takt in allen Situationen.

Dem Trinkwasser der Hunde füge ich Reiki-Energie und auch stets Kristalle bei. Am häufigsten verwende ich *Bergkristall, Bernstein* und *Vivianit.*

Bergkristall

harmonisiert die Gehirnhälften und fördert die Entwicklung, die dem inneren Wesen entspricht. Er gibt Energie und lindert Schmerzen, Schwellungen, Übelkeit und Durchfall.

Bernstein

ist versteinertes Harz und verhilft dem Körper zur Selbstheilung, indem er negative Energie in positive verwandelt. Er strahlt sonnige, helle Energie aus, die Nerven und Persönlichkeit beruhigen. Er stärkt den Glauben an sich selbst, hilft bei Magen-, Milz- und Nierenbeschwerden sowie bei Leber-, Gallen- und stoffwechselbedingten Hautkrankheiten und erleichtert das Zahnen.

Vivianit

vermittelt Liebe und Lebenslust und verleiht dem Benutzer eine schimmernde und pulsierende Schönheit. Er ist zur Verstärkung der Eisenassimilation, zur Verringerung freier Radikale im Körper, zur Ausrichtung der Wirbelsäule und bei der Behandlung von Irisdegenerationen zu verwenden. Vivianit-Essenz sollte nur als fertiges Produkt erworben werden, da bei der Herstellung auf Besonderheiten geachtet werden muss.

Auch Hündinnen können scheinschwanger werden. Die Hündin Susi besaß in dieser Zeit sogar sehr viel Milch. Ich habe ihr einen *Mondstein* am Halsband befestigt und schon nach fünf Tagen waren ihre Zitzen wieder normal und der Milcheinschuss beendet.

Mondstein*-Energie*

ist ausgleichend, reinigt die Chakren und stimmt den Körper auf den Biorhythmus ein. Er kann zur Behandlung von Kreislauferkrankungen, zur Erleichterung der Schwangerschaft, der Entbindung und gegen Schlaflosigkeit eingesetzt werden.

Wenn unsere Hunde trächtig sind, erhalten sie ebenfalls regelmäßig Reiki sowie einen *Karneol,* der an ihrem Halsband befestigt wird.

Karneol

besitzt die Eigenschaften des Achats und des Chalcedons, zusätzlich schützt er gegen Neid, Angst und Wut. Er fördert die Stabilität und den Gemeinschaftssinn. Außerdem regt er die Aufnahme von Vitaminen, Nähr- und Mineralstoffen im Dünndarm an und verbessert so die Blutqualität. Er sorgt für eine gute Gewebedurchblutung der Organe und des Gewebes.

Die Geburt selbst unterstütze ich mit Reiki, zum Teil mit Fern-Reiki, zum Teil auch durch direktes Handauflegen. Wir bemerkten, dass sich dadurch die Geburtszeit von normalerweise fünf Stunden auf etwa zwei Stunden reduzierte und die Geburt selbst viel leichter verlief für Hundemutter und Welpen. In die Wurfkiste lege ich *Jaspis (rot), Amethyst* und *Tektit.*

Jaspis (rot)

stärkt den Mut, die Willenskraft und erhöht die Widerstandsfähigkeit.

Amethyst

fördert den inneren Frieden.

Tektit

stärkt das eigene Energiefeld und regt die natürliche Ordnung von Wachstum, Entwicklung und Vollendung an.

Zudem visualisiere ich stets eine Reiki-Dusche über der Kiste und so erhalten die Welpen regelmäßig Reiki. Ich bin sehr glücklich und dankbar über die Vielfältigkeit von Reiki und Steinen, die ich erleben durfte und täglich verwende zum Wohle der Menschen und Tiere in unserem Haus.

Anne aus Mutterstadt:

Meine Schwester zu besuchen war mir total zuwider. Zwar mochte ich sie selbst sehr gern und freute mich auch, wenn wir uns sahen, doch ihren großen Bernhardiner konnte ich nicht ausstehen. Sobald ich in ihren Hausflur trat, sprang dieser stürmisch an mir hoch. Dabei musste ich mich stets angestrengt bemühen, nicht von ihm umgerissen zu werden. “Er freut sich doch nur, dass du mal wieder zu Besuch kommst”, lachte dann Ingrid und wollte meinen Missmut darüber nicht verstehen. Ich lehnte diese Art von Begrüßung allerdings ab und besuchte sie daher immer seltener.

Letztes Mal hatte ich jedoch eine Idee. Kurz vor dem Besuch zu ihrem fünfundvierzigsten Geburtstag begab ich mich in den Reiki-Schutzkasten:

*Je ein CKR seitenverkehrt um sich herum,
unter den Füßen und über dem Kopf visualisieren.*

Schon beim Läuten vernahm ich das aufgeregte Gebell des Hundes und kaum war die Haustüre geöffnet, jagte er sogleich den Gartenweg hinunter in meine Richtung. Doch plötzlich blieb er abrupt stehen, schnupperte, als ob ihn etwas vollkommen irritieren würde, und zog sich überraschenderweise wieder ins Haus zurück. "Was ist denn nur in Bello gefahren?", wunderte sich meine Schwester und ließ mich kopfschüttelnd ins Haus eintreten. Ich schmunzelte still vor mich hin und erzählte ihr nichts, sie würde es sowieso nicht glauben oder gar verstehen.

Die verschmähte Liebe des Bernhardiners

霊気

2. Kapitel

Von Glucken, Raben- und Adlermüttern

Vor ungefähr zwei Jahrzehnten arbeitete ich erfolgreich als selbstständige Kosmetikerin in einem großen Ladengeschäft. Doch mit dreißig Jahren wurde der Kinderwunsch immer ausgeprägter und ich verzichtete auf Verhütungsmethoden. Ein Jahr später war ich wirklich schwanger und musste im Laufe der folgenden Monate erkennen, dass es nicht möglich war, das Ladengeschäft mit einem Baby weiterzuführen. Ich löste das Kosmetikstudio schweren Herzens auf, doch die Freude über unser süßes Baby überwog und die ersten Monate nach der Geburt war ich auch recht glücklich.

Doch dann bemerkte ich langsam, dass mir der gewohnte Kontakt mit anderen Menschen fehlte. Zwar wollte ich Krabbelgruppenstunden und Mütterberatungen besuchen, aber die Uhrzeiten überschnitten sich mit dem Schlafrhythmus unseres Sohnes und ich weigerte mich, ihn täglich aus seinem Vormittagsschlaf zu reißen, um dann das quengelige Kind in einer Halle über den meist dreckigen Boden krabbeln zu lassen. Außerdem hing er mir dann sowieso nur am Rockzipfel und weinte leise. Hinzu kam meine Unlust, mich ständig nur über Kinder unterhalten zu müssen, welcher Arzt der Beste sei und welche Medizin am stärksten wirke.

Und eines vermisste ich zunehmend: eigenes Geld. Mein Mann verdiente zwar nicht schlecht, aber irgendwie war es doch *sein Geld*. Ja, natürlich, *unser Geld,* aber dieses Geld konnte ich nicht so ausgeben, wie ich es früher getan hatte, als es noch *mein Geld* war. Gut war nur, dass ich sowieso kaum in die Stadt zum Einkaufen fuhr, denn einen Stadtbummel mit einem kleinen Baby empfand ich als Superstress, besonders im Winter. Außerdem brauchte ich für mein Hausfrauendasein sowieso nicht mehr so schicke Kleidung wie früher, als ich noch im Ladengeschäft arbeitete. Unserem Baby war es egal, ob ich ihm in Jeans oder im Kostüm die Flasche gab - es spukte auf beides.

Je länger ich mich so um Kind und Wohnung kümmerte, desto stärker bemerkte ich, dass ich zum Hausfrauendasein nicht geeignet war. Mit ausschlaggebend für eine darauf folgende Veränderung war eine zufällige Begegnung auf einem Feldweg in Ortsnähe. Ich war mal wieder mit dem Kinderwagen unterwegs, damit der Kleine Frischluft bekam. "Na, was macht denn der kleine Stinker?" Mit diesen Worten schaute eine Bekannte, die uns mit ihrem Hund entgegenkam, in unseren Kinderwagen und tätschelte sogleich mit ihren Fingern im Gesicht des Babys herum, woraufhin dieses widerwillig das Gesicht verzog. Unterdessen sprang ihr Köter an mir hoch, um ebenfalls seine Freude über das Treffen zu zeigen. "Lass das bitte!" Ich wusste gar nicht, wen ich zuerst ansprechen sollte. Während ich mit der einen Hand versuchte, mir den Hund vom Leib zu halten, zog ich mit der anderen den Arm der Frau aus dem Kinderwagen zurück. "Er hat das nicht so gern und ich möchte auch nicht, dass du 'Stinker' zu ihm sagst", erklärte ich genervt von dem Hochgespringe ihres dreckverschmierten Hundes. "Hab dich doch nicht so, du bist aber eine Glucke geworden", raunzte sie und ging beleidigt weiter ihres Weges. - Ich eine Glucke? Sollte ich es als Kompliment oder als Abwertung meiner mütterlichen Anstrengungen betrachten?

Ich liebte ja meine Pfälzer Wahlheimat mit ihrem besonderen Humor, doch mit den ganzen Dialektausdrücken konnte ich mich nicht anfreunden: "Stinker" für ein Baby, "Feger" für ein männliches Kleinkind, "Hexe" für ein weibliches Kleinkind und größere Kinder wurden dann häufig als "Bankert" tituliert. Da ich aber bereits damals instinktiv spürte, dass negative Worte nichts Positives bei den Kindern bewirken konnten, verbat ich es mir, mein Kind so zu titulieren. Während ich den Kinderwagen weiter recht unlustig über die von Traktoren verschmutzen Felder schob, fasste ich den Entschluss, wieder als Kosmetikerin zu arbeiten. Ein Raum konnte sich zu Hause als Studio einrichten lassen und unser Sohn dann mit Babysittern in meiner Behandlungszeit spazieren gehen.

Am gleichen Abend teilte ich meinem Mann und kurz darauf telefonisch auch der restlichen Familie meine Berufsabsichten mit. Mit diesem Entsetzen hatte ich jedoch nicht gerechnet: "Du wirst doch nicht auf die wichtigsten Jahre im Leben deines Kindes verzichten und es anderen Menschen zur Betreuung anvertrauen wollen, Rabenmutter!" - Was für ein Tag! Erst war ich eine Glucke, dann Rabenmutter; jeder sah mich anders - und was war ich wirklich?

»Rabenmutter«

Plötzlich fiel mir der Textauszug meiner Nichte ein, als ich ihr bei ihren Hausaufgaben geholfen hatte. Sie musste über Adler schreiben und wir fanden Folgendes:

Adler gehören zur Gruppe der Greifvögel. Wegen ihrer mächtigen Fänge gelten Adler als die stärksten Greifvögel der Alten und Neuen Welt. Das etwa um ein Viertel größere Weibchen legt ein bis drei Eier in den Horst, der in den Kronen hoher Bäume errichtet wird. **Die Brut wird von beiden Eltern gleichermaßen umsorgt.**

In der Mythologie symbolisiert der Adler oft die Sonne. Ein Adler bringt auch Zeus, als er sich zum Titanenkampf rüstet, seinen Pfeil. Zeus nimmt ihn deshalb zu seinem Feldzeichen und Boten, der den Sterblichen den Willen Gottes verkündet.

Als Sinnbild der unsterblichen Götter symbolisiert der Adler auch die menschliche Seele, aber auch Wehrhaftigkeit und irdische Macht.

Ja, das gefiel mir. Eine Adlermutter wollte ich sein und meine Kinder weder zu Küken noch zu Raben, sondern zu kräftigen Adlern erziehen.

"Ich werde wieder arbeiten!", erklärte ich nun zielsicher meinem Göttergatten, der auf die Adlermännchenrolle weniger Lust zu haben schien und mir deshalb entgegnete: "Wenn du meinst, dass du so viel Zeit erübrigen kannst. Aber der Haushalt- und die Kinderbetreuungsaufgaben bleiben bei dir, ich habe schließlich selbst genug Arbeit in der Firma, mit Haus und Garten. Dann musst du eben schauen, wie du das geregelt bekommst". "Ach, ja, dass schaff ich schon!", entgegnete ich, froh, überhaupt seine Zustimmung erhalten zu haben.

Kurz darauf suchte ich mir als Erstes eine *hoch qualifizierte* Tagesmutter, denn schließlich wollte ich ja nur das Beste für unser Kind. Ich konnte mir recht schnell einen kleinen Stammkundenkreis aufbauen und so betreute sie unser Kind täglich mehrere Stunden –

und mein Verdienst floss fast ausnahmslos in ihren Geldbeutel. Damit konnte ich jedoch leben, weil mir die Arbeit einfach mehr Spaß machte, als *nur* Mutter und Hausfrau zu sein. Schlimmer waren dagegen für mich ihre ständigen Sticheleien. Berufstätige Mütter sind für andere Frauen oft ein Schreckgespenst, *weil sie zeigen, dass es doch geht*. Unaufgefordert erklärte sie mir so mindestens einmal pro Woche, was sie von Müttern hielt, die nicht bereit waren, für die Kinder ihr Berufsleben aufzugeben. Ich kochte ihrer Meinung nach nicht richtig, ging nicht oft genug mit dem Kleinen zum Kinderarzt und überhaupt hatte sie ihren inzwischen erwachsenen Sohn viel besser betreut und es sei mein größtes Glück, dass sie sich überhaupt dazu herabließ, mein Kind aufzunehmen. Aus finanziellen Gründen bräuchte sie es gar nicht. Nun, dafür ließ sie sich die Zeit aber hoch vergüten ...

Obwohl mich abwertende Äußerungen damals noch grämten, war ich jedoch bereit, diese in Kauf zu nehmen, solange es unserem Sohn bei ihr gut ging. Aber als die hoch qualifizierte Dame mich dann auch bei jedem kleinsten Schnupfen anrief und die Betreuung absagte, war das Maß voll. Nein, so ging das nicht weiter. Ich musste mich darauf verlassen können, dass ich pünktlich mit der Arbeit beginnen und meine vereinbarten Termine einhalten konnte. Es war mir nicht möglich, auch noch morgens in der Weltgeschichte herumzutelefonieren, ob irgendeine hilfreiche Freundin sich kurzfristig meiner erbarmte und das Kind betreute, so wie es dann auch an diesem Tag der Fall war. Eine Bekannte half mir auf die Schnelle in meiner Not und als ich später unser Kind wieder von ihr abholte, fragte ich sie, ob sie Zeit und Lust hätte, ihn regelmäßig einen Tag in der Woche zu nehmen. Denn während der Gesichtsmassage in der Kosmetikbehandlung war mir folgende Idee gekommen: Ich kannte verschiedene Frauen, die vielleicht einen Tag pro Woche ein Kind betreuen würden. Die komplette Woche, das war allen zu viel, aber ein fester Tag würde sich möglicherweise einrichten lassen. Ich konnte ja alle infrage kommenden Personen nach einem Tag fragen und schauen, ob sich der Plan verwirklichen ließ. Nach diversen Telefonaten klappte es dann doch viel schneller, als ich erwartet hatte, und das Wunderbare war, dass sie sich alle auf einen festen Babysittertag sehr freuten.

So wurde meine Freundin Susanne unser Montags-Babysitter. Oft rief sie mich schon sonntags an und fragte, was sie dem Kleinen wohl zu essen kochen könnte und ich bemerkte, dass sie den Montag kaum abzuwarten vermochte. Dienstags ließ ich ihn von einer albanischen Asylantin betreuen. Diese lernte ich zufällig kennen und war von ihrer lieben Art sofort hellauf begeistert. Einmal pro Woche kam sie nun zu uns und es war köstlich, sie mit unserem Kind zu beobachten. Sie küsste jedes Mal seine Händchen, seine Füßchen und liebkoste ihn stundenlang. Ich war so froh diese albanische Frau bei uns zu haben, nur manchmal dachte ich: "Kein Wunder, dass so viele Albaner Machos sind, wenn die Buben von ihren Müttern so vergöttert werden." Leta, so hieß mein wunderbarer Dienstagsbabysitter, sprach zwar kaum deutsch, doch hier durfte ich erfahren, dass Liebe alle Sprachbarrieren überwindet und unser Kind genoss die Küsse, es fehlten keine Worte - denn die folgten einen Tag später doppelt und dreifach. Mittwochs betreute ihn eine ältere Dame, die fast ununterbrochen redete, aber dafür wenigstens gerne mit ihm spazieren ging. Selbst an Tagen, wo man keinen Hund vor die Türe schicken mochte und ich schon gar nicht rausgegangen wäre, schnappte sie sich den Kinderwagen, verpackte Kind und Wagen in die wasserdichte Schutzfolie und marschierte über die Feldwege der Umgebung. Dem Kind gefiel`s und der Sauerstoff schien ihm gut zu tun, an diesen Abenden schlief er immer besonders schnell ein. Jedes Mal die Wagenräder des Kinderwagens wieder zu säubern, verblieb allerdings leider in meinem Aufgabenbereich ... Unser Donnerstagsbabysitter, eine arbeitslose Erzieherin, hatte nie Lust auf Spaziergänge. Sie las dafür sehr gerne Geschichten vor. Mit viel Körperkontakt, den sie für pädagogisch sehr wichtig hielt, las sie, bis der Kleine in ihren Armen einschlief und ich glaube, anschließend auch noch weiter. Unser Kind fühlte sich sehr wohl bei ihr. Freitags schließlich wurde er von einem jungen Mann abgeholt, der sich dann ebenfalls als hervorragender Babysitter auszeichnete. Er lehrte ihn im großen Bogen zu spucken, Grimassen zu schneiden und andere wichtige Dinge, die ich ihm nie hätte beibringen können oder wollen. Auch dieser Tag machte unserem Junior stets Spaß, er lernte viel und schnell.

So lernte das Kind alles in allem viele liebevolle Menschen kennen, und es stellte sich heraus, dass diese Kombination für uns eine optimale Form der Betreuung war. Zwar hielten wir sie erst nur für eine Übergangslösung und spielten mit dem Gedanken, eventuell ein Aupair-Mädchen einzustellen, doch dann nahmen wir von dieser Idee langsam wieder Abstand. So blieben wir bei den *unqualifizierten Kräften* und waren so zufrieden mit diesem System, dass wir es bei den drei weiteren Kindern genauso handhabten. Durch diese Eintagsbetreuung war stets jeder voll Liebe und Freude auf das Kind und erkrankte einer der Babysitter doch einmal an seinem Tag, so ließ sich schnell auf einfache Weise Ersatz finden, denn einer der restlichen Betreuer hatte meistens Zeit und konnte einspringen. Für das Kind war diese Umstellung dann auch keine große Veränderung und der Wechsel völlig unproblematisch.

“Oh, das arme Kind wird täglich zu jemand anderem abgeschoben”, hörte ich es manchmal hinter meinem Rücken zischen und vorwurfsvolle Blicke versuchten, mich zu durchbohren. Doch sie prallten ab, gestärkt durch die Erfüllung im Beruf und trotzdem voll Stolz, das Mutter-Sein ausleben zu können, machte mich dieses Glück unverwundbarer für die boshaften Bemerkungen mancher Mitmenschen. Die verschiedenen Betreuungspersonen der Kinder haben sich für unsere Familie sehr bewährt, da sie zur Toleranz beitrugen und die Kinder von den unterschiedlichen Fähigkeiten ungeheuer profitierten. Sie fühlten sich zu keinem Zeitpunkt abgeschoben, sondern von vielen liebevollen Händen gut behütet. Die Soziologin Claudia Sczczesny-Friedmann meint ebenfalls: “Einschlägige sozialhistorische

Untersuchungen kommen übereinstimmend zu dem Ergebnis, dass die ausschließliche Betreuung des Kindes durch die Mutter in früheren Jahrhunderten die Ausnahme, nicht die Regel war. Solange die Mutter im Familienbetrieb mitarbeitete, wurden die Kinder fast immer von mehreren Personen betreut. Erst in der Kleinfamilie wurde Kindererziehung zur ausschließlichen Aufgabe der Mutter."

Allerdings funktioniert das System auf Dauer dann doch nur mit einem Adlervater, nicht mit einem Gockel. Es liegt jedoch in den

Adler fliegen allein.
Schafe gehen in Herden.

(Chinesisches Sprichwort)

Händen der Adlerfrau, sich mit einem Adler zusammenzutun oder sich mit einem Gockel einzulassen. Aber vielleicht ist der Gockel ja in Wirklichkeit ein Adler und man müsste es ihm nur sagen.

Als unsere Kinder größer wurden, gingen sie in den Ganztagskindergarten, später in Schule und Hort. Das Ganztagsangebot von Schulen steckte noch in den Kinderschuhen, einen Platz in nächster Nähe zu ergattern, war sehr schwer, aber ich schaffte es und wir waren alle zufrieden. Ich war in meinem Beruf ausgeglichen, da kein hungriges Kind schon mittags wieder zurückkehrte, sondern diese in der Schulmensa ein ordentliches Essen erhielten und die Aufgaben bereits in der Schule gemacht wurden. So verliefen die Abende meist entspannter, da nicht mehr Hausaufgaben zu kontrollieren oder zu verbessern waren. Inzwischen ist auch erkannt worden, dass es in Deutschland erheblich zu wenig geeignete Ganztagsschulen oder Hortplätze gibt.

Es ist nun schon lange her, aber ich werde einen Weihnachtsabend nie vergessen. Unsere damals noch kleinen vier Kinder waren sehr aufgeregt, was das Christkind ihnen am Abend wohl bringen würde. Besonders unser Jüngster, gerade zwei Jahre alt, schien total überdreht. Er wurde im Laufe des Vormittags immer quengeliger und schließlich begann er zu weinen. "Aua, aua, meine Ohren!", jammerte er. - Ohrenschmerzen und das ausgerechnet heute, wo wir so ein Riesenprogramm zu bewältigen hatten: auf den Geburtstag der Oma gehen, danach in die Kinderweihnachtsmesse und anschließend würden jede Menge Verwandte zur Bescherung bei uns zu Hause vorbeikommen. Und ausgerechnet jetzt schien der Kleine zu erkranken. Hoffentlich musste ich nicht noch mit ihm zu einem Kinderarzt fahren. Ich entschloss mich, ihm erst einmal eine Behandlung mit Reiki und Steinen zukommen zu lassen und legte das jammernde Kind auf die Liege im Studio, um ihm eine Reiki-Ganzkörper-Behandlung zu machen. Das sanfte Auflegen der Hände und das angenehme

Kribbeln des Energieflusses empfinden fast alle Kinder als besonders wohltuend. So war es auch diesmal. Schon nach wenigen Minuten beruhigte sich der Kleine und schlief kurz darauf sogar ganz entspannt ein. Nach einer etwa dreißigminütigen Reikigabe legte ich ihm noch einen kleinen blauen Chalcedon auf sein Kehlkopf-Chakra, direkt in die Halsgrube, und sorgte für seine ungestörte Ruhe. Telefon und Haustürklingel wurden abgestellt, den drei größeren Kindern erklärt, dass sie sich jetzt eine Zeit lang mit leisen Spielen die Zeit vertreiben sollten.

Nach vier Stunden wachte unser Kleinster wieder auf und war wie ausgetauscht. Lustig, lieb, von Ohrenschmerzen keine Spur mehr. Ich selbst konnte in den vorangegangenen Stunden alles erledigen, was ich noch für Heiligabend zu richten hatte. Denn durch das Geben von Reiki erhielt auch ich einen zusätzlichen Energieschub und dadurch ging die anschließende Arbeit einfacher und schneller von der Hand.

Ich war der Reiki-Energie so dankbar. So froh, dass ich diesen Weg der Nutzung von Heilkräften kennen lernen durfte. Wenn ich mir die Alternative vorstellte, wie ich mich mit dem jammernden Kind in eine eventuell überfüllte Praxis hätte begeben müssen, um dann irgendwelche chemischen Keulen zu erhalten, die sein Immunsystem erst recht angegriffen hätten, so war diese Behandlungsmethode mit Reiki für mich wesentlich angenehmer und zeitsparender. Bis heute, sechs Jahre später, hat unser jüngster Sohn, aber auch keines unserer anderen Kinder, jemals wieder Ohrenschmerzen gehabt. *Zufall*?

Die Reiki-Energie machte mich immer wieder unabhängig von Ärzten und Therapeuten. Wenn das mehr Menschen praktizieren würden, entstünden den Krankenkassen viel weniger Kosten. Würde dieses eingesparte Geld eingesetzt werden, für eine zeitangemessene Honorarzahlung der Ärzte, so müsste keine Praxis um ihren Erhalt bangen. Ich bezahle gerne meine Krankenkassenbeiträge, die durch meine Berufstätigkeit sehr hoch sind. Ich freue mich darüber, wenn ich mit meiner Gesundheit Menschen helfen kann, denen es nicht so gut geht wie mir.

Hören wir doch auf, uns gegenseitig zu beobachten, wer die bessere Mutter ist und unterstützen wir uns stattdessen gegenseitig. Bieten wir doch im liebevollen, kreativen Aufeinanderzugehen die Hand zur Hilfe an, anstatt mit dem Finger auf Frauen zu zeigen, die ins Straucheln geraten sind oder denen alles über den Kopf gewachsen ist.

Wir können alle keine perfekten Mütter sein, aber wir können unsere Kinder lieben.

Nicht das Freuen, nicht das Leiden
stellt den Wert des Lebens dar, immer wird nur das entscheiden,
was der Mensch den Menschen war.

Es ist heute auch viel unproblematischer geworden, Reiki in den Alltag einzubringen und anderen damit zu helfen. "Dass du dich traust, einer fremden Frau in einer Notsituation einfach deine Hände aufzulegen, um ihr Reiki zu geben. Ich geniere mich, habe Angst, ausgelacht zu werden", berichtete eine Reiki-Schülerin. "Nein, ich fürchte kein Auslachen", entgegnete ich ihr. "Selbst wenn Leute dies machen würden, so beruhte das lediglich auf ihrer Unkenntnis und die kann ich ihnen doch nicht verübeln. Ausschlaggebend ist für mich mein Inneres, und mit mir selbst bin ich nur im Reinen, wenn ich in der Not die Art von Hilfe anbiete, die Sinn macht. Manchmal ist bis zum Eintreffen von Sanitätern oder Notarzt das Spenden von Reiki oder ein anderes Mal ein Kühlen mit Wasser notwendig. So würde ich bei einer Verbrennung dem Opfer nicht Reiki geben, sondern die betroffene Hautstelle so kühl wie möglich halten. In der jeweiligen Situation gilt es zu entscheiden, welche Hilfe angebracht und für den Betroffenen am besten ist."

So geschah es auch bei folgendem Erlebnis. Es war kurz vor halb sieben und ich wollte schnell in einem Kinderbekleidungsgeschäft bei uns um die Ecke eine Hose zum Ändern abgeben. "Komm bitte gleich zurück, damit die Kleinen nicht alleine im Haus bleiben müssen, du weißt, ich habe um sieben einen Termin", bat mich mein Mann und ich erwiderte: "In zwei Minuten bin ich wieder da, das geht ruck, zuck."

Ich verließ schnell das Haus. Als ich den Laden betrat, fand ich eine völlig aufgelöste Verkäuferin vor, die schluchzend und nach Luft ringend auf einem Hocker saß. "Was ist denn mit Ihnen los? Ist etwas passiert?", fragte ich teilnahmsvoll. "Ich habe gerade telefonisch erfahren, dass mein Sohn einen schweren Unfall gehabt hat. Das Auto ist Totalschaden, doch die Polizei sagt, er sei zum Glück unverletzt." Trotz dieser eher doch noch guten Nachricht, bebte erneut ihr ganzer Körper und sie weinte laut schluchzend, war nervlich am Ende.

Ich war zwar sehr in Eile, aber in diesem Zustand mochte ich die Frau nicht zurücklassen. Kurzerhand schnappte ich sie und zog sie in das Nebenzimmer, setzte sie auf einen Stuhl und legte die Hände auf ihr Kronen-Chakra auf der Mitte des Kopfes. "Ich bitte um Reiki-Energie", flüsterte ich unhörbar und visualisierte das Meisterzeichen. Ich dachte noch: "Lieber Himmel, bitte hilf schnell und lass jetzt weder das Telefon klingeln noch eine weitere Kundin das Ladengeschäft betreten und besänftige meinen Göttergatten, denn ich habe keine Lust auf einen Ehekrach, weil er denkt, ich habe mich im Geschäft verquatscht." Dann ließ ich die Meisterenergie einfließen und staunte über die Intensität. Meine eigene Hektik löste sich, mal wieder stand die Zeit still und ich wusste mit einer himmlischen Sicherheit, dass in diesem Moment nichts wichtiger war, als der mir völlig unbekannten neuen Verkäuferin des Ladens zu helfen, die das auch einfach mit sich geschehen ließ. Dabei beruhigte sie sich zusehends und ihr körperliches Zittern ließ nach.

Knapp zehn Minuten später beendete ich die Reikigabe, dankte innerlich und fragte die Frau, wie sie sich fühle. Sie schaute mich staunend an und sagte dann ganz ruhig: "Was haben Sie gemacht? Ich fühle mich so beruhigt und gekräftigt. Wer sind Sie?" "Ich bin Reiki-Lehrerin und habe Ihnen Reiki-Energie übertragen. Geht es Ihnen wirklich nun so gut, dass ich Sie wieder alleine lassen kann, ich muss nämlich dringend nach Hause?", wollte ich wissen. "Ja, es geht mir unendlich viel besser, vielen Dank für Ihre Hilfe", antwortete sie langsam und betrachtete mich dabei, als sei ich eine Zauberin. "Schön, alles Gute und denken Sie daran, der Blechschaden ist ersetzbar, entscheidend ist doch letztendlich, dass Ihrem Sohn körperlich nichts passiert ist. Danken Sie seinem Schutzengel!", sagte ich und verließ nun eiligst das Geschäft. Obwohl ich doch mehr Zeit benötigt hatte, als ursprünglich geplant und der Termin für meinen Mann inzwischen sehr knapp geworden war, erhielt ich noch schnell einen liebevollen Abschiedskuss von ihm, ohne auch nur einen einzigen Vorwurf. Der Himmel kann zaubern.

Mir selbst kommt es nie in den Sinn, dass Reiki in einer Notsituation nichts bewirken könnte, da vertraue ich vollkommen dem Universum und wurde noch nie enttäuscht. Viele weitere Erlebnisse bestätigten mir das. Meine Hände habe ich stets dabei, die Liebe zu Reiki und zu meinen Mitmenschen erfüllt mein ganzes Herz. Wir Frauen müssen uns gegenseitig helfen und unterstützen, anstatt neidvoll auf die andere zu schielen oder sie in Intoleranz zu verurteilen. Einen friedvollen Weg miteinander gehen und in Harmonie mit sich selbst sein, dazu kann eine Reiki-Einweihung verhelfen. Und gleichgültig, ob wir Mütter die Kindererziehung komplett oder nur teilweise übernehmen, wir dürfen trotzdem nicht erwarten, dass der Nachwuchs unseren Einsatz und die Liebe dankt. Keiner kann uns garantieren, dass die Kinder sich auch tatsächlich zu wertvollen Mitgliedern dieser Gesellschaft entwickeln. Es gibt immer wieder Tage, da möchte man gehen. Einfach weggehen. Und es kommen dann auch wieder die Tage, da ist man so froh, dass man geblieben ist.

Ich bin dem Schicksal sehr dankbar für vier gesunde Kinder und nichts auf der Welt ist für mich wichtiger als ihr Wohlergehen.

Daher sorge ich dafür, dass es mir gut geht, dass ich mich selbst nicht nur akzeptiere, sondern auch wertschätze, dass ich mich liebe, sodass die Liebe mein Herz erfüllt. Denn je mehr Liebe in unserem Herzen gedeiht, desto mehr Liebe können wir weitergeben. Liebe bindet Mitgefühl, Verzeihung und Toleranz mit ein – ebenso wie das Verständnis, dass Kinder das Recht auf eigene Erfahrungen haben. So wie auch wir durch solche gelernt haben.

Durch Liebe gekräftigt können wir leichter im Alltag vorankommen ... in kleinen Schritten.

»Wer im Glashaus sitzt ...«

霊気

3. Kapitel

Schön und gesund durch Kristallwasser

“Guten Tag, Frau Hilf, wir haben uns ja längere Zeit nicht mehr gesehen. Geht es Ihnen gut?” Zuckersüß lächelnd blickte mich die Inhaberin des Nobelfriseursalons an und nahm mir meinen Anorak ab. Bei diesem Regenwetter zog ich das nützliche Stück am liebsten an, da ich mit der Kapuze doch etwas geschützter war. Mit spitzen Fingern hängte sie ihn zwischen die bauschigen Pelze ihrer anderen Kundinnen. “Bei Ihren Preisen kann ich Sie mir aber auch nur alle paar Monate leisten”, dachte ich, entgegnete aber höflich: “Ja, schade, leider bin ich beruflich so eingespannt, dass es zeitlich nicht öfter geht.” Dann ließ ich mich auf dem bequemen Stuhl nieder und freute mich auf die bevorstehende Verschönerungsprozedur.

Während mir die Friseurmeisterin den Schutzumhang überlegte, erzählte sie ganz harmlos, wie nebenbei: “Ach übrigens, ihre Doppelgängerin ließ sich vor zwei Monaten ein komplettes Facelifting machen, sie sieht jetzt fantastisch aus.” Ich rutschte vor Schreck fast vom Stuhl und wagte kaum noch, einen Blick in den Spiegel zu werfen. Gerade war ich noch so voll Freude gewesen, nun brach innerlich alles in mir zusammen. Neid, ja fast schon Wut, kam in mir auf. Ich arbeitete die ganzen Jahre, versorgte Kinder, Mann, Haushalt, putzte, kochte, führte nebenbei noch ein Ladengeschäft, kümmerte mich um Hund, Katze, Maus und oft zu wenig um mich. Meine Doppelgängerin dagegen verbrachte ihre Zeit hauptsächlich als Repräsentantin ihres Mannes, war ständig auf High Society Partys oder im Urlaub. Ich kannte sie ebenfalls seit zwanzig Jahren, zwar nicht persönlich, doch wusste ich, dass wir uns nicht nur zum Verwechseln ähnlich sahen, sondern sogar am selben Tag geboren worden waren. Kurze Zeit wohnten wir in derselben Gegend und so wurde ich häufig für sie gehalten. Mehrmals gratulierten mir fremde Leute zu meinem Geburtstag, wenn ich mich an diesem Tag in Mannheim oder Heidelberg befand.

Grundsätzlich amüsierte ich mich darüber und freute mich über das scheinbar schöne Leben meiner Doppelgängerin. Aber das mit dem Liften, das fand ich nun richtig gemein mir gegenüber. Nun würde ich als wandelndes Bild, als eine Vorher/Nachher-Version, herumlaufen, was mich spontan an das Buch von Oscar Wilde *Das Bildnis des Dorian Gray* erinnerte. Der schöne Dorian und sein Gemälde,

»Wer nicht glaubt an Gottes Willen, ersetzt sein Nachtgebet durch Pillen«

welches das wahre Alter zeigte. Ich wollte nicht als *Bildnis der Wahrheit* herumlaufen, war auch lieber gut aussehend. - Und wie mochte es dann in Zukunft meiner Doppelgängerin mit mir ergehen? Durch ärztliche Schönheitskunst zur Vollendung gelangt, würde ich ihr vielleicht mit meiner *natürlichen* Existenz ein Ärgernis sein? Hatte Dorian Gray sein Bildnis zum Schluss, als er es überhaupt nicht mehr ertrug, nicht sogar mit einem Messer zerstört? Tiefste seelische Abgründe taten sich vor mir auf, und ich vernahm schon längst kein Wort mehr, was die Friseurin noch so sprach. Am liebsten wäre ich aufgestanden und hinausgegangen, doch dann entschied ich mich, die Behandlung doch durchführen zu lassen, mir zukünftig aber ein neues Friseurgeschäft zu suchen. Letztendlich hatte ich mich speziell in diesem Salon noch nie wohl gefühlt, und die Scheinheiligkeit der Inhaberin hatte schon öfters Widerwillen in mir verursacht.

Plötzlich klinkte sich meine innere Stimme in die wilden Überlegungen ein und fragte: "Weshalb lässt du dich so herunterziehen? Warum gibst du dir kein Reiki?" Genau! Sofort legte ich mir meine Hände unter dem Friseur-Schutzumhang auf den Magen und den Solarplexusbereich, visualisierte das Meisterzeichen und bat um die Reiki-Meisterenergie. Schon nach zwei, drei Minuten wurde mir wieder leichter ums Herz und die negativen Gedanken verschwanden. Drei Stunden später verabschiedete ich mich freundlich von den Damen des Nobelstudios - für immer.

Jetzt tue ich mir noch etwas Gutes und hole mir das besonders edle Parfüm, welches mir die ganze Zeit zu teuer war, überlegte ich. Den Trip in die Stadt musste ich doch richtig ausnutzen. Ich suchte das Geschäft auf, in das man *zum Eintreten* und *Herausfinden* so nett aufgefordert wird. Cool, aber innerlich voll Freude reichte ich den edlen Flakon der perfekt gestylten jungen Dame, die kassierte und in die Tüte noch ein paar Proben legte. "Das sind ganz hervorragende Anti-Aging-Produkte, die dürfen sie gerne testen, sie wirken straffend, belebend und glätten die Gesichtszüge." - Antifaltencreme-Proben. Irgendwie schien das heute nicht mein Tag zu sein.

Eigentlich wollte ich ja noch gemütlich ein Café aufsuchen, aber nun war mir die Lust endgültig vergangen und ich beschloss, nach Hause zu fahren. Zurück in mein mir so lieb gewordenes kleines pfälzisches Dorf. Da kam auch keiner auf die Idee, mir eine Antifaltencreme verkaufen zu wollen, schließlich führe ich dort seit Jahrzehnten auch ein Kosmetikstudio.

Während ich über die Autobahn fuhr, erinnerte ich mich an die wunderbaren Bekanntschaften, die ich vor vielen Jahren auf dem "Traumschiff Berlin" gemacht hatte. Ich arbeitete als Zwanzigjährige wochenweise als "Künstlerin", hielt Seminare über die Eigenschaften der Aloe-Heilpflanze oder die richtige Gestaltung eines Abend-Make-ups. Ein Kurs dauerte pro Tag ca. zwei Stunden und in der restlichen Zeit hatten alle "Künstler" Passagierstatus, durften das Gleiche unternehmen wie die Mitreisenden. Fasziniert war ich damals von den vielen gut aussehenden, älteren Damen auf dem Traumschiff. Die Haut zwar faltig, doch die Augen voll Lebensfreude blitzend, sie hatten Charme, der meist mit Humor gepaart war, Toleranz und Wissen. Diese Frauen versprühten Charisma und eine unsagbare Lebendigkeit. Oft merkte man deutlich, sie hätten mit meiner Jugendlichkeit nicht tauschen wollen, sondern genossen das Alter und die damit verbundenen Lebenserfahrungen.

Für mich war es wunderbar zu erleben, dass das Alter so schön sein konnte, natürlich gehörte das notwendige "Kleingeld" dazu. Die interessanten, attraktiven Damen waren früher fast alle berufstätig gewesen, was in der damaligen Zeit nicht selbstverständlich war. Mit Geld lebt es sich nun einmal leichter und besser. Anders ist es, wenn man jeden Cent dreimal umdrehen muss. Auch das war ein Grund, warum ich schon immer sehr gerne gearbeitet habe, wenn auch im Vordergrund meiner beruflichen Aktivitäten stets die Liebe zum Menschen stand.

Erkannt und honoriert wurde dies mit einem besonderen Telefonanruf. Die Schiffsreederei aus Neustadt ließ anfragen, ob ich Lust hätte, eine größere Themen-Kreuzfahrt auf der *MS Berlin* im

September '88 zu gestalten. "Wir würden Sie gerne engagieren. Wenn Sie nicht können, wird Jil Sander das Angebot erhalten", bot mir der Mitarbeiter der Reederei am Telefon an, und ich war tief berührt. Jil Sander oder ich, was für ein Vergleich. Ich genoss die Schwingung dieser Worte für einen Moment aufs Innigste, um dann aber doch tief durchzuatmen und zu antworten: "Vielen Dank für das großartige Angebot, und natürlich würde ich es sehr gerne annehmen. Doch Anfang September habe ich Geburtstermin unseres ersten Kindes und ich glaube, dass Sie auf der *MS Berlin* keinen Kreissaal für mich einrichten möchten. Es ist sehr schade, doch ich kann Ihr Angebot leider nicht annehmen. Trotzdem vielen Dank und alles Gute für Jil Sander."

Ja, ich liebte das Arbeiten mit Kosmetik schon seit vielen Jahren und war stets der Meinung, dass gut aussehende Menschen es in vielen Bereichen des Lebens einfacher hatten. Doch gut aussehend bedeutete in erster Linie: gepflegt an Haut und Seele. Nur wer Liebe in sich hat, kann sie auch ausstrahlen. Die Ausstrahlung eines Menschen, sein Charme, sein Charisma ist die wahre Schönheit, und da ich über die Jahre gelernt hatte, mich so zu lieben, wie ich war, mich akzeptierte und eigentlich alles an mir gut fand, war ich auch mit meiner Ausstrahlung zufrieden. Ein kurzer Blick in den Rückspiegel bestätigte meine Gedanken:

Ich bin genau im richtigen Alter.
Jedes Alter hält seine eigenen Freuden und Erfahrungen für mich bereit.
Ich lebe immer in meinen besten Jahren.

Nein, ich wollte auch nicht ein Jahr jünger sein. Und es war für mich auch nicht nötig, mit Ende vierzig auszusehen wie Mitte dreißig. Alles war gut, wie es zurzeit war.

Zuhause angekommen entsorgte ich die Proben aus der Parfümerie. Das nächste Mal werde ich sie gleich im Geschäft lassen, nahm ich mir vor, denn diese Proben auf die Haut aufzutragen, lehnte ich vollkommen ab. Mit meinen eigenen Produkten war ich zufrieden, Wundermittel gab es nicht - bei keiner Kosmetikfirma - , nur übertriebene Aussagen in der Werbung. Komisch, dass so viele Menschen immer glaubten, was die Werbung versprach, was ihnen irgendjemand suggerieren wollte. Aber an Engel und Gott vermochten sie nicht zu glauben und dass wir mit einmaliger Perfektion kreiert wurden, ein Kunstwerk Gottes sind, ist vielen nicht mehr klar.

So begeben sich heute schon sehr junge Frauen zu Schönheitskorrekturen unter das chirurgische Messer, zum bestandenen Abitur gibt es eine neue Nase und dann kurz darauf noch eine Brustvergrößerung. Dabei verhindert jede Narbe im Gewebe ein freies Fließen der Energie. Wer nicht rechtzeitig lernt, angebliche Schönheitsdefizite oder den Alterungsprozess zu akzeptieren - der Hautalterungsprozess beginnt mit ungefähr einundzwanzig Jahren -, der muss sich von Operation zu Operation begeben, bis er an die Grenzen der Ärztekunst stößt und dann wird es umso bitterer. Die Lebendigkeit und Ausstrahlung ist zerstört, die eigene Haut zur straffen Maske geworden. Natürlich ist es wunderbar, dass die Möglichkeiten in der Schönheitschirurgie sich so weit entwickelt haben, sodass Unfallopfer oder kranke Menschen nach Operationen erheblich mehr Lebensqualität erhalten, wieder gerne unter die Leute gehen. Doch wenn bereits in jungen Jahren unnötige Eingriffe am Körper vorgenommen werden, um einem besonderen Schönheitsideal nachzueifern, ist es nicht ausgeschlossen, dass die Haut eines Tages daraufhin abweisend reagiert. Sie möchte nicht mit körperfremden Stoffen aus- oder aufgefüllt werden, sondern *lebendige Nahrung* erhalten und mit diesen Stoffen arbeiten. Der wahre Wert eines Menschen liegt in seinem Herzen und all den Besonderheiten, die in seinem tiefsten Inneren wohnen, während das Aussehen als Spiegelbild der Gesundheit des Menschen zu werten ist.

Hautdefekte weisen uns ebenfalls auf seelische Störungen hin, wie andere Krankheiten auch. Nicht mehr in der eigenen Haut stecken wollen - ein negatives Selbstbild von sich haben - die eigenen Werte nicht mehr erkennen. So ist auch ein ernstes Hautproblem ein gutes Mittel, *sich andere vom Hals zu schaffen.* Nicht berührt werden wollen - unberührbar werden.

Akne	- sich selbst nicht annehmen
Eitrige Hautprobleme	- etwas oder jemand stört dich so sehr, dass du versuchst, davon wegzukommen
Ekzeme	- mentale Ausbrüche
Gesichtsausschlag	- Angst davor, das Gesicht zu verlieren
Herpes simplex	- böse Worte, die dir dann doch nicht über die Lippen gekommen sind, sondern sich dort entzündet haben
Hautkrebs	- wenn sich jemand eine Zurückweisung zu sehr zu Herzen nimmt und dies der betreffenden Person nicht verzeihen kann
Ringelflechte	- du fühlst dich nicht gut genug, lässt zu, dass andere dir unter die Haut gehen
Vitiligo (Scheckhaut)	- fühlt sich ausgeschlossen
Warzen	- mögliche seelische Ursache, sich nicht hübsch finden
Allergien	- gegen wen oder was bist du allergisch, wo vermagst du deine eigenen Kräfte nicht durchzusetzen?

Warum bekommen gerade in der heutigen Zeit immer mehr Kinder starke Allergien? Oftmals ist es sogar so, dass die Formen der

Allergien umso schlimmer sind, je behüteter die Kinder aufwachsen. Als unsere Kinder sehr klein waren, empfand ich es als sehr großen Nachteil, dass wir keine verfügbaren Omas besaßen. Die Eltern meines Mannes waren schon vor der Geburt unseres ersten Sohnes gestorben, meine Eltern wohnten zu weit entfernt. Doch bald erkannte ich, es gab, wie bei allem im Leben, immer zwei Seiten. Zwar benötigte ich für jeden Friseurtermin einen Babysitter, aber andererseits mischte sich niemand in meine Kindererziehung ein. Ich selbst war damals bereits überzeugt, dass Babys von Natur aus wissen, was gut für sie ist und entschloss mich zu lernen, auf sie zu hören und ihre Mitteilungsversuche zu verstehen.

Das begann schon drei Tage nach der Geburt unseres ersten Sohnes. Wie die meisten Mütter war auch ich entschlossen, unser Kind zu stillen, zumindest für eine gewisse Zeit. Da er für drei Tage direkt nach der Geburt wegen Gelbsuchtverdacht in ein entfernt gelegenes Kinderkrankenhaus verlegt wurde, erhielt er dort Flaschennahrung. Später mochte er nicht mehr an der Brust trinken, schrie wie am Spieß, weil es ihm zu langsam ging. "Er muss sich daran gewöhnen!", meinte die strenge Säuglingsschwester, "Muttermilch ist das Gesündeste für ein Baby." Ungläubig schaute ich auf den schreienden kleinen Kerl und auf meine bereits entzündete Brust. Wir hatten uns doch so aufeinander gefreut, und jetzt schien sich schon nach einer knappen Woche der Frust in uns beiden auszubreiten. Sein jämmerliches Weinen würde seiner Seele mehr schaden als Gutes getan wurde durch Muttermilch für das Immunsystem. Kurz nach der Geburt entwickelt sich das Urvertrauen eines Kindes. Wenn das Baby feststellte, es muss immer erst furchtbar schreien, bevor es bekommt, was es in diesem Moment gerade benötigt, dann würde es eine lange Zeit so bleiben, vielleicht für immer.

Aber was hatte mir mein französischer Frauenarzt gesagt: "In Frankreich stillen die wenigsten Frauen und die Franzosen sind auch nicht kränker oder dümmer als die Deutschen." So brach ich zum

Entsetzen des Krankenhauspersonals meine mühseligen Stillversuche ab und zur Freude meines Säuglings erhielt er die Flasche, die er jedes Mal auch sehr schnell austrank, um dann erschöpft, aber selig und satt zu schlafen. Genau die gleichen Erfahrungen machte ich auch bei seinen drei Geschwistern, und alle vier Kinder waren so gut wie nie krank, und das, obwohl sie keine Muttermilch erhielten. Allerdings mussten sie auch sonst nie essen oder trinken, was sie nicht mochten - und alle vier mochten kaum Milch oder Milchprodukte. Unsere Tochter reagierte sogar allergisch darauf und trank schon als Kleinkind wesentlich lieber Wasser - das simpelste und universellste Hautregenerations-Elixier.

Schon vor zweitausend Jahren schrieben manche Ärzte, wie wichtig eine ausreichende Wasseraufnahme sei.

Der Körper ruft nach Wasser!

Wir müssen lernen, die Sprache unseres Körpers wieder zu verstehen. Wir essen, weil wir den Durst als Hunger interpretieren, und es ist an der Tagesordnung, dass durstige Kinder essen müssen und erst trinken dürfen, wenn der Teller leer ist. Später wundert man sich über die dicken Kinder. Noch dramatischer sind die Folgen zur Sauberkeitserziehung mancher Mütter. So erlebte ich es immer wieder, dass manche Kinder ab spätnachmittags nichts mehr zu trinken bekamen, damit die Windel nachts trocken blieb.

Der Körper schreit nach Wasser!

Doch gerade für die Verdauung ist es wichtig, fünfzehn Minuten vor den Hauptmahlzeiten ein Glas Wasser zu trinken, denn dies beugt Verdauungsbeschwerden vor. Grundsätzlich sollte immer Wasser getrunken werden, wenn man Durst verspürt sowie zusätzlich während der Mahlzeit nochmals ein Glas kohlensäurefreies, mineralarmes Wasser und ebenso vor dem Schlafengehen.

Es gilt zu erkennen, dass

a) reines, kohlensäurefreies und mineralarmes Quellwasser aus Glasgefäßen zur Heilung führen kann, da mit Wasser unser Körper Giftstoffe viel schneller wieder los wird.

b) Negativ geladenes Wasser schädigt, sogar krank machen kann.

Gedanken, Klänge und erst recht Worte haben tatsächlich Einfluss auf die kristalline Struktur des Wassers. Negative Gedanken und böse Worte wirken destruktiv - Mitmenschen können uns krank machen. Zur Erinnerung: Wir bestehen als Erwachsene zu siebzig Prozent aus Wasser - Kinder gar zu fünfundachtzig Prozent.

Dr. Masuro Emoto untersuchte Wasser verschiedenster Herkunft auf seine kristalline Struktur. Er fror dazu Wasser ein und fotografierte die Kristalle unter dem Mikroskop. Auf seinen Bildern sieht man, dass Wasser, das mit den Worten "*Du machst mich krank*" beschimpft wurde, bedeutend weniger Kristalle bildet als das "unbeschimpfte" Wasser. Wasser, das mit dem Wort "*Liebe*" besprochen wurde, hat dagegen nahezu vollkommene Kristalle und jeder kennt die positive Wirkung von harmonischer Musik auf den Gemütszustand. So wie unser Körperwasser heilvolle, liebevolle Energien aufnimmt, vermag es ebenso, schädliche oder bösartige Prägungen zu speichern.

Eindrucksvoll erlebte ich dies bei einem meiner Kinder. Nico war gerade drei Monate alt und lag in seinem Stubenwagen. Durch das Gitter konnte er alles um sich herum genau beobachten, denn schon beim ersten Kind entfernte ich damals bereits die sichtbehindernde Stoffumrandung. Wir wollten, dass unser Kind mehr sehen konnte, als lediglich die Zimmerdecke. Ich schaltete den Fernseher ein und verließ kurz den Raum. Mächtiges Schreien ließ mich zurückeilen. Der Kleine schaute entsetzt auf den Bildschirm und schrie aus voller Kehle. Es lief ein Spielfilm, in dem ein Mann gerade von seinem

Gegner qualvoll ermordet wurde. Schnell schaltete ich das Gerät wieder aus und nahm das Baby tröstend in den Arm. Ich konnte eigentlich nicht glauben, dass diese Szene ihn so in Schrecken versetzte, er konnte doch nichts davon begreifen. Doch auf meinem Arm beruhigte er sich wieder und ließ sich anschließend auch anstandslos in den Wagen zurücklegen. Und nachdem ich leise, schöne Radiomusik angestellt hatte, war er wieder vollkommen im Gleichgewicht und schlief auch kurz darauf entspannt ein.

Seitdem achtete ich noch intensiver darauf, dass keine brutalen Fernsehsendungen mehr liefen, wenn unsere Kleinkinder im Raum waren. So sahen wir uns auch meistens die Nachrichten erst an, wenn alle Kinder bereits in ihren Zimmern schliefen. Jetzt verstand ich auch viel besser, warum es früher schon hieß: "Wenn die Kleinen in den Kindergarten kommen, geht es los mit den ganzen Krankheiten." Das Geschrei, die Kämpfe, die sich zum Teil schon im Eingangsbereich abspielten, bombardierten schon am frühen Morgen die Ankommenden mit negativer Energie. Kein Wunder, dass gerade die Zarten und Sensiblen ab und zu eine Erholungsphase zu Hause benötigten - sie erkrankten. Da ich unsere Kinder jedoch mit Hilfe der Kristalle (Achat, Jaspis etc.) energetisch zu schützen verstand, blieben wir von den meisten Krankheiten verschont.

Die Gesundheit unserer Kinder liegt in unseren Händen. Ich bemühe mich, mein *körpereigenes* Wasser in Harmonie zu halten und ebenso das *körpereigene* Wasser unserer Kinder in eine harmonische Struktur zu bringen. Dabei helfen mir Kristalle, denn mit Bergkristallen, Rosenquarz- und Amethyst-Steinen kann man sogar *belebtes, lebendiges Wasser* aus Leitungswasser herstellen. Man fügt dazu verschiedene Quarzkristalle in eine Glaskaraffe und füllt sie mit dem Trinkwasser. Das Wasser nimmt die Schwingung, die Energie des Steines auf und durch das Trinken wird diese an das körpereigene Wasser weitergeleitet, kann sich so im ganzen Körper verbreiten.

Ich selbst nahm mir ebenfalls vor, meiner Haut eine Wellnesskur anzubieten und fügte dem angesetzten Kristallwasser noch einen

Edelopal zu. Drei Gläser pro Tag eine Stunde vor den Hauptmahlzeiten eingenommen, schützen vor Krampfadern und Fältchen. Edelopale dringen mit ihren kraftvollen Schwingungen besonders tief in uns ein und mobilisieren die Kräfte von Körper, Geist und Seele, vermitteln Wärme und Geborgenheit. Sie bringen unser inneres Licht zum Leuchten. So fühlt man sich in der eigenen Haut wieder wohl, und genau dies führt zur größten Gesundheit und damit zur schönen Ausstrahlung.

Unsere beliebtesten *Haut*-Steine sind:

1. *Rosenquarz* als Griffel
   Ideal zum Massieren. Mildert kleine Fältchen (insofern, dass sie einen danach nicht mehr stören). Führt zur Eigenliebe, verleiht neuen Halt und schützt die Seele.

2. *Chrysopras*
   als Wasser getrunken kann, indem man ihn in ein Wasserglas hineinfügt, Neurodermitis lindern oder sogar vollkommen zum Abklingen bringen.

3. *Achat*
   im Badewasser ist gewebestärkend.

4. *Moqui Marbles*
   Je einen weiblichen und einen männlichen in einer Hand halten. Die Steine fördern die energetische Versorgung und die Ausstrahlung.

5. *Peridot* als kleiner Trommelstein
   Eine Massage mit diesem Stein bringt Warzen zum Verschwinden.

6. *Speckstein*
   kräftigt das Hautgewebe und lindert Juckreiz, Brennnesselverbrennungen, allergische Reaktionen von Haut und Lippen und schwächt Mallorcaakne.

7. Schörl

löst Blockaden im Narbengewebe, denn jede Narbe verursacht eine energetische Blockade. Massagen mit Schörl-Heilsteinen mildern bis lösen diese und sorgen so für einen besseren Energieaustausch des Gewebes.

8. Bernstein

hilft bei stoffwechselbedingten Hautkrankheiten.

9. Amethyst

wurde schon von Hildegard von Bingen zur Hautheilung empfohlen. Er ist einer der stärksten Heilsteine für Nerven und Haut - mit einem Griffel kann man oft Ekzeme wegmassieren. Ein Kristall dem Gesichtswasser beigefügt, mildert Hautunreinheiten. Durch das Auflegen kleiner flacher Steine gehen Schwellungen zurück. Amethyst hilft den inneren Dialog abzustellen und führt zu tiefem Frieden.

Denn nichts ist schöner als ein Mensch, der tiefen inneren Frieden ausstrahlt, egal in welchem Alter und egal, ob sich ein paar Falten mehr oder weniger in seinem Gesicht abzeichnen.

Drei Wochen trank ich regelmäßig das Opal-Wasser und der Erfolg blieb nicht aus. Als sich unser kleiner Sohn Manuel mit seinem Freund auf der Hängematte gemütlich hin- und herschwingen ließ, bemerkte er nicht, dass ich mich den beiden näherte. "Ich habe die schönste Mami der Welt", erklärte er gerade großspurig, "sie hat sogar Pünktchen auf der Haut (Sommersprossen, in Malaysia gelten sie als Engelsküsse) und ihre Haut ist ganz kuschelig." - Danke, mein Schatz, ob mit Pünktchen oder ohne, Hauptsache ich bin kuschelig.

Kein Gottesgedanke ist falsch oder versehentlich missglückt.
Alles in der Welt der Schöpfung hat seine Richtigkeit.
Wer glaubt, der Glücklichere sei der besser Aussehende,
der Klügere oder der von der Ferne mächtigere Mensch,
der irrt.

*

Denn der wahrhaft Glücklichere ist jener,
der gelernt hat, die Schwächen und Fehler an sich
zu akzeptieren,
zu verstehen und anzunehmen,
und der andere Menschen ebenso akzeptiert,
wie das Schicksal sie innerlich und äußerlich geschaffen hat.

(L. Hay)

*

Die Botschaft des Wassers ist,
nach innen zu schauen.

(Masuro Emoto)

霊気

4. Kapitel

Beim Medium

“Letzte Woche war ich bei einer Frau mit ganz besonderen Fähigkeiten”, erzählte mir meine Freundin Bea. “Sie hat ständigen Kontakt mit einem Geistführer, und an diesen kann man persönliche Fragen stellen. Er gibt dann Ratschläge und Empfehlungen durch die Frau. Jedem Menschen werden am Anfang des Lebens Geistführer zur Seite gestellt. Die meisten empfangen die Botschaften aber nur in ihren Träumen und wenn sie erwachen, werten sie diese als belanglose Fantasien.” “Ja, ich habe bereits davon gehört”, entgegnete ich ihr, aber allzu viel halte ich nicht davon, mir Botschaften von anderen übermitteln zu lassen. Oft habe ich bei Frauen regelrechte Abhängigkeiten von Wahrsagerinnen, Kartenlegerinnen oder sonstigen Lebensberaterinnen erlebt und sehe

Die »Drohung« - oder Sohnemanns »Zukunftsvisionen«

darin eher eine Gefahr als eine sinnvolle Hilfestellung. Wenn der innere Kontakt zum göttlichen Sein in dir selbst aufgebaut und gepflegt wird, erhältst du auf diese Weise auch alle Antworten, die du benötigst." "Ja, Gabriela, du hast vollkommen Recht, es ist wirklich schlimm, wie manche zweifelhafte Lebensberaterinnen versuchen, Menschen zu beeinflussen, Ratschläge bei Eheproblemen geben und dabei selbst nicht in der Lage sind, ein normales Familienleben zu führen. Aber bei dieser Frau ist es wirklich anders, ihr Talent ist eine Gnade. Sie hat es von der Großmutter geerbt und geht damit respektvoll, lebensnah und mit natürlicher Liebe um."

Bald darauf vergaß ich unser Gespräch wieder und widmete mich den alltäglichen kleineren und größeren Sorgen einer berufstätigen vierfachen Mutter. Hier eine verschnupfte Nase, dort eine defekte Geschirrspülmaschine und schnell noch einen Kuchen backen für das anstehende Kindergartenfest. Mal kurz einen Blick auf die Post werfen, hoffentlich nicht nur Rechnungen, aber was war denn das? – Erstaunt las ich ein Schreiben von der Kreisverwaltung Ludwigshafen, mich zu einem bestimmten Termin dort einzufinden. Anschließend würde man dann über den gestellten Antrag urteilen: ein Antrag für die Aufnahme in ein *Wohnheim der Lebenshilfe*. Eine Straße weiter in unserem Dorf befand sich dieses Wohnheim der Lebenshilfe. Es war ein Heim für geistig Behinderte und irgendein netter Mensch hatte wohl einen Antrag gestellt, dass ich dort aufgenommen werden möchte. Meinen Mann und unsere Kinder schloss ich zwar spontan als heimliche Antragsteller aus, aber ganz genau weiß man es ja auch nicht. Früher hätte ich mich über solche Scherze geärgert, doch heute lache ich darüber. "Seid bloß lieb zu mir!", neckte ich die Familie, sonst fülle ich den Antrag aus und ziehe eine Straße weiter.

"Würdest du wirklich zu geistig Behinderten ziehen?", fragte mich unser Achtjähriger mit großen Augen. "Ach, weißt du, mein Schatz, was heißt schon behindert oder geistig gesund? Ich kenne viele sensitive, feinfühlige Kinder, die als behindert gelten. Und ich kenne

Wahnsinnige, die Pflanzen fressenden gesunden Rindern tote Artgenossen zu Tiermehl verarbeitet als Futter geben und jegliche Naturgesetze dabei missachten. Tiere auf schamlose Weise verwahrlosen lassen, sie quälen, misshandeln und als empfindungslose Gegenstände betrachten, ist doch schrecklich. Schon das Wort *Tiermaterial* verursacht jedes Mal eine regelrechte Übelkeit in mir. Von *Tiermaterial* zu *Menschenmaterial* ist es nur ein kleiner Schritt. Und diese Leute denken, das Fleisch von gequälten Tieren sei gesund für Menschen: Schweine, voll gestopft mit Antibiotika, Legehennen und Puten gehalten auf kleinstem Raum ohne Sonne, Massenfischzucht in zu engen Wasserbecken, Rinder und Wild, gefüttert mit zu Tiermehl verarbeiteten kranken Artgenossen. Möglicherweise gibt es auch schon *hochwertige Cremes* mit embryonalem Zellgewebe zur Faltenbekämpfung. Da frage ich mich, wer denn nun eigentlich geistig verwirrt ist ...

Schau mal, was hier in diesem Buch über Geisteskranke steht: '*Es sind diejenigen, die es vorziehen, einmal im Laufe ihrer Inkarnation keinerlei Verantwortung zu übernehmen, sich aus der Gesellschaft mit ihren Zwängen zurückziehen und so dafür sorgen, dass sie von anderen gepflegt werden.*'" *Wo* war denn bloß meine Brille? Mein Arm war während des Vorlesens immer länger geworden und reichte fast nicht mehr aus. Unser Sohn war meiner Erklärung inzwischen überdrüssig geworden und verzog sich nach draußen, beruhigt, dass ich ja anscheinend doch nicht sofort umzuziehen schien. Nach einigem Suchen bemerkte ich die Brille auf meinem Kopf. "Ich bin doch etwas gestört", ging es mir durch den Sinn. Nun entschloss ich mich endlich auch mal zu schauen, was Weitsichtigkeit, also Dinge nur noch scharf zu sehen, die entfernt von einem sind, eigentlich bedeutet. Als möglicher seelischer Grund gilt nach Lise Bourbeau: "*Menschen mit einem solchen Sehproblem wollen ihr Innenleben nicht allzu sehr unter die Lupe nehmen. Das Auge gibt die Nachricht, dass man sich jetzt Menschen oder Situationen nähern sollte, ohne Angst zu haben, dass man überfordert wird. Die Ängste hindern einen sonst daran, Erfahrungen zu machen, die das Leben bereichern können. Man sieht das Leben vorüberziehen, anstatt es wirklich zu leben."*

Das Gespräch mit meiner Freundin Bea über das Medium fiel mir wieder ein. Was sah ich nicht genügend in meiner Nähe? Welche Erfahrungen ließ ich ungenützt vorüberziehen? Vielleicht sollte ich doch einmal um ein Gespräch mit dem Geistführer bitten, denn mit meinem eigenen schien der Kontakt nicht so zu funktionieren. Wahrscheinlich erreichte er mich nie, da ich den ganzen Tag zu beschäftigt war und die Botschaften in meinen Träumen nicht zu deuten verstand.

Wenn du nicht nach innen gehst,
gehst du leer aus.

(Gott durch Neale D. Walsh)

Kurz entschlossen wählte ich die Telefonnummer, die ich mir von meiner Freundin vorsichtshalber damals hatte geben lassen, und erhielt einen Termin in neun Monaten. Liebe Zeit, was weiß ich, was in neun Monaten sein würde, außer dass ich da kein Kind mehr bekommen würde. Unsere Familienplanung war nach der vierten Geburt abgeschlossen, doch ich ließ den Termin so stehen und dachte, so Gott will, werde ich ihn einhalten können und wenn nicht, dann soll es nicht sein.

Es war ein eiskalter Januarmorgen, als ich mich neun Monate später ins Auto setzte und zu der erhaltenen Adresse fuhr. Ein perfekter Zeitpunkt, denn nun beschäftigte mich eine weitere wichtige Frage: Sollte ich wieder so viel Zeit investieren, um ein weiteres Buch zu schreiben, oder wäre es besser, das Schreiben begabteren Personen zu überlassen und die dafür gewonnene Zeit lieber meiner Familie zu widmen.

Auf diversen Elternabenden wurde mir immer wieder mehr oder weniger höflich von anderen Eltern übermittelt, dass man wohl nicht vier Kinder haben und gleichzeitig ganztags berufstätig sein könne. Rabenmutter. Obwohl sie weder mich noch die Familie intensiver kannten, erlaubten sich diese Menschen die größten Verurteilungen und manchmal beschlich mich das Gefühl, dass Hausfrauen besonders aggressiv und intolerant gegen berufstätige Mütter wetterten. Ich liebte beides, Familie und Beruf. Ich war nicht gewillt, das eine für das andere aufzugeben. Die Texte für die Bücher schrieb ich sowieso hauptsächlich nachts, wenn alle schliefen, und da unsere Kinder alle ausgesprochen körperlich gesund und seelisch im Gleichgewicht waren, konnten wir Eltern ja keine gravierenden Erziehungsfehler gemacht haben. Selbst blaue Flecke waren selten an den Körpern zu entdecken. Für mich ein gutes Zeichen, da doch die Haut der Spiegel der Seele ist. Blaue Flecke sind, wie viele andere Dinge auch, kein Resultat eines zufälligen Missgeschicks, sondern zeigen auf: Die Seele leidet. Ich selbst war als Kind ständig blau von oben bis unten, damals wurde es lediglich auf meine Tollpatschigkeit und Fußdeformationen geschoben. Zur Behandlung wurden meine Füße in schrecklich geformte Einlagen gepresst und Sommer wie Winter trug ich klobige Schuhe, da nur in diese die Einlagen hineinpassten. Geholfen hat es nichts, ich fiel anscheinend nun erst recht über die Füße, und meine Seele litt.

Nach einer halben Stunde Autofahrt erreichte ich mein Ziel. Ein schmuckes, kleines Haus im Badischen, in der Nähe eines kleinen Dorfes gelegen. "Wie früher", kam es mir in den Sinn, da wohnten die weisen Frauen auch immer abseits vom Dorf. Das Wort *Hexe* wurde abgeleitet aus: Frau, die über die Hecke schauen konnte, eine Frau, die mehr sah als andere, da sie über mehr Weitblick und größere Übersicht verfügte. Leider wurde viel wichtiges Wissen durch diverse Obrigkeiten verbrannt und vernichtet.

Eine hübsche junge Frau öffnete mir die Tür, und auf Anhieb fand ich sie sehr sympathisch. Sie bat mich, noch einen Moment zu warten, und so nutzte ich die Gelegenheit, mich in die Umgebung hineinzuspüren. Schön, dass ich mich geändert hatte, früher mochte ich nie warten, es machte mich immer ganz kribbelig. Doch mit Reiki lernte ich, Wartezeiten sinnvoll zu nutzen. So gab ich mir etwas Reiki auf mein Sonnengeflecht und bemerkte dabei auch die gute Energie dieses Hauses. Es war ein ganz besonderer Duft und obwohl es ein älteres Haus war, roch es angenehm, sehr frisch. Eine Frische in einer so außergewöhnlichen Schwingung, wie sie mit einem von Menschen hergestellten Putzmittel nicht zu erreichen war. Ein bisschen erinnerte mich dieser Duft an das Sterbezimmer meines Vaters (Kapitel 8, Seite 215 ff.), als der Engel ihm half, die Schwelle zum Jenseits zu überschreiten. Nur dass hier der Geruch nicht so stark war, sondern leichter und dezenter. Auffällig war auch eine große Fototapete eines Wasserfalls mitten im Hausflur. Sie sah so aus, als ob sie schon sehr viele Jahre hier ihren Platz hatte, und es schien eine starke reinigende Kraft von diesem Bild auszugehen. Wasserbilder gelten nach Feng-Shui-Richtlinien als Glücksbringer, unerschöpfliche Quelle des nährenden Chi und so heben sie die Raumenergie an.

Als ich dann in der Küche der jungen Frau Platz nehmen durfte, fiel mein Blick direkt durch ihr vorhangloses Fenster, und ich sah den Himmel. Regelrecht magisch davon angezogen schaute ich hinauf zu den kleinen weißen Wölkchen und den vielen Sonnenstrahlen, die diesen eiskalten Januarmorgen verschönerten. Ja, hier war ich dem Himmel nah. Ruhig beobachtete die junge Frau mein spontanes Versinken und langsam kehrte ich mit meiner Aufmerksamkeit in den Raum zurück. Nach einer kurzen Vorstellung bat ich sie, ihren Geistführer zu fragen: "Vernachlässige ich durch mein berufliches Tun meine Familie, sehe ich etwas in meiner Nähe nicht richtig?" Das lag mir am meisten am Herzen.

"Nein, mach dir wegen deiner Kinder keine Sorgen! Du bist genau auf dem richtigen Weg. Du wirst viel erleben, turbulente Zeiten kommen." Unwillig rollte ich mit den Augen, für meinen Geschmack erlebte ich schon genug, heftiger müsste es eigentlich nicht unbedingt kommen, aber wenn es eben so für mich bestimmt war oder ich es mir als Seele im Himmel nun einmal so ausgesucht hatte, dann gab es nur eins: die Ärmel hochkrempeln und durch.

“Deine Aufgabe ist es, vielen Menschen zu helfen, die geistige Welt unterstützt dich dabei.” Nun, das war ja wenigstens etwas beruhigend, aber sicherlich würde ich auf meinen Wäschebergen nach wie vor alleine sitzen bleiben. “Deine Aufgabe ist es, die Menschen Unabhängigkeit zu weisen und die ihnen göttliche Gesetze näher zu bringen. Deine Kinder sind wohl behütet und werden alle einen guten Weg gehen. Dein vorrangiges Ziel im Moment ist es, an deinem Buch zu schreiben. Sehr viele Menschen werden es lesen.” Die Frau antwortete wie eine Simultanübersetzerin. Sie brauchte weder Karten noch eine Kristallkugel, sondern schien eine direkte Leitung zu dem höheren Wesen zu besitzen.

Die Bücher werden hilfreiche Werke werden, denn du hast die Unterstützung der geistigen Welt. Deine Aufgabe ist es, den Menschen den Alltag zu erleichtern und ihnen konkrete, sinnvolle Lebenshilfe zu geben, sie vor Abhängigkeiten zu bewahren. Du bist in der Schwingung deines Namens und nimmst sie auch wahr. Gabriela Hilf - Hilfe durch die Kraft Gottes. Der Erzengel Gabriel steht dir zur Seite. Er hilft dir, die alten, starren und festgefahrenen Muster zu lösen, wie sie gerade auch in der Erziehung der Kinder heute noch bestehen. Gabriel hilft in Zeiten der Veränderung und gibt einen Ausblick auf das Neue. Er verkündet nicht nur Botschaften, sondern schenkt auch die Kraft, die Veränderung anzunehmen. - Daher schreibe! Nimm dir die Zeit zum stillen Empfangen seiner Botschaften und schreibe!”

Das umzusetzen ist aber gar nicht so leicht, dachte ich, und sofort reagierte die Frau auf meine Gedanken: “Du musst Hilfen in Anspruch nehmen für deine alltäglichen Pflichten. Gib Aufgaben ab, versuche nicht immer, alles selbst zu machen. Richte dir den Tag so ein, dass dir Zeit zum Schreiben bleibt! Und um auf deine Frage zurückzukommen: Stärker sehen und erkennen solltest du allerdings die Möglichkeiten der direkten Unterstützung aus der geistigen Welt! Nimm Kontakt mit ihr auf, du brauchst dich nicht zu fürchten. Übe, die Verbindung herzustellen, um weitere Hilfen zu erhalten!"

Aha, möglicherweise lag die wahre seelische Ursache meiner Weitsichtigkeit darin, dass ich mich unbewusst vor dem Kontakt mit geistigen Wesen fürchtete. Ich glaubte an sie, ehrte und respektierte sie, nahm ihre Anwesenheit sogar immer öfter über die besonderen himmlischen Düfte wahr, aber ich erschrak eher, als dass ich die Zeit für einen Kontakt nutzte. "Zu welchen Geistführern soll ich denn Kontakt aufnehmen, wie heißen sie?", fragte ich nach, doch es kam nur eine ausweichende Antwort. Dies musste ich wohl selbst herausfinden, aber es würden verschiedene geistige Lehrer werden.

"Sorge aber auch für dein Wohlergehen, für Freuden und Lachen!", erklärte mir das Geistwesen weiter. "Dazu muss ich dir auch eine wichtige Warnung geben. Dein Mann befindet sich in einer großen gesundheitlichen Gefahr." "Oh", antwortete ich ganz entsetzt. "Das kann ich mir gar nicht vorstellen. Wenn es einen von uns beiden krankheitsmäßig erwischt, dann eigentlich immer nur mich. Er ist kerngesund und kräftig wie ein Baumstamm." "Es handelt sich nicht um irgendeine Erkältung oder Grippe, sondern um eine sehr ernste und schwere Krankheit. Durch seinen Beruf ist er stark gefährdet und durch die stressige private Familiensituation befindet er sich in einer äußerst schwierigen Lage." – Ja, da könnte schon was dran sein, sinnierte ich vor mich hin. Mein Mann war in der Chemiebranche tätig, bestimmt kein gesunder Beruf, auch wenn er mir nur wenig darüber berichtete. Zu Hause übernahm er freiwillig den Part der Hausaufgabenkontrolle, und es war manchmal sehr schwierig für ihn, mit den drei bereits schulpflichtigen Kindern zu üben. Ich war froh, dass ich mich nicht damit herumplagen musste, wusste ich doch auch von vielen Kundinnen, wie nervig und anstrengend die Schulzeit der Kinder war. Aber wenn ich meinem Mann berichtete, dass ein Geistführer ihm zu einer Gesundheitsvorsorge geraten hatte, würde er mich nur auslachen.

"Du wirst allerdings auch einen neuen Partner erhalten. Einen wunderbaren Liebhaber, nur knapp älter als du, gut aussehend, dunkelhaarig, charmant und großzügig", erklärte mir der Geistführer weiter. Total überrascht von dieser Mitteilung kam mir spontan erneut mein Mann in den Sinn, bis auf die Großzügigkeit traf die Beschreibung schon auf ihn zu, charmant war er auch - bei anderen. Trotzdem, einen anderen Mann möchte ich nicht, schoss es mir durch den Kopf. Aber andererseits war die Aussicht auf einen großzügigen, charmanten und attraktiven Liebhaber ja auch nicht so schlecht. Seit zwanzig Jahren lebten mein Mann und ich zusammen, und in den vielen Jahren war das Prickeln, die Schmetterlinge im Bauch, schon längst verloren gegangen. Er war sparsam und streng und erzog mich im Laufe der Jahre ebenfalls dazu. Ich brauchte nur mein Wissen für mich zu behalten, ihm nichts zu erzählen von der Warnung des Geistführers und die Zeit würde dann alles von selbst regeln. "Nein," entgegnete ich erneut der jungen Frau zugewandt, "ich möchte niemand anderen als meinen Mann, den Vater unserer vier Kinder. Er war und ist mein Traummann."

Mein Blick fiel auf eine kleine Steigerwaldfigur in dem weißen Küchenregal. Fast wie bei mir zu Hause, ich selbst besaß auch welche und liebte besonders die mit den schützenden Händen. Ich würde zur schützenden Hand meines Mannes werden und auch mich wieder ändern. Wahrscheinlich musste ich wieder lockerer, lustiger und großzügiger sein, um ihn in dieser Form zurückzuerhalten. Wie oft erklärte ich in den Reiki-Kursen meinen Schülern: "Das, was dich am anderen am meisten stört, sind auch gerade deine Fehler. Der andere ist wie ein Spiegelbild. Deine eigenen Fehler sind es, die dich so wütend werden lassen. Stört dich an jemandem besonders dessen Arroganz, so neigst du selbst zur Arroganz. Wenn es nicht so ist, du nicht arrogant bist, dann stört dich diese Eigenschaft auch am anderen nicht, du bemerkst sie zwar, aber sie ärgert dich nicht."

Nachdenklich schweifte mein Blick erneut durchs Fenster in den blauen Himmel hinein, und am liebsten wäre ich noch eine Zeit lang so still sitzen geblieben, in Gedanken versunken. "Selten gibt mein Geistführer so klare und deutliche Anweisungen wie bei deiner Aufgabe, das Buch zu schreiben. Das ist mir heute aufgefallen", holten mich die Worte der Frau zurück und sie beendete sanft, aber bestimmt den Gesprächstermin. So bedankte und verabschiedete ich mich bei dem Geistwesen und bei ihr, bezahlte und trat mit dem Wagen die Heimreise wieder an. Konzentriert, langsam, aber doch im angemessenen Tempo, fuhr ich auf den Landstraßen über die Dörfer. Um länger nachdenken zu können, genoss ich diesen Umweg und mied die Autobahn.

Es war schön, die Bestätigung zu erhalten, dass der bereits eingeschlagene Weg der richtige war. Langsam begann ich auch Zusammenhänge zu begreifen. Die junge Frau betonte bestimmt nicht rein zufällig so sehr, dass nur das Schreiben des Buches eine unverschlüsselte und ganz klare Aufforderung war. Ich fasste gedanklich zusammen: Eigentlich wusste ich schon lange den wahren Grund meiner Unlust, Kontakt aufzunehmen mit der geistigen Welt. Meine größte Sorge war das mögliche Missverstehen, das falsche Auslegen der Botschaften. Vor lauter Angst, dass ich etwas falsch verstehen würde, verzichtete ich lieber ganz auf den Kontakt. Doch nun hatte ich gerade mein erstes, größeres, bewusstes Erlebnis mit der spirituellen Welt gehabt und sofort gespürt, dass der neue Liebhaber mein alter Liebhaber, mein Ehemann war. Prüfung bestanden. Meine Intuition leitete und bewahrte mich vor falschen Interpretationen geistiger Führer. So konnte ich in Zukunft auch andere Kontakte aufnehmen in dem Wissen, dass ich die Reife der richtigen Auslegung erreicht hatte. Ich würde das Nahe wieder betrachten können und auf diesem Wege vielleicht auch die Sehschärfe für die Nähe zurückerhalten. Vielen Dank, lieber Geistführer, dass ich das heute alles so erleben durfte und *Gott sei Dank* auch richtig erkennen konnte.

Doch nun musste ich mir noch überlegen, wie ich mich meinem Mann gegenüber verhalten würde. Ihn massiv warnen? Ihm gar nichts sagen oder sollte ich alles eher scherzhaft berichten? Nun, ich

»Ah – 2 Zitronenfalter, 1 Admiral, 1 Apollofalter,
1 Bläuling – und ein Ligusterschwärmer: Sie sind aber arg verliebt!«

entschloss mich, mit ihm ruhig und ganz sachlich darüber zu reden, aber auch mein Verhalten ihm gegenüber zu ändern: Meine Liebe zu ihm frei werden zu lassen, ohne sie an Bedingungen zu knüpfen. Ihm gestatten, einfach so zu sein, wie er war und ihn einzuhüllen in eine Wolke des Wohlwollens. Außerdem begann ich, ihn jeden Abend zu segnen. Still, leise für mich, wenn ich schlafen ging. Vor allem auch an Tagen, an denen ich mich über ihn geärgert hatte, mit seinen Ansichten nicht übereinstimmte: *Im Namen des Vaters und des Sohnes und des Heiligen Geistes, ... (Name) ich segne dich, ich liebe dich und ich wünsche dir eine gute Nacht. Amen.*

Ja, und das Erstaunliche geschah sogar innerhalb kurzer Zeit: Ich erhielt ihn, den wunderbaren, charmanten und großzügigen Liebhaber zurück, meinen Ehemann. Hoffentlich bleibt es so, aber bis zum heutigen Zeitpunkt sieht der Gesundheitszustand meines Mannes sehr gut aus und ein paar Schmetterlinge im Bauch sind zurückgekehrt. – Die Liebe ist die beste Voraussetzung für die Gesundheit von Körper und Seele.

Sieh, das Gute liegt so nah!

(Goethe)

Auf Liebe programmiert

Oft werde ich gefragt: "Wie schaffe ich es nur, mich zu ändern? Ich wäre ja gerne toleranter und liebevoller, aber es klappt einfach nicht und statt höflich und nett, reagiere ich sauer oder wütend."

Mir persönlich half folgende Umprogrammierung zur Liebe ganz entscheidend. Wie sehr, das fiel mir nach kurzer Zeit schon bei einem Stadtbummel auf. Meine (ehemalige) Freundin und ich trafen uns zufällig in der wunderschönen Domstadt Speyer und wir beschlossen, gemeinsam ein Straßencafé aufzusuchen. Bei strahlendem Sonnenschein war die Fußgängerzone gefüllt mit Leuten, ein reges Treiben herrschte entlang der Straße. Wir beide beobachteten immer wieder das Kommen und Gehen der Menschen und ich erfreute mich an so vielen schönen Einzelheiten. Belustigt schaute ich auf ein kleines Mädchen, das überglücklich an seinem Eis lutschte, daneben ein junger Vater, der stolz einen Kinderwagen schob und hier eine junge Frau, die total witzig und originell ihre Haare mit verschiedenen Strähnen hatte einfärben lassen. - Meine Freundin schaute in die gleiche Richtung und sagte: "Menschenskinder hat die Kleine sich mit dem Eis versaut ..., mein Mann würde nie einen Kinderwagen durch die Gegend schieben ..., wie kann man sich nur die Haare so grausig färben lassen!"

Entsetzt schaute ich sie an, wie negativ sah sie doch die Welt. Die gleiche Welt, in der ich mich auch befand, doch ich durfte diese mit den Augen der Liebe sehen, war auf Liebe programmiert, genoss jeden Moment und sah das Gute in allem und jedem.

Die Liebe ermöglicht es mir, klar zu sehen!

Sich auf Liebe programmieren:

Handposition: Beide Hände bedecken die **Augen**.
Um Reiki bitten, zweites Reiki-Zeichen SHK visualisieren und sprechen:

Ich sehe mit Liebe - 3-mal.

Noch einen Moment Reiki weiterfließen lassen und mit erstem Reiki-Zeichen, CKR, fixieren.

Handposition: Beide Hände auf die **Schläfen** legen,
SHK visualisieren und sprechen:

Ich denke in Liebe - 3-mal.

Noch etwas Reiki fließen lassen und anschließend mit dem CKR fixieren.

Handposition: Beide Hände über die **Ohren** halten, SHK visualisieren und sprechen:

Ich höre mit Liebe - 3-mal.

Danach Reiki weiterfließen lassen und mit dem ersten Reiki-Zeichen, CKR, fixieren.

Handposition: Beide Hände über den **Mund** halten, SHK visualisieren und sprechen:

Ich spreche mit Liebe - 3-mal.

Reiki fließen lassen, und dann mit dem ersten Reiki-Zeichen, CKR, fixieren.

Handposition: Beide Hände über das **Kronenchakra** halten, das zweite Reiki-Zeichen, SHK, visualisieren und sprechen:

Ich empfange Liebe - 3-mal.

Reiki fließen lassen und mit dem ersten Reiki-Zeichen, CKR, fixieren.

Handposition: Beide Hände über das **Herzchakra** halten, das zweite Reiki-Zeichen, SHK, visualisieren und sprechen:

Ich empfinde Liebe und strahle Liebe aus - 3-mal.

Reiki fließen lassen und mit dem ersten Reiki-Zeichen, CKR, fixieren.

Danken für Reiki!

霊気

5. Kapitel
Vom Schützen

Eine Zugfahrt

Ein außergewöhnliches Erlebnis mit einem Schörl löste in mir die Begeisterung für Kristalle aus. Es geschah vor knapp zehn Jahren. Im Januar 1993 erhielt ich eine Einladung zur Konfirmationsfeier meines Patenkindes. Sie wohnte damals mit ihren Eltern in einem Vorort von Görlitz, ca. 800 km von uns entfernt in Ostdeutschland. Gerne nahm ich die Gelegenheit wahr, auch mal wieder viele alte Bekannte und Verwandte zu treffen. Mein Mann würde nicht mitfahren, sondern sich um unser Baby kümmern, denn mit diesem wollten wir die lange Reise nicht unternehmen. Mit dem Auto zu fahren schloss ich gleich aus, das schien mir zu gefährlich, denn damals waren die ostdeutschen Straßen noch in einem miserablen Zustand. Lieber wollte ich mit der Bahn reisen, zumal schon die Fahrt für unseren vierjährigen Sohn ein schönes Erlebnis werden könnte, außerdem musste er dann nicht stundenlang still sitzen. In einem Zugabteil konnte er sich auch bewegen, vielleicht sogar einmal hinlegen, wenn Plätze frei waren.

“Reserviere Sitze in dem Erste-Klasse-Bereich!”, empfahl mir meine innere Stimme und spontan gab ich ihr Recht. Ja, das würde ich

»Hooligan-Freunde«-Schutzstein

machen, denn ich fühlte mich im Gedränge vieler Leute schon immer unwohl, zum Teil wie ausgelaugt oder regelrecht geladen mit Negativität, sogar verbunden mit Aggressivität. Mir war bekannt, dass die Züge auf der Strecke Frankfurt-Dresden oft überfüllt waren und die Menschen sich in den engen Gängen drängten. Schon der Gedanke, mich dann jedes Mal da durchquetschen zu müssen, wenn unser Sohn die Toilette aufsuchen wollte, war mir ein Gräuel. "Ich habe im Reisebüro Tickets für Marco und mich in einem Erste-

Klasse-Abteil gebucht", erklärte ich am Abend meinem Göttergatten, und der fiel fast in Ohnmacht. "Was für ein Quatsch," schimpfte er, "hast du mal ausgerechnet, was das für ein immenser Preisunterschied ist? Warum kannst du denn nicht zweite Klasse fahren wie jeder andere normale Mensch auch?"

Ärgerlich wandte ich mich ab. "Weil ich eben nicht normal, sondern sehr sensitiv bin", dachte ich, aber es machte keinen Sinn ihm zu erklären, dass mir meine innere Stimme diesen Rat gegeben hatte oder dass ich mich in Menschenmengen oft so unwohl fühlte. "Komm, buch um, sag dem Reisebüro, sie sollen Tickets für die zweite Klasse besorgen!", schaltete sich nun mein Verstand ein. "Erspar dir doch den Ärger, du wirst es schon schaffen, die Fahrt zu überstehen und kannst viel Geld sparen!" Nein, ich bleibe bei dem, was mir meine *innere Stimme* empfahl, entschied ich mich, auch wenn das unsinnig ist. Zum Glück verdiente ich meinen Lebensunterhalt selbst und bezahlte die Fahrkarten von meinem Gehalt. Zwar mochte mein Mann auch nicht, wenn ich mein selbst verdientes Geld *verplemperte,* aber schließlich arbeitete ich auch aus dem Grund, dass ich mir nicht immer überlegen musste, ob ich einen Geldbetrag wirklich ausgeben konnte oder lieber doch nicht. Vom Gehalt meines Mannes hätte ich damals nie gewagt, mir ein Erste-Klasse-Ticket zu kaufen und möglicherweise wäre es zur Katastrophe gekommen, wie Sie später lesen werden.

Zu dieser Zeit lernte ich gerade die ersten Kristalle kennen, begann mit Aventurin-Stäben während der Kosmetikbehandlung zu arbeiten und entdeckte die Wirkung der Schwingungen. Kurz vor Reisebeginn schaute ich noch in einem Mineralienstudio vorbei und kaufte mir seltsamerweise einen ganz schwarzen Stein. Wahrscheinlich den unansehnlichsten aus dem ganzen Geschäft, mit vielen Einschlüssen und Macken. Doch genau dieser Stein schien mich magisch anzuziehen. "Das ist ein schwarzer Turmalin, auch Schörl genannt", klärte mich der Verkäufer auf und zog mir ein Textilband durch die Bohrung. "Er soll ein guter Schutzstein sein."

Schörl (schwarzer Turmalin)

- *Ist einer der kräftigsten und wichtigsten Schutzsteine.*
- *Wie kein anderer Edelstein ist er in der Lage, uns vor jeglichen negativen Einflüssen und Strahlungen zu schützen. Alles, was in irgendeiner Form aus irgendwelchen Quellen an schädlichen, hinderlichen, negativen Kräften auf uns zukommt, nimmt er für uns auf und leitet es ab.*
- *Er bewahrt davor, Opfer der negativen Energie eines anderen zu werden.*
- *Ein sechs bis acht Zentimeter großes Stück weist einen Wirkungsbereich von zehn Metern im Radius auf.*
- *Er verleiht Neutralität und Gelassenheit, leitet Spannungen ab und hilft bei Stress und Belastungen.*
- *Er regt klare, logisch rationale Gedankengänge an.*
- *Schenkt Kraft, alte Wunden verheilen zu lassen. Idealer Stein auch zur Aufarbeitung vergangener Leben.*
- *Stärkt das Herz, lindert Schmerzen, lenkt die Körperenergie und kann auch zur Narbenentstörung verwendet werden (Heilstab).*
- *Schützt vor Albträumen.*

Wieder einmal führte mich mein Inneres zu dem richtigen Ort, an dem ich das fand, was ich benötigte. In zwei Tagen fuhr ich ja mit unserem Kleinen nach Ostdeutschland, der Schörl sollte mein Reisebegleiter werden. Am Morgen des Reisetages zog ich die Kordel mit dem Stein an, da er aber für meinen damaligen Geschmack überhaupt nicht zu meinem Outfit passte, steckte ich den Stein gleich unter den dicken Rollkragenpullover.

Unser kleiner Sohn freute sich mächtig auf die Zugfahrt, die erste längere Reise in seinem Leben. Auf dem Bahnsteig herrschte ein großer Andrang, als der Zug einlief, und er war bereits gut besetzt. Mein Mann brachte uns bis in das gebuchte Abteil hinein. Das Erste-Klasse-Abteil - hier waren wir anscheinend die einzigen Passagiere, hoffentlich würde es uns nicht zu langweilig werden, überlegte ich, entschloss mich aber dann, die Reise durch die alten und neuen Bundesländer zu genießen. Außerdem konnten wir zwischendurch auch ab und zu in den Speisewagen gehen.

Es war eine schöne Fahrt, der Schaffner kam manchmal und schaute nach dem Rechten. Mein Sohn und ich spielten, sangen oder erzählten, die Zeit verflog im Nu. Längst hatten wir die alten Bundesländer passiert und langsam rollte der Zug in den alten Erfurter Bahnhof ein. "Um Himmelswillen, wie sieht es denn hier aus!", dachte ich. Vielleicht zweihundert schwarze Gestalten lungerten auf dem Bahnsteig herum, ab und zu sah man auch Polizisten in Uniformen verloren dazwischen stehen. Neugierig schauten wir aus dem Zugfenster. Es waren ostdeutsche Hooligans in zerrissener schwarzer Kleidung mit wilden Emblemen auf Jacken und Mützen und die meisten mit Springerstiefeln ausgestattet. Viele hatten Bierdosen in ihren Händen und prosteten damit grölend den Zugpassagieren zu. Automatisch sank ich tiefer in meinen Sitz und lugte nun schon nicht mehr so offensichtlich durchs Fenster.

"Hoffentlich fahren wir gleich weiter", dachte ich gerade, als die Türen aufgerissen wurden und sich eine Menge rabiater Jugendlicher in den Zug drängte. Sekunden später wurde auch unser Abteil gestürmt und fünf, sechs Hooligans lümmelten sich auf die freien Plätze. Spontan zog ich meinen Sohn zu mir und platzierte ihn direkt neben mich, sodass ihn zur rechten Seite die Wand des Zugabteils deckte und links breitete ich mich schützend vor ihm aus. Die Handtasche schob ich rasch unter meinen Po, das schien mir im Moment der sicherste Platz. Ich war früher als Reporterin schon öfter in gefährlichen Situationen gewesen, stets blieb ich instinktiv cool, anscheinend eine natürliche Begabung. Doch diesmal galt die Bedrohung nicht nur mir, viel mehr Sorge bereitete mir das Dabei-sein meines kleinen Sohnes. Der saß jetzt ruhig neben mir und starrte die Kerle mit großen Augen an. Mein Gott, jetzt wo ich genauer hinschaute, fiel mir auf, zum Teil waren es ja fast noch Kinder. Höchstens vierzehn bis sechszehn Jahre alt, aber eine immense Aggressivität ausstrahlend.

Mein Blick schwenkte Hilfe suchend aus dem Fenster. Direkt davor stand ein Polizist und schaute ins Abteil. Ich versuchte, mit ihm Blickkontakt aufzunehmen, er musste doch merken, dass ich mich hier als Mutter mit einem Kleinkind nicht gerade wohl in meiner Haut fühlte. An die Scheibe klopfen mochte ich nicht und aussteigen konnte ich nicht, die Hooligans standen inzwischen so dicht in den Abteilen und Gängen, da wäre keine Maus mehr durchgekommen. Jetzt schien mich der Polizist zu bemerken – und wandte sich einfach ab. Er drehte mir den Rücken zu und blieb bewegungslos stehen. Die Polizei auf dem Bahnsteig, die Hooligans im Zug und ich mittendrin.

Aber was war das? Ich rieb automatisch an der Stelle, wo mein Schutzstein die Körperhaut berührte. Er schien sich zu bewegen, größer zu werden, zu schwingen. In dieser unangenehmen Situation spürte ich zum ersten Mal die mächtige Kraft eines Schutzsteines. Wellenartig durchflutete mich ein Gefühl der Sicherheit, es stärkte mein Rückgrat und aus meiner ängstlich in mich versunkenen Haltung kam ich wieder empor und setzte mich gerade und aufrecht im Sessel hin. Eine beruhigende Schwingung schien auch meine Nerven erreicht zu haben, und nachdem ich mich so aus meiner Opferhaltung gelöst hatte, kam meine natürliche Keckheit hervor und ich begann ein Gespräch mit meinen Abteilgenossen über Fußball. Zum Glück besaß ich einige Kenntnisse darüber, schließlich war ich ja auch mit einem Fußballfan verheiratet. So fragte ich, von welchem Verein sie seien und in welcher Liga dieser spiele. Sie erzählten mir, dass sie heute gewonnen hätten. Ich dankte dem Himmel dafür, denn wie wären sie bloß gelaunt gewesen, wenn ihr Verein verloren hätte. Stärkere Aggressionsausstrahlungen waren fast nicht möglich, doch ich sollte mich irren. Für den Moment aber beruhigte sich die Situation. Sie waren anscheinend durchgefroren, und die Wärme des Abteils schien ihnen gut zu tun. Schließlich bot mir einer sogar seine Bierdose an, spontan wollte ich verneinen, überwand dann aber meine Abneigung und trank einen kleinen Schluck. Damit war das Eis endgültig gebrochen, sie schienen mich akzeptiert zu haben und erzählten im beeindruckendsten Wortschatz und Slang ihre Untaten aus der letzen Zeit.

Die Kraft meines Steines schien inzwischen immer mächtiger zu werden und ein richtiges Schutzfeld um mich herum aufzubauen. Ich bemerkte es fasziniert und benötigte ihn schneller als mir lieb war. Denn plötzlich ebbte das Stimmengewirr im Gang ab, eine unselige Ruhe trat ein und kurz darauf zwängten sich mehrere große, ältere Männer durch den Gang, ebenfalls in schwarzer Kleidung. Zwar war diese nicht so zerrissen, dafür aber mit umso mehr Furcht erregenden Symbolen verziert und die Männer trugen Tätowierungen, die mich erschaudern ließen. Sie wollten schon an unserem Abteil vorbeigehen, als mich einer von ihnen erblickte, sofort die Türe aufriss und mich mit dreckig grinsender Miene taxierte. "Das muss der Oberhäuptling der Bande sein", dachte ich und stellte überrascht fest, dass nun meine jungen Abteilgenossen in ihre Sessel sanken und es keiner mehr wagte, auch nur einen Pieps zu sagen. Selbst die Polizei, die die ganze Zeit zumindest mit dem Rücken vor unserem Fenster stand, schien sich verkrümelt zu haben, weit und breit war kein Ordnungshüter mehr zu sehen.

"Na, wie fühlst du dich denn so bei uns?", fragte der Anführer mit gefährlich zischender Stimme. Alle schienen die Luft anzuhalten und ich wusste, jetzt kam es darauf an, keinen Fehler zu machen. Tief sog ich die Schwingung des Schörls in mich hinein und antwortete cool: "Oh, es gefällt mir ganz gut!" Dummerweise schien er das nicht hören zu wollen, denn er konterte scharf: "Dann pass mal auf, dass es dir nicht gleich zu gut gefällt!", und baute sich mit diesen Worten breit im Türrahmen auf, während seine Anhänger in den Sesseln zu erstarren schienen. Doch wie von Geisterhand gezogen - oder himmlischen Wesen geführt - erhob ich mich nun aus meinem Sitz und ging einen Schritt auf ihn zu. Mit meiner Körpergröße von 1,72 Meter bin ich auch nicht gerade klein und so standen wir uns direkt Auge in Auge gegenüber. Mit kräftiger und sicherer Stimme antwortete ich: "Falls es euch Spaß macht, einer Mutter mit einem kleinen Kind etwas anzutun, werde ich wahrscheinlich nicht viel dagegen ausrichten können, aber stolz darauf werdet ihr sicherlich nicht sein, oder?"

Erstaunt schaute er mich an und schien zu bemerken, dass ich weder ängstlich, jedoch auch nicht drohend war und ihm seinen für ihn wichtigen Respekt zollte. Er taxierte mich kurz, drehte sich dann völlig überraschend um mit den Worten: "Mach doch, was du willst!", und verließ mit seinen "Leibwächtern" das Abteil. Ein hörbares Aufatmen ging sogar durch seine eigenen Anhängerreihen. Bald darauf wurde die Stimmung fast angenehm heiter. Die Hooligans schienen vor mir eine richtige Achtung bekommen zu haben, vielleicht weil ich es gewagt hatte, mich ihrem Anführer in so gerader Haltung zu nähern und ihm Kontra zu geben. Ich dankte lautlos meinem Schutzstein sowie den himmlischen Helfern und trank jetzt wirklich einen großen Schluck Bier aus der hingehaltenen Dose. Herzlich willkommen im Klub!

Der Zug stand nun schon seit vierzig Minuten im Bahnhof von Erfurt und wir vertrieben uns die Zeit weiter mit Gesprächen über Fußball in Ostdeutschland und Süddeutschland. Die Jungen erzählten sogar von ihren alltäglichen Problemen, der Arbeitslosigkeit der Eltern und der Chancenlosigkeit, selbst einen Beruf zu erlernen. Plötzlich wurde das Gejohle auf dem Gang wieder erheblich lauter und zwei Polizisten bahnten sich einen Weg bis zu unserem Abteil. "Bitte, verlassen Sie den Erste-Klasse-Waggon", sagten sie zu den Hooligans, "Sie müssen alle in die Bereiche der zweiten Klasse, aber Sie können mitfahren bis Weimar!" "Lassen Sie doch die jungen Leute sitzen, mir macht es nichts aus!", schaltete ich mich ein. "Der Erste-Klasse-Wagen ist vollkommen frei und die Zweite-Klasse-Abteile waren doch schon vorhin überfüllt. So ist es doch sinnvoller, wenn sie hier bleiben." "Nein, alle Fußballfans müssen in den Zweite-Klasse-Bereich umsteigen, das ist von der Bahnleitung so angeordnet worden. Die Erste-Klasse-Abteilung wird verschlossen, wir werden die Tür bewachen, Sie können natürlich sitzen bleiben." Danach drängten sie die Jungs hinaus, die daraufhin murrend die bequemen Sitze verließen, aber sich sogar noch freundlich von mir verabschiedeten.

So waren mein Sohn und ich wieder alleine im Erste-Klasse-Waggon. Bewacht von zwei Polizisten setzte sich der Zug nun langsam in Bewegung und mit fast einstündiger Verspätung ging die Reise weiter. Die größte Anzahl der Polizisten blieb auf dem Bahnsteig zurück, stellte ich erstaunt fest. Wahrscheinlich war der Zug einfach schon überfüllt. Manchmal drang Geschrei und Gejohle zu uns herüber, aber doch sehr leise, und ich schenkte der Sache weiter keine Aufmerksamkeit. Nach ungefähr einer weiteren halben Stunde kreischten die Notbremsen laut auf und kurze Zeit später kam der Zug mitten auf der Wegstrecke zum Stehen. Die Waggontüren öffneten sich und jede Menge Hooligans verließen den Zug, rannten über die Gleise und verstreuten sich in alle Winde. "Warum steigen die denn mitten auf der Wegstrecke aus", überlegte ich. Wenige Minuten später setzte sich der Zug erneut in Bewegung und nach ein paar Kilometern fuhren wir in den Bahnhof von Weimar ein. Hier herrschte ebenfalls Hochbetrieb, die Bahnsteige waren überfüllt von einem großen Polizeiaufgebot und jede Menge Sanitäter und Rettungskräfte erwarteten den Zug. Nachdem sich die Türen erneut geöffnet hatten, wurden blutverschmierte Leute hinausgeführt und von den Sanitätern in Empfang genommen. Anschließend durchkämmten die Polizisten wohl den Zug, aber die Hooligans waren ja schon alle längst verschwunden, und so zog die Polizei mit langen Gesichtern wieder ab.

Da wir so mit dem Beobachten der Vorgänge auf dem Bahnsteig beschäftigt waren, bemerkte ich gar nicht, dass die Abteiltüre geöffnet wurde und drehte mich daher erschrocken um, als eine melodisch-tiefe Männerstimme fragte: "Na, haben Sie und Ihr Kleiner alles heil überstanden?" Ein sympathisch aussehender älterer Herr mit weißen Haaren war hereingekommen und schaute mich fragend an. "Oh, das ist sicher ein Angestellter der Bahn AG, einfach toll, wie sich die Leitung um die Passagiere der ersten Klasse kümmert", dachte ich. "Zwei Polizeiwachen zur Sicherheit des Waggons und dann das Erkundigen nach dem Wohlbefinden der Reisenden." Doch da wurden meine Gedanken bereits unterbrochen: "Ich bin auch Passagier im Erste-Klasse-Bereich und sitze einige Abteile weiter. Leider konnte ich nicht zu Ihnen vordringen während des Belagerungszustandes und hoffte, dass man Sie in Frieden lässt. Später wurden wir ja von Polizisten bewacht. Die Leute in den Zweite-Klasse-Abteilen hatten dieses Glück zum Teil nicht mehr", und dabei deutete er auf den Bahnsteig, wo sich weiterhin Sanitäter um Verletzte kümmerten.

"Um Himmelswillen, was ist denn passiert?", fragte ich entsetzt und nun erzählte er mir die Ereignisse: "Die Hooligans waren zu einem Fußballspiel in Erfurt gewesen und die Heimfahrt sollte mit einem Zug erfolgen, der extra für sie eingesetzt worden wäre. Dieser war zwar von der Bahnleitung zugesichert worden, doch die Fußballfans warteten seit zwei Stunden vergeblich auf dem eiskalten Bahnsteig. Schließlich beschlossen sie, den nächsten Zug, der einlaufen würde, einfach zu besetzen. Das war unser Intercity. Der Zugführer weigerte sich daraufhin weiterzufahren und so kam es zu der einstündigen Verspätung. Erst als die Order von der Bahngesellschaft kam, alle Fußballfans in der zweiten Klasse mitfahren zu lassen, setzte der Zug die Fahrt fort. Die Erste-Klasse-Wagen mussten verschlossen und bewacht werden, aber nicht zum Wohle der Passagiere, sondern damit keine Schäden angerichtet werden konnten. Die Einrichtung ist erheblich teurer als in den Zweite-

Klasse-Wagen. Das war der wahre Grund der polizeilichen Bewachung.

Die Bahnbegleiter selbst schlossen sich ebenfalls in einem Abteil ein, um sich vor Übergriffen der Rowdys zu schützen. Da nun in dem Zweite-Klasse-Bereich ein immenses Gedränge entstand, kam es bald zu Auseinandersetzungen zwischen Reisenden und Hooligans, die daraufhin mit Raufereien begannen und mehrere Personen verletzten. Doch am schlimmsten traf es den Speisewagen, der gleicht einem Schlachtfeld", schilderte mir der Mann weiter. "Ich war eben dort, das gesamte Mobiliar ist zertrümmert worden, nicht ein Tisch ist mehr heil. Alle alkoholischen Getränke wurden geplündert, das Bedienungspersonal zusammengeschlagen. Die Hooligans rechneten allerdings damit, dass sie auf dem Weimarer Bahnhof von der Polizei erwartet werden würden, deshalb haben sie fünf Kilometer vor dem Einfahren die Notbremse betätigt. So konnten sie sich in aller Seelenruhe auf den Heimweg machen, die Polizei war ja noch weit entfernt."

Eiskalte Schauer liefen mir jetzt den Rücken hinunter. Die Burschen waren doch gefährlicher, als ich dachte. Meiner inneren Stimme, dem Schutzstein und sonstigen himmlischen Helfern hatte ich zu danken, dass mein Sohn und ich so unbeschadet und ohne weiteren Stress aus dieser Geschichte herausgekommen waren. "Und, haben die Hooligans Sie auch unbehelligt gelassen?", fragte ich voller Anteilnahme. "Aber ja", lachte er, "ich bin ja Ostdeutscher und habe selbst Enkel in diesem Alter. Daher kenne ich ihre Nöte und kann mit diesen jungen Menschen umgehen." Dann wurde seine Miene wieder ernst, und ich erinnere mich recht gut an seine Worte, trotz der langen Zeit, die seitdem vergangen ist: "Viele dieser jungen Männer sprechen und handeln gewalttätig. **Den meisten fehlt aber nur Aufmerksamkeit und liebevolle Zuwendung**. Oft denkt man: "Der ist aber böse", und wenn man ihn sich näher betrachtet, genauer hinsieht, merkt man, dass er nur unglücklich ist.

Wir müssen uns davor in Acht nehmen, dass in unserem eigenen Geist Gewalt gegen diese Menschen aufsteigt, wenn wir jemand gewalttätig sprechen oder handeln sehen, denn sonst unterscheiden wir uns nicht mehr so sehr von dem gewalttätigen Menschen. Was wir säen, werden wir ernten.

Wenn wir diesen Menschen aber vergeben, können wir unseren Geist und unsere Seele vor Gegengewalt schützen. **Jemand, der verletzt worden ist, möchte oft auch andere verletzen. Das Opfer will neue Opfer hervorbringen. Ändern wird sich erst dann etwas, wenn viele Menschen dem Negativen in Verbindung mit der Liebe trotzen, ohne jegliche Aggressivität. Durch bewusstes Aussenden von wohl tuenden Eigenschaften kann das Klima im persönlichen Umfeld, aber auch in der ganzen Umwelt verbessert werden. – Die Antwort auf Terror und Gewalt muss liebevolle Zuwendung sein."**

Mit diesen Worten verschwand er wieder, so lautlos wie er gekommen war, nur ein Rest seiner besonderen Ausstrahlung und Güte schien noch im Raum geblieben zu sein. Tief berührt von seiner Aussage schaute ich ihm nach und sog die besondere Schwingung, die er verbreitet hatte, in mich hinein. Das war eben kein normaler Mensch gewesen, von dem ich hier *rein zufällig* auf dem Bahnhof von Weimar göttliche Wahrheiten erfuhr. Vielleicht war er ein Schutzengel – denn, ich hätte wetten können, alle Abteile der Ersten-Klasse-Bereiche waren unbesetzt gewesen.

Zärtlich strich ich über die blonden Locken unseres kleinen Sohnes. Er war während des Gespräches mit dem Herrn auf meinem Schoß eingeschlafen. Behutsam zog ich seine Schuhe aus und legte seine Füße hoch. Langsam setzte sich der Zug wieder in Bewegung und ich lehnte mich nachdenklich in den Sitz zurück.

Hilfreicher Engel in Menschengestalt

Ich bin der Mensch,
durch den die lichte Kraft der Engel
ungehindert wirken kann.
Tauche auf, aus dem Nichts.
Verschwinde im Nichts.
Bin wie der Wind. Der Duft einer Blume.
Das blinzelnde Licht durch einen Baum.
Der Schatten an der Wand.
Still und unerkannt. Bescheiden und sanft.
Mein Rat ist heilig, meine Tat hilfreich, mein Wille frei.
Ich bin solange da, wie ich benötigt werde.
Oftmals werde ich bemerkt, wenn ich schon gewesen bin.

Es ist getan.

Ich bin Gottes Licht in Tätigkeit.

(Jeanne Ruland)

Unsere wichtigsten Schutzsteine

Tigereisen

(Schutzkristall vor Beleidigungen)

- *Schützt das seelische Abwehrsystem und kräftigt seinen Träger gegen Beleidigungen und bei persönlichen Angriffen.*
- *Dieser Kristall verleiht die Kraft "darüber zu stehen" und schmettert Angriffe im Vorfeld ab. (Man nimmt sie zwar zur Kenntnis, aber sie hinterlassen keine Spuren auf der Seele.)*
- *Verleiht das Durchhaltevermögen, das notwendig ist, um typische Anfangsschwierigkeiten zu überwinden.*
- *Stärkt das logische Denken, die Erinnerung und die Konzentration.*
- *Behebt jeglichen Energiemangel.*
- *Schüler-Schutz-Stein.*

Achat

(Universal-Schutzstein)

- *Kommt hauptsächlich aus Brasilien, Botswana, Indien, Mexiko und Madagaskar.*
- *Er genoss schon in der antiken Welt hohes Ansehen als Schutz- und Glücksstein.*
- *Hilft, die eigenen Angelegenheiten beschaulich, gesammelt und konzentriert zu regeln.*
- *Er fördert die Konzentration auf das Wesentliche und vermeidet Ablenkungen. Somit ist er auch eine Lernhilfe in der Schule.*
- *Steht für geistige Reife und Wachstum, innere Stabilität und Realitätssinn.*
- *Seelisch vermittelt er Schutz, Geborgenheit und Sicherheit und ist auch der ideale Schwangerschaftsschutzstein für Mutter und Kind (mit Signatur einer Fruchthöhle und eines Embryos).*
- *Er schützt gegen Gebärmuttervorfall und regt deren Rückbildung nach der Entbindung an.*
- *Körperlich gleicht er die Aura aus, stabilisiert und reinigt sie.*
- *Er kann Organe heilen, die aus verschiedenen Gewebeschichten bestehen, wie z. B. Blase, Magen, Darm, Haut und Augen (kein Ersatz für die Schulmedizin!).*
- *Schön und intensiv ist der Achat als Scheibe ins Fenster gehängt. Auch hier wirkt er schützend und harmonisierend auf den ganzen Raum - wunderbar geeignet für das Kinderzimmer, verhindert das Eindringen von negativen Strahlungen, böse nachbarschaftliche Energie wird zurückgeworfen. Sehr sinnvoll auch bei Fenstern zu einer belebten Hauptstraße.*
- *Besonders stark wirkt der Achat als Meditationskreis.*
- *Und er kann auch dazu benutzt werden: Fördert die eheliche Treue (Hochzeitsgeschenkidee).*

Augenachat:

- *Schützt vor dem "bösen Blick", stärkt die Sehkraft.*
- *Weckt verborgene Talente.*
- *Übermittelt Inspirationen von Wesen aus der spirituellen Welt und ist ein sehr kräftiger Schutzstein.*

Bronzit

(Schutzschild für die zarte Seele)

- *Stein der Gerechtigkeit, der seinen Besitzer gerecht urteilen und vorurteilslos werden lässt.*
- *Verleiht Sicherheit, beruhigt das Gemüt, schützt vor negativen Energien und verschafft Konzentration.*
- *Hilft bei Entscheidungen von ungelösten Lebensproblemen.*
- *Löst Traumata und bewahrt die Seele vor Schmerzen und Depressionen. Schutzschild für die Seele - schirmt krankmachende und seelisch stark belastende Einflüsse ab. Bereits entstandene Verwundungen der Seele können mit Bronzit nahezu narbenfrei geheilt werden.*
- *Verleiht die Energie zum Handeln.*
- *Bronzitwasser verhindert frühzeitiges Altern, macht die Haut widerstandsfähiger und kann bei Ausschlägen und Allergien helfen.*
- *Gleicht den Säurehaushalt des Körpers aus und versorgt Organe und Gehirn mit ausreichend Sauerstoff. Vergrößert die Aufnahmefähigkeit des Körpers von Eisen und sorgt dafür, dass das Eisen länger im Körper bleibt.*
- *Bronzit kann vor Zysten in Organen und im Gehirn bewahren.*
- *Während der Meditation eignet er sich zum Auflegen auf das Dritte Auge oder das Solar-Plexus-Chakra und harmonisiert dabei die körperlichen Energieströme.*

Onyx

(Schutz vor negativen Strahlen)

- *Fördert die Selbstverwirklichung und hilft, den eigenen Lebensweg zu finden und zu gehen.*
- *Verhindert ein zu leichtes Beeinflussen und fördert Selbstbewusstsein und Verantwortungsgefühl.*
- *Schützt gegen negative Einflüsse durch Erdstrahlen, besonders intensiv in Verbindung mit Quarzsand (reiner Sand ohne Lehm, erhältlich unter Maurerbedarf im Bauhandel), dieser absorbiert zusätzlich negative Strahlung.*
- *Böse Menschen bleiben seiner Ausstrahlung fern, schwarze Magie wird gelindert oder gar verhindert.*
- *Verbessert die Funktion sensorischer und motorischer Nerven, fördert das Gehör und stärkt das Immunsystem gegen Infektionsanfälligkeit.*

(Schneeflocken-) Obsidian

(Schutz vor Mobbing)

- *Schneeflockenobsidian schützt vor falschen Freunden und bewahrt vor Gefahren.*
- *Soll alles Schlechte vom Körper seines Trägers fern halten, reinigt die Atmosphäre von negativen geistigen Einwirkungen und schützt vor Angriffen.*
- *Belebt, schärft die Sinne und bringt innere Bilder ans Licht.*
- *Hilft, mysteriöse Phänomene zu durchschauen.*
- *Beschleunigt Blutstillen und Wundheilung.*
- *Sorgt für eine verbesserte Durchblutung und erwärmt kalte Füße und Hände.*

Roter Jaspis
(Gefahrenschutzstein)

- *Er fördert die Kriegernatur.*
- *Roter Jaspis stärkt die Willenskraft, auch den Willen zum Abnehmen und unterbindet das Hungergefühl.*
- *Er bringt die Courage, auch unangenehme Aufgaben zu bewältigen.*
- *Regt den Kreislauf und den Energiefluss an.*
- *Lehrt, Fortschritte zu erzielen und verhindert Ablenkungen.*
- *Schutzstein, der Rettung aus Gefahrensituationen bringt.*
- *Beim Meditieren bringt er die Erkenntnis, wie man Abhilfe bei persönlichen Problemen erreichen kann und macht die Meditation klarer.*

Serpentin
(Schutz vor ansteckenden Krankheiten)

- *Schutzstein vor Krankheiten, Giften (Insektenstiche) und Zauberei.*
- *Hilft, sich abzugrenzen und inneren Frieden zu finden.*
- *Gleicht Stimmungsschwankungen aus.*
- *Beruhigt bei Nervosität und Stress.*
- *Bewahrt vor Wasseransammlung in der Lunge und heilt Lungenfell- und Rippenfellentzündungen.*

Schörl *- schwarzer Turmalin*
(Computerstrahlen-Schutzstein und Personen-Schutz)

- *Er stärkt das Herz.*
- *Kann helfen bei Arthritis, Lesestörungen, Herzstörungen und Orientierungsverlust.*
- *Vermag Schmerzen zu lindern und die Körperenergie zu lenken.*

- *Schutzstein vor Diebstahl, Brand, Ertrinken und gefährlichen Tieren.*
- *Er ist mit der Basis, den Wurzeln oder dem ersten Chakra verbunden, deshalb setzen wir ihn sinnvoll auch im Bereich der Füße und Beine ein.*
- *Er bringt Bilder aus dem Unterbewusstsein an die Oberfläche, verstärkt die Erinnerung.*
- *Idealer Stein zur Aufarbeitung vergangener Leben.*
- *Sehr stark und schnell wirken auch Essenzen.*

Schörlkristalle mit Glimmer:
lenken die negative Strahlung ab und schicken Verwünschungen oder Verfluchungen an den Absender zurück.

Bergkristall-Kugel (prismatisch)

- *Die prismatische Kristallkugel harmonisiert negatives Chi, das durch ihre vielen Facetten gebrochen wird.*
- *Sie zerstreut zu starkes Sonnenlicht und kann positive Regenbogenfarben erzeugen.*
- *Beschleunigt die persönliche Heilung, gleicht den Lymphfluss, die Nerven und das Blut aus, gilt als Universalheiler.*
- *Erlöst aus Zwängen, falscher Liebe und Zorn.*

In jeder geschliffenen Edelsteinfacette
wohnt ein Engel.

(Jeanne Ruland)

Schörl-Bergkristall-Kombination
(zum Beispiel als Donut am Band mit einer facettierten Bergkristall-Kugel)

- *Schützt vor negativen Strahlungen und wandelt sie in harmonische Lichtenergie um, dadurch entsteht eine Kräftigung der Aura und Verstärkung der persönlichen Energie.*

> *Nutze die Kräfte deiner Gegner!*

Selenit
(Schwangerschaftsschutzstein)

(kristallisierter Gips)

- *Selenit ist ein Schutzstein, der ganz besonders gut für Frauen während der Schwangerschaft geeignet ist.*
- *Er kann vor Geburtskrämpfen, Schwangerschaftsnieren und Wasseransammlungen in Gehirn, Händen und Beinen bewahren. Außerdem deckt er den Mineralbedarf und stärkt die Plazenta.*
- *Übelkeit und Erbrechen können während der Schwangerschaft auftreten und durch Selenit gelindert werden. Er schützt vor hormonellen Schwankungen und Erregbarkeit der Magennerven.*
- *Selenit ist gut gegen Hauterkrankungen und schützt die Knochen vor Erweichung. Für eine gerade Wirbelsäule.*
- *Möglicherweise hilfreich einzusetzen bei Krebs im Vorstadium und bis hin ins fortgeschrittene Stadium. (Bitte nur parallel zur Schulmedizin!)*

- *Selenit ist meditationsverstärkend: vor Beginn der Meditation die Fingerkuppen am Stein reiben, dies erzeugt in der Meditation verstärkt Bilder.*
- *Er löst Blockaden, die sich im Bereich der Fortpflanzung und Sexualität befinden.*
- *Heilt und kräftigt Geschlechtsorgane wie Prostata, Hoden und Eierstöcke.*
- *Bringt dem Verstand Klarheit und unterstützt materielle sowie geschäftliche Ziele.*
- *Hilfreich bei Entscheidungen (gibt die nötige Einsicht).*
- *Verleiht Geschmeidigkeit und Entscheidungskraft.*

Türkis

(Wetterschutz-Kristall und Reiseschutzstein)

- *Schützt bei Empfindlichkeit vor äußeren Einflüssen.*
- *Gleicht extreme Stimmungsschwankungen aus.*
- *Mit seiner Hilfe kann man sich aus der "Opferhaltung" lösen und so das eigene Schicksal zum Positiven hin wenden.*
- *Hält alles Böse vom Körper fern und bewahrt seinen Träger vor einem unnatürlichen Tod. Daher besonders auch für Menschen geeignet, die viel geschäftlich unterwegs sind.*

Turmalinquarz

(Computerstrahlen-Schutzstein und Wandler negativer Situationen)

- *Kommt meist aus Brasilien und ist farblos mit eingeschlossenen schwarzen Turmalinnadeln.*
- *Ihn zu benutzen heißt, sich selbst etwas Gutes zu tun, denn er bewirkt Übereinstimmung mit sich selbst.*

- *Einerseits dem Boden verhaftet (erdend), andererseits auf der Suche nach dem Licht (ideal zum Meditieren).*
- *Schafft eine klärende Atmosphäre.*
- *Hilft gegen Nervosität und fördert innere Entspannung.*
- *Gleicht Energiemangel und -überschuss im Körper aus.*
- *Schlichtet Zwistigkeiten.*
- *Kann Hautausschläge heilen, deren innere Ursache Hadern ist, wenn er als Kette auf der Haut getragen wird.*
- *Schutzstein - auch sehr gut als Strahlenschutz (Computer).*
- *Schenkt die Kraft, unglückliche Beziehungen oder Situationen zu verbessern.*
- ***Botschaft:** Gib der Liebe eine Chance! Erhebe dich über deine Probleme! Sieh, dass es immer einen Ausweg gibt!*

Rosenquarz
(Elektrosmog)

- *Reduziert elektromagnetische Schwingungen bis zu 85 Prozent. Dies wurde von Umwelttechnikern herausgefunden. Größere Rohstücke an die Elektroleitung gelegt verhindern, dass Elektrosmog austreten kann.*
- *Rosenquarz schenkt Urvertrauen und macht Mut, das Leben zu lieben.*

»Auto-Schutz«

Reiki-Autoschutz

“Du kannst sogar dein Auto mit Reiki-Zeichen und Schutzaffirmationen vor Unfällen bewahren”, erklärte mir meine sympathische Reikilehrerin Johanna beim Reiki-Seminar zu meinem zweiten Reiki-Grad. Ungläubig, ob das funktionieren würde, notierte ich zwar ihre Erklärungen, dachte jedoch bei mir, dass ich mich da eher darauf verließ, verkehrsgerecht zu fahren.

Während ich später auf der Autobahn A 6 in Richtung Speyer fuhr, wurde ich mehrmals von ungeduldigen Rasern so bedrängt, dass ich es dann doch schön gefunden hätte, wenn mein Fahrzeug besser geschützt gewesen wäre. So entschloss ich mich, mein Auto in einen Reiki-Schutz zu hüllen, sobald ich es in der Garage abstellen konnte. Damals verstand ich es noch nicht, die Reiki-Zeichen zu visualisieren, das heißt, sie zu malen mittels Gedankenkraft - rein visuell - und benötigte die entsprechenden Handbewegungen dazu. Daher war es besser, bei dieser Schutzaktion nicht den Blicken der Nachbarn ausgesetzt zu sein, und auch mein Göttergatte erfuhr besser nichts von meinem Vorhaben, ich konnte nicht mit seinem Verständnis rechnen.

So klappte ich das Tor der Garage nach unten und ließ nur einen Luftspalt frei. Dann zeichnete ich über das gesamte Auto:

1) Das zweite Reiki-Zeichen: SHK, *1-mal.*

2) Sprach dann *3-mal* die passende Affirmation (indem ich sie leise von meinem Zettel ablas): "Gott ist allsehend und allwissend. Er sieht voraus und wird natürlicherweise jeden unerwünschten Zusammenstoß verhüten. Gott steuert diesen Wagen. Weil Gott diesen Wagen steuert, kann keinerlei Hindernis uns stören.[1]"

3) Malte zum *Fixieren* darüber das erste Reiki-Zeichen: CKR, *1-mal.*

Irgendwie fand ich den Text ja komisch, wenn Gott nun auch noch dieses Auto steuern musste, hatte er vielleicht keine Zeit für wichtigere Dinge und mit der Welt war ja so viel im Argen. Aber esoterische Kenntnisse besaß ich sowieso nur wenige, und in der katholischen Kirchengemeinde meines kleinen Heimatdorfes würde ich bestimmt nicht erzählen, was ich in *Gottes Namen* mit unserer Familienkutsche anstellte. An Gott glaubte ich, an seine Wirkung für meinen Autoschutz weniger, schließlich war er doch immer so weit weg. Irgendwo anders, jedenfalls nicht bei mir.

Doch viel schneller als erwartet durfte ich mich vom Gegenteil überzeugen. Kaum eine Woche später fuhr ich einmal wieder einkaufen, wie immer am liebsten in Geschäfte, bei denen ich vorwärts leicht in den Parkplatz hineinfahren konnte. Zwei Stunden später, mit vollen Einkaufstüten und leerem Geldbeutel, wollte ich den Parkplatz wieder verlassen, legte den Rückwärtsgang ein und rollte langsam

[1] Affirmation aus dem Buch "Reden über ICH BIN" des aufgestiegenen Meisters Saint Germain.

zurück. Aber was war das? Als ob hundert Alarmsirenen gleichzeitig schellten? Und ich hörte nicht nur Alarmgeräusche, sondern schien richtige Visionen von vielen kleinen roten Lämpchen zu haben, die alle ununterbrochen blinkten. Vor lauter Schreck trat ich auf die Bremse, und wirklich, genau in diesem Moment verstummte alles. Litt ich an Halluzinationen? Kopfschüttelnd gab ich erneut leicht Gas und rollte weiter langsam aus der Parklücke. Doch sofort schrillte, klingelte und leuchtete es scheinbar wieder und vor lauter Schreck trat ich erneut auf die Bremse. Sofort waren alle Birnchen ausgeschaltet, kein Ton mehr zu hören, aber eine innere Stimme warnte mich vor dem Weiterfahren. Unwillig blickte ich in den Rückspiegel. Unser großer Van war zwar ziemlich unübersichtlich, doch ich konnte kein Hindernis entdecken. Ärgerlich öffnete ich die Fahrertür und stieg aus. Nun sah ich es. Ein Autofahrer parkte direkt in kurzem Abstand hinter mir und blickte angestrengt nach irgendetwas Ausschau haltend in die entgegengesetzte Richtung. Der suchte wohl die Parkplätze in der Ferne ab, ohne zu bemerken, dass direkt vor seiner Nase einer nicht frei werden konnte, da er ihn selbst blockierte. Ich klopfte an seine Scheibe und bat ihn, die Fahrbahn frei zu machen. “Natürlich”, entgegnete er erschrocken und fuhr ein Stück zurück.

Ich startete unseren Van erneut und nun konnte ich problemlos den Parkplatz verlassen. Alles *in meinem Kopf* blieb ruhig. Ich war dankbar und total fasziniert. So hervorragend hatte ich mir den Autofahrer-Schutz nicht vorgestellt. Gott musste doch näher sein, als ich so annahm. Vielleicht war ich, genauso wie dieser Autofahrer: total beschäftigt damit, ihn in der Weite zu suchen, sodass ich gar nicht wahrnahm, wie gern er mir in der Nähe Raum verschaffen würde, mir einen angenehmen und sicheren Parkplatz in seiner Gegenwart bescheren wollte. Meine Rührung war kaum zu beschreiben, ich fühlte mich plötzlich so geliebt und trotz des trüben Wetters begann der Himmel für mich zu strahlen. Vor lauter Freude und Dankbarkeit sprach ich für *meinen himmlischen Vater* leise ein

VATERUNSER und fuhr dann äußerst gut gelaunt in Richtung Sportplatz, denn inzwischen war es Zeit geworden, unseren Zweitältesten vom Fußballplatz abzuholen. In dem Moment, als ich dabei war, in dem breiten Feldweg am Fußballfeld wieder zu wenden, um dann gleich in Heimfahrtrichtung zu stehen, ging meine *himmlische Alarmanlage* wieder los.

"Nein, das gibt's doch gar nicht! Nicht schon wieder, denn jetzt steht garantiert kein Auto hinter mir auf dem wenig befahrenen Feldweg. Trotzig fuhr ich langsam rückwärts weiter, um besser wenden zu können, doch das Schrillen und Läuten schwoll nun so orkanartig an, dass ich vorsichtshalber bremste. Angestrengt schaute ich in den Spiegel. Kein Hindernis war für mich erkennbar. Trotzdem entschloss ich mich erneut auszusteigen und nachzuschauen. - Ein Fahrrad lag da, fast an den Hinterreifen des Vans. Wäre ich nur noch wenig weitergefahren, hätte ich es wahrscheinlich überrollt, was weder ihm noch meinem Wagen gut getan hätte. Ich hob das Fahrrad auf und schob es an einen Baum. Danach konnte ich weiter zurückfahren, problemlos wenden und am Wegrand auf unseren Junior warten. Auch diesmal bedankte ich mich *oben*. Und kurz darauf wurde stürmisch die Beifahrertüre aufgerissen und eine Sporttasche flog haarscharf an meinem Kopf vorbei in Richtung Hinterbank. "Hallo Mama, wenn du wüsstest, was wir heute erlebt haben!" Mit diesen Worten schwang sich unser Sohn auf den Sitz und angelte in den komischsten Verrenkungen nach dem Gurt. "Hallo, mein Schatz, ich habe heute auch einiges erlebt. Du kannst mir gleich erzählen, was dich so bewegt und ich werde dir meine Geschichte wahrscheinlich erst viele Jahre später erzählen. So in vierzehn Jahren, wenn du deinen Führerschein machst".

Kaum zu Hause angekommen, erwarteten mich schon die Erstkommunionskinder zum Unterricht. Wir begannen die Stunde mit dem Lied:

Gottes Liebe ist so wunderbar ...

Die Zeit verging.

“Ich werde mein Auto auch gleich mit der Schutzaffirmation sichern”, versicherte mir meine Reiki-Schülerin Jennifer nach ihrer Einweihung in den zweiten Reiki-Grad. “Wie oft muss ich das denn wiederholen? Etwa vor jeder Autofahrt?”, wollte sie noch wissen. “Nein!”, lachte ich, “das wäre ja furchtbar anstrengend und zeitaufwendig. Reiki soll uns doch den Alltag erleichtern und nicht noch schwerer machen. Nein, du musst es nur alle paar Monate machen, zum Beispiel zweimal pro Jahr. Vor weiteren und längeren Fahrten allerdings, etwa zu Beginn einer Urlaubsreise, erneuere ich vorsichtshalber die Schutzaffirmation nochmals. Dazu braucht man sich jedoch gar nicht heimlich in die Garage zu begeben, sondern es genügt, sich in den Wagen zu setzen, visuell die Zeichen auf das Dach zu legen und die Affirmation dreimal entweder leise zu sprechen oder gedanklich zu formulieren.” “Schön, ich freue mich schon darauf, auch eine so gute Alarmanlage zu erhalten, wie die, die du in deinem Van hast!”, meinte Jennifer und wir verabschiedeten uns für diesen Tag.

Vier Wochen später rief sie mich abends an: “Hallo Gabriela! Es funktioniert tatsächlich! Die Autofahrer-Schutzaffirmation klappt wirklich! Stell dir vor, was ich heute erlebt habe. Ich fuhr wie jeden Morgen mit meinem Wagen zur Arbeit und da ich die Strecke im Schlaf kenne, war ich auch etwas temporeich unterwegs. Schließlich ist es eine sehr gut ausgebaute Landstraße, breit und gut überschaubar. Nur auf halber Strecke zur nächsten Stadt gibt es eine unübersichtliche Kurve. Ungefähr zwei Kilometer vor dieser Stelle bildete sich plötzlich von ganz alleine ein Eiskristall auf der Fensterscheibe meines Wagens. Ein wunderschönes Bild, aus dem Nichts gekommen. Normalerweise sind die weißen Kristalle gefrorene Luftfeuchtigkeit, die festkleben, sobald sie einer kalten Oberfläche begegnen. Bei Plusgraden ist es Tau und nur bei Minusgraden bildet die Luftfeuchtigkeit Kristalle, die durch Wind und Nebel dann bizarre Formen annehmen können. Dieser Kristall auf meiner Scheibe war einfach herrlich - aber es war Sommer. So etwas hatte ich noch nie gesehen oder erlebt und um das Kristallbild besser betrachten zu können, nahm ich den Fuß vom Gaspedal. “Ich werde verrückt”, dachte ich, “zu der Jahreszeit ein kleiner Eiskristall auf der Autoscheibe.”

Vor lauter Staunen wurde ich langsamer und langsamer. Es war auch kein Auto die gesamte Straßenlänge hinter mir zu sehen, sodass ich niemanden behinderte. Im Schneckentempo fuhr ich in die besagte Kurve und stieß direkt auf einen LKW, der dort quer zur Fahrbahn stand. Da ich so ein geringes Tempo drauf hatte, gelang es mir noch rechtzeitig zu bremsen und meinen Wagen knapp vor ihm zum Stillstand zu bringen. Ich verließ mein Auto und schaute kurz nach dem Fahrer. Der schien zwar nicht großartig verletzt zu sein, musste allerdings einen Schock haben, jedenfalls hatte er noch nichts zur Sicherung der Unfallstelle unternommen und die Gefahr, dass weitere Autos auf uns trafen, war groß. Schnell nahm ich mein Warndreieck aus dem Kofferraum und lief auf dem Fußweg entlang der Straße bis vor die Kurve zurück. Ich konnte gerade noch rechtzeitig das Warndreieck aufstellen, als ich schon die nächsten Autos ankommen sah. Sie hielten bei mir, sicherten die Straße weiter und gingen mit mir zu der Unfallstelle. Inzwischen war auch der LKW-Fahrer aus seiner Starre erwacht und sicherte die andere Seite der Unfallstelle. Zum Glück war ihm weiter nichts passiert, nur ein kleiner Blechschaden. Da er aber aus eigener Kraft nicht weiterkam, musste er auf einen Pannendienst warten und eine Polizeistreife kam, um den Verkehr zu regeln.

Schließlich konnte ich mein Warndreieck wieder einpacken und ich setzte mich in mein Auto, um nun endlich zur Arbeit zu fahren. Da fiel mir der Kristall wieder ein. Wo war der schöne Schneekristall auf meiner Frontscheibe? Nichts, es war absolut nichts zu sehen, und da begann ich zu verstehen. Ohne diesen Kristall wäre ich in unvermindertem Tempo weitergefahren und in die mir bekannte

Kurve viel zu schnell eingebogen. Es musste dieser Reiki-Schutz gewesen sein, der das Naturwunder in Form eines Eiskristalls mitten im Sommer auf die Scheibe gezaubert hatte. Ich bin so froh und dankbar, dass ich Reiki kennen gelernt habe." "Ja, Jennifer, dass war auch wirklich ein schönes Erlebnis", staunte auch ich damals und freute mich über diese schöne Rückmeldung.

Inzwischen sind viele Jahre vergangen, in unserem Haus haben die Autos gewechselt und zurückblickend muss ich sagen, dass uns seit über zehn Jahren nicht mehr die kleinsten Unfälle mit Autos passiert sind. Natürlich ist auch unser Fahrstil dem Bewusstsein angepasst, dass wir die Sorge für vier Kinder haben. "Du solltest kein Seminar so weit von zu Hause entfernt halten. Es ist gefährlich, so viel auf der Autobahn unterwegs zu sein", klagte beispielsweise mein Mann, als ich ihm von einem Angebot einer Firma berichtete. "Mama lädt sich immer einen Haufen Engel ins Auto, da passiert nix", schaltete sich unser Kleinster in das Gespräch ein. Er wusste, dass ich inzwischen nicht nur das Auto schützte, sondern auch vor jeder längeren Fahrt darum bat, von himmlischen Begleitern umgeben zu sein. Auch hier könnte ich seitenweise von wunderbaren Erlebnissen berichten. Erwähnen möchte ich jetzt aber doch nur den herrlichen Duft, der mich jedes Mal aufs neue fasziniert, denn Engel kann man riechen - sogar Menschen wie ich, die normalerweise überhaupt keinen Geruchssinn haben. Aber wenn ein Engel mitfährt, beginnt der Innenraum des Fahrzeuges wunderbar zu duften, eine angenehme Leichtigkeit überkommt mich und in ruhiger Konzentration kann ich die Fahrt genießen. "Wenn die Mama die Engel einlädt, fragt sie bestimmt als Erstes, ob sie saubere Schuhe haben und dann zwingt Mama sie, den Gurt umzulegen." Kicherte unser pubertierender mittlerer Sohn und ich zupfte ihn liebevoll an den Ohren.

Schreck am Morgen

"Mami, Mami, unten ist ein fremder Mann, der packt alle Sachen ein. Der klaut alles, Mami, ein fremder Mann ist unten!" Laut schreiend, am ganzen Körper zitternd und in panischer Angst rannte unser achtjähriger Sohn in unser Schlafzimmer im ersten Obergeschoss, schlüpfte unter die Decke und zog sie sich bis weit über den Kopf. So abrupt aus meinem Tiefschlaf gerissen, setzte ich mich senkrecht auf und versuchte, meine Sinne zusammenzubekommen. Es musste früher Morgen sein, mein Mann war anscheinend schon zur Arbeit gegangen. "Was? Was hast du gerade gesagt?", fragte ich noch ganz benommen und lüpfte seine Decke. "Unten ist ein fremder Mann und klaut uns alles", schluchzte unser Sohn erneut unter der Bettdecke und zog sich diese weiter krampfhaft mit beiden Händen über seinen Kopf. "Das ist doch unmöglich", schoss es mir durch den Kopf. Dieses Haus ist so gut geschützt mit Affirmationen,

Steinen, Zeichen, Schutztechniken und Ritualen, hier konnte ein Fremder einfach unmöglich eingedrungen sein. Aber wenn doch jemand im Haus war? Und ich ganz alleine hier mit den vier Kindern ...

Vor ein paar Tagen erst verlegten wir die Schlafräume vom Erdgeschoss nach oben in den ersten Stock, und da ich diesmal größten Wert auf ein elektrosmogfreies Umfeld gelegt hatte, gab es hier noch nicht einmal ein Telefon. Nun fühlte ich mich wie eine Maus in der Falle. Die Gedanken rasten förmlich durch meinen Kopf. Der Schlüssel zur Verbindungstür der beiden Etagen war schon seit Monaten verschollen und von uns nicht ersetzt worden. Wenn ich nur das Eltern-Schlafzimmer abschloss, waren die drei anderen Kinder mit dem Verbrecher alleine. Aus dem gleichen Grund schied auch eine Flucht von mir über die Terrasse und von da aus auf das Garagendach aus. Ich konnte doch die Kleinen nicht mit einem Einbrecher alleine im Haus zurücklassen, um Hilfe zu holen. Vielleicht war aber doch niemand da, sollte ich zuerst nachschauen? Nein, gerade erst war eine Familie ein paar Ortschaften weiter in Hassloch bei einem Überfall im eigenen Haus furchtbar misshandelt worden.

Meine Blicke rasten im Schlafzimmer umher. Ich besaß nicht einen einzigen Gegenstand zur Verteidigung hier oben, abgesehen von einem Stapel Bücher, die ich als Wurfgeschosse verwenden konnte. Aber wahrscheinlich würde ich damit niemanden beeindrucken, außerdem zielte ich schon als Kind nicht besonders gut. Als einzige Chance blieb, Hilfe über den Balkon zu rufen. Ich sprang aus dem Bett und versuchte hastig die elektrischen Rollläden hochzufahren. In meiner Aufregung drückte ich die falschen Knöpfe, nichts bewegte sich. "Nun hat der Gauner auch schon den Strom abgestellt", befürchtete ich voll Sorge, probierte aber hektisch weiter alle Tasten durch und schließlich bewegte sich der Rollladen doch ganz gemächlich im Schneckentempo nach oben. "Mach schon, mach schon!", fauchte ich und stand schon vor dem nächsten Problem.

Die Balkontür ließ sich ja auch seit einiger Zeit nicht mehr öffnen und daher lüftete ich das Schlafzimmer in den letzten Tagen immer durch das Kippen der Türe. Wütend schrie ich sie jetzt einfach an: "Du gehst jetzt sofort auf!", und ich war vollkommen überrascht, als sie tatsächlich sofort aufging. Das gibt's ja gar nicht, wieso ging die Tür denn plötzlich auf? Half das Anschreien bei Gegenständen denn auch oder hatte ich die Tür instinktiv affirmiert? Egal, Hauptsache ich kam endlich hinaus auf den Balkon. Als ich dann da mit bloßen Füßen an diesem kalten Januarmorgen stand, blieb mir nur übrig, laut um Hilfe zu rufen. "Hilfe, Hilfe, Polizei!" Aber nirgendwo ging ein Licht an, und so hoffte ich, dass der Einbrecher sich wenigstens von meinem Radau vertreiben ließ. Aufgeschreckt kamen nun auch unsere anderen drei Kinder aus ihren Schlafräumen angerannt und so ging ich schnell in das Zimmer zurück, zumal meine Füße auch schon halb erfroren zu sein schienen. Jetzt, wo wir alle zusammen waren, wollte ich die Türe von unserem Raum abschließen.

Doch zu spät. Kräftige, laute Schritte polterten die Treppe zum ersten Stock hinauf, und mit fassungslosem Entsetzen und vor Angst gelähmt starrten wir alle fünf auf den Eingangsbereich. - Genauso entsetzt schaute uns aber auch mein Mann an. "Was ist denn hier los?", keuchte er atemlos. "Nico hat in den unteren Räumen einen Einbrecher beim Einpacken unserer Sachen beobachtet", erklärte ich, doch mein Mann schüttelte sofort energisch seinen Kopf: "Das kann überhaupt nicht sein, ich war die ganze Zeit unten und hätte jede fremde Person bemerkt." "Der fremde rote Mann ist oben in meinem Kinderzimmer und klaut mein Spielzeug", weinte Nico erneut und sein kleiner Körper wurde von einem kräftigen Zittern geschüttelt. "Oben? Ein roter Mann? Aber, mein Schatz, das kann nun wirklich nicht sein", sagte ich erstaunt und doch sehr erleichtert. "Einbrecher haben kein Interesse an Kinderspielzeug", sagte ich und legte meine Hand beruhigend auf seine tränenverschmierten Wangen. Ach du meine Güte, war das Kind heiß. Er glühte vor Fieber.

Fieber? Roter Mann? Eindringling? Mein Gott, ich war doch rechtzeitig gewarnt worden und reagierte wieder einmal nicht richtig. Stellte mich auf den Balkon und schrie um menschliche Hilfe anstatt um göttliche Führung, Wissen, Verstehen, Beistand und Leitung zu bitten. Denn einen Tag zuvor betrat ein Kunde mein Mineralienstudio und schilderte mir seinen Traum: “Ich habe heute Nacht von einem Ihrer Kinderzimmer geträumt”, begann er und berichtete weiter: “Darin befindet sich etwas, was da nichts zu suchen hat. Nicht hingehört. Ein Wesen, ja ein Wesen, das Unheil und Unruhe bringt. Ich komme heute extra zu Ihnen, um Sie zu warnen.” Und dann beschrieb er mit genauester Präzision Nicos Zimmer, das sich durch seine Einrichtung deutlich von den anderen Kinderzimmern unterschied. Dieser Kunde jedoch war noch nie in unseren Privaträumen gewesen, konnte die Ausstattung der Zimmer also nicht kennen. Ich nahm seinen Hinweis zwar ernst und beschloss, eine Reiki-Raumreinigung (Seite 111) in den nächsten Tagen durchzuführen, denn gerade zwei Tage zuvor erlebte ich während einer außergewöhnlichen Reiki-Einweihung, wie sich die verhaftete Seele einer alten Frau aus dem Körper einer jungen Mutter löste. Vielleicht fand diese doch nicht den Weg zurück ins Licht und hielt sich noch in den Räumen unserer Kinder auf, um sich eventuell dort eines neuen Körpers zu bemächtigen.

Ich dachte aber leider nicht an die ayurvedische Lehre. Die Veden sind die heiligen Bücher der Inder, die höchste Philosophie auf Erden. Ayurveda ist die Wissenschaft von der Gesundheit, sie enthält alle Geheimnisse des menschlichen Körpers, der Krankheiten, der Heilungen und des Gesundbleibens. Ayurvediker wussten, dass die Ursache der Krankheiten Myriaden (sehr große Menge) von unsichtbaren kleinen Lebewesen sind, heute nennt man sie Bakterien, sie wussten aber auch, dass die Bakterien die Zellen des unsichtbaren Körpers eines dämonischen Geistes sind, wonach aber im Westen, abgesehen von einzelnen Eingeweihten, wie zum Beispiel Paracelsus, überhaupt nicht geforscht wird.

Der böse Geist nimmt einen oder mehrere Menschen in Besitz, er dringt mit seinem Körper in den Menschen ein, und wenn dieser Mensch mit den Schwingungen des bösen Geistes übereinstimmt, wird er krank. Es gibt aber auch immer solche Menschen, die mit den Schwingungen des Dämons nicht mitschwingen, diese werden nicht krank. Sie sind - wie die westliche Wissenschaft es nennt - immun.

In den heiligen Schriften der Inder sind alle diese bösen Krankheitsgeister beschrieben. Es sind erschreckende Gestalten, ein jeder besitzt ein charakteristisches Aussehen und eine charakteristische Farbe. So ist zum Beispiel der Dämon der Pest ein schwarzes Ungeheuer, man nennt die Pest auch den "schwarzen Tod". Der Geist der Lepra hat einen löwenartigen Kopf, und es ist bekannt, dass man die Leprakranken von weitem an dem löwenartigen Ausdruck ihres Gesichtes erkennt. Man sieht durch das Gesicht des Leprakranken das Löwengesicht des Geistes, von dem er besessen ist. Lungenentzündung wird durch einen roten Dämon verursacht und so weiter. Die Schriften erklären, dass die vielen Kranken den Dämon sehen, und zwar in dem Moment, wo sie besessen werden. Wenn sie aber darüber sprechen, sagt man, dass sie Fieber haben und halluzinieren. Man bedenkt nicht, woher diese Bilder in der Vorstellung des Kranken stammen, da die Kranken nie an so etwas gedacht haben. Man bedenkt genauso wenig, weshalb die an derselben Krankheit Erkrankten immer dieselben Bilder sehen, ohne dass sie vorher miteinander darüber gesprochen haben, da sie einander überhaupt nicht kennen.

Wenn ich, wie mir schon seit langer Zeit auffiel, sofort das Dasein von Engeln an ihrem Duft bemerkte und die Schwingung als ein Einhüllen in pure Liebe genoss, so war es doch auch sehr logisch, dass unser hochgradig sensibles Kind Krankheitsdämonen sehen konnte und durch eine rechtzeitige Raumreinigung wäre uns diese ganze Aufregung vielleicht erspart geblieben. Ach ja, die Meisterschaft. Auf dem Weg, doch weit entfernt. Doch wie heißt es: Der

Weg ist das Ziel. Wieder einmal nahm ich mir fest vor, in Zukunft besser die göttliche Stimme in meinem Innern zu beachten, sie um Hilfe zu bitten, sie zu nutzen, ihr zu danken, sie zu lieben.

Inzwischen drangen weitere Stimmen von draußen herein, und beim Öffnen der Haustüre sahen wir zwei Polizisten vor uns stehen. Die Nachbarn waren auf mein Rufen doch aufmerksam geworden und hatten die Polizei alarmiert. Dankend klärten wir sie über den Fehlalarm auf, und nach einer kurzen Inspektion verschiedener Räume verabschiedeten sich die beiden Polizeibeamten schmunzelnd und wünschten uns noch einen schönen Tag. An eine Fortsetzung unseres Schlafes war nicht mehr zu denken, und so entschlossen wir uns, dem kranken Kind ein schönes Bettlager im Wohnzimmer zu gestalten und gemütlich zu frühstücken. Alle Kinder bekamen drei Tropfen aus der Bachblüten-Notfall-Flasche in ihr Getränk und Nico zusätzlich einen fiebersenkenden Tektit-Heilstein aufgelegt. Schon nach wenigen Minuten schlief er wieder ein, und allmählich legte sich auch bei uns die Aufregung.

Jedoch am Abend vor dem Schlafengehen war bei den Kindern wieder deutlich eine Nervosität zu spüren. Gemeinsam überlegten wir, was ihnen wohl zur Sicherheit und ruhigem Schlaf verhelfen könnte. Zuerst beschloss ich, die Räume energetisch zu reinigen. Dazu gingen wir im Uhrzeigersinn, bei geöffneten Fenstern, den Raum an den Wänden entlang mit einer Sandelholzräucherung langsam ab und strichen den Rauch auch besonders in die Ecken. Anschließend verschlossen wir die Fenster und füllten die Räume mit zarten Rosenduft-Räucherstäbchen. Da durch die Reinigung ein Vakuum geschaffen wird, ist es sehr sinnvoll, dieses gleich wieder mit guter Energie zu füllen. Danach segnete ich jedes Zimmer durch die visuelle Vorstellung eines Lichtkreuzes über den ganzen Raum und sprach dazu: "Im Namen des Vaters und der göttlichen Mutter, des Sohnes und des Heiligen Geistes, Licht und Liebe erfülle diesen Raum! Danke." Gedanklich stellte ich noch das Reiki-Meister-Zeichen DKM in die Mitte des Zimmers, um so den Schutz weiter zu verstärken.

Natürlich kam über jedes Bett auch noch ein Traumfänger. Diese indianische Handarbeit wirkt schon seit vielen Generationen gegen Albträume. Nicht nur bei Kindern, sondern auch bei Erwachsenen hilft er ausgezeichnet und wird inzwischen auch in Deutschland immer bekannter und beliebter. Ein weiteres gutes Hilfsmittel gegen Albträume kann auch ein Amethyst unter dem Kopfkissen sein - ein Ritus, hauptsächlich bekannt in den arabischen Ländern, doch wie bei so vielem im Leben, was für den einen sehr gut war, musste nicht unbedingt bei dem Nächsten ebenso wirken. Für unseren Sohn Nico waren schon die geringsten Steinschwingungen im Schlafbereich zu intensiv und selbst Steinlampen, Steinbuchstützen und Steinfiguren entfernten wir deshalb wieder, als er vor Jahren dadurch nicht mehr durchschlafen konnte, ja sogar mehrmals pro Nacht aufwachte und weinte. Seit dem Tag, an dem wir alle Steine entfernt hatten, schlief er wieder ungestört. Grundsätzlich sollten in Schlafräumen nicht zu viele Steinschwingungen sein, auch wenn man sich den Mineralien noch so verbunden fühlt.

Zum Abschluss durfte sich jedes Kind noch vor dem zu Bett gehen eine der so beliebten Kinderschutzengelkarten (von Angela Niels und Jürgen Grasmück) aus meinem Körbchen ziehen, und diese befestigten wir ebenfalls direkt neben den Betten. Auf der Karte von Nico stand: **Lade die Engel in deine Träume ein! –** Dies machen wir inzwischen alle vor dem Einschlafen und genießen seitdem wieder unsere ruhigen und harmonischen Nächte.

Ein Meisterschaftstitel (Reiki-Meisterin) alleine reicht nicht aus, wenn man es sich nicht zur Gewohnheit macht, die Freundschaft mit Gott in ihrem wahren Wert zu erkennen und zu pflegen.

Göttliche Weisheit führt mich.
Wenn ich meiner inneren Führung folge,
treffe ich stets die richtigen Entscheidungen und
bleibe meinen Zielen treu.
So entfaltet sich alles auf gute Weise.

Haus- und Wohnungs-Schutzritual

Schon längst habe ich mir vor Urlaubsreisen oder längeren Abwesenheiten angewöhnt, die Wohnungsfenster und Türen zusätzlich mit Reiki-Zeichen zu versiegeln und anschließend das ganze Anwesen mit dem Meisterzeichen abzudecken. Auf der einstündigen Fahrt als Beifahrerin zum Flughafen habe ich stets die Zeit, dieses Ritual durchzuführen. Dabei gehe ich gedanklich alle Haustüren und Fenster einzeln durch und versiegele jedes durch das visuelle Aufmalen des ersten Reiki-Zeichens, des Kraftzeichens. Zum Schluss visualisiere ich ein großes Meisterzeichen über das gesamte Grundstück und erbitte Gottes Segen.

Letzteres hilft auch fantastisch bei Gewitter und gegen Hagelschäden. Als ich das Meisterzeichen bei schwerem Unwetter visuell über das Grundstück zeichnete, ließ wenige Sekunden später der Hagel nach, während er beim Nachbarn sogar noch die Rollläden zertrümmerte. Seitdem bitte ich bei Gewitter um Gottes Segen und Schutz auch für die Nachbarn (siehe Reiki-Schutzkasten, Seite 33).

Gott, mein Vater, behüte mein Kind

"Wie kann ich mein Kind am besten vor drohenden Gefahren beschützen?", werde ich auch besonders häufig auf meinen Reiki-Seminaren gefragt, und so manche Mutter würde den Nachwuchs am liebsten in visuelle *Panzerglas-Pyramiden* setzen. Doch die Kinder haben das Recht auf eigene Erfahrungen und der Schutz für sie ist nur in Maßen gerechtfertigt, darf sie weder manipulieren, noch ihr Karma behindern. Grundsätzlich ist es erforderlich, erst einmal alle notwendigen Vorsorgen zu treffen, dass den Kleinen nichts passieren kann. Alle Gefahrenquellen, die ich als Eltern vermeiden kann, habe ich auszuschalten. Ob bei Kleinkindern der Steckdosenschutz und das Treppengitter angebracht werden muss oder bei den größeren auf verkehrstaugliche Fahrräder geachtet oder sicherheitshalber doch Mamas Chauffeurdienst angenommen werden sollte - grundsätzlich sind erst einmal die Eltern gefordert, für die Sicherheit der Kinder zu sorgen.

Ein für mich schlimmes Erlebnis hatte ich bei einem von Gemeindemitgliedern gestalteten Kindergottesdienst im Pfarrsaal. Dekorativ war auf den Boden in die Mitte des Stuhlkreises eine dreißig Zentimeter hohe, vierdochtige Kerze gestellt worden. Ein kleines Mädchen stolperte immer wieder auf die brennende Kerze zu, in deren Mitte sich bereits viel flüssiges Wachs gebildet hatte. Von meinem Platz in der hintersten Reihe konnte ich die Kleine zwar beobachten, aber fast nichts dagegen unternehmen. Entsetzt schaute ich in ihre Richtung und dachte, wie können die Eltern und alle anderen Menschen jetzt nur singen und beten? Mir war ganz übel, ich befürchtete, wenn die Kleine ungeschickt stolpert und auf die am Boden stehende Kerze fällt, wird sie brennen wie eine Fackel. In meiner Verzweiflung bat ich um Gottes Segen für das Kind, aber kaum zwei Minuten später fiel das Mädchen - um Haaresbreite an der flackernden Kerze vorbei.

Eine Frau hob sie auf und brachte die Kleine dem hinten sitzenden Vater. Doch nur wenig Zeit verstrich, da stolperte das Kind erneut in Richtung der brennenden Kerze, ungehindert vom Vater. Ich konnte nicht länger beten, singen und zusehen, sondern stand jetzt auf, ging in den Mittelkreis, hob die Kerze vom Boden auf und stellte sie hoch auf einen Schrank. Der Vater des kleinen Mädchens meinte nach dem Gottesdienst vorwurfsvoll zu mir: "Meine Kinder haben das Recht auf eigene Erfahrungen!" Ich wandte mich kommentarlos und entsetzt von ihm ab und besuchte seitdem fast keine Familiengottesdienste mehr.

Ich segne unsere Kinder morgens, bevor sie das Haus verlassen, nach dem alten Ritual, wie es noch unsere Großeltern kannten:

1) Ein Kreuz auf die Stirn zeichnen und sagen:

2) *Im Namen des Vater und des Sohnes und des Heiligen Geistes, Gott schütze dich, mein Kind. Amen.*

Die Kinder lieben dieses Schutzritual inniglich und ich fühle mich ebenfalls wohler in der Sicherheit, dass Gottes Segen sie begleitet.

霊気

6. Kapitel

Höllenbrut

"Sie gute Frau, Sie uns helfen!", flehentlich drang die tiefe männliche Stimme in gebrochenem Deutsch durch das Telefon. "Wir Ihre Telefonnummer von Freundin, Sie gute Frau uns helfen!" "Wer sind Sie denn und wobei soll ich Ihnen helfen?", fragte ich den Anrufer und schluckte schnell die letzten Bissen meines Frühstücks hinunter. Aus den Augenwinkeln schielte ich zu Manuel, unserem Jüngsten, der gerade begann, mit etwas auf dem Tisch verschütteten Apfelsaft große Kreise auf der blauen Lackdecke zu zeichnen. "Manuel,

»Reiki-Schutzkasten«

hör sofort damit auf!", zischte ich ihm leise zu und hielt dabei die Muschel des Telefonhörers zu. Ohne Erfolg, denn nun entschloss er sich, aus der Serviette kleine Papierstücke zu fitzeln und diese als Schiffe oder U-Boote in die Kreise zu versenken.

Resigniert drehte ich mich um, es war besser, ich schaute gar nicht mehr hin, sondern konzentrierte mich ganz auf das Telefonat. "Wir aus Albanien, wir wollen Kinder, schon sehr lange. Meine Frau nix Kinder kriegen. Du uns helfen, Steine geben, wir haben Geld, wir bezahlen." Den letzten Satz sagte er so betonend, dass es mir fast peinlich war, denn gerade auf meine *Sozialkasse* war ich stolz. Spenden und Trinkgelder ermöglichten es mir immer wieder, Kristalle an Kindergärten oder Personen auch einmal zu verschenken, die sich diese sonst nicht leisten konnten. "Kommen Sie doch mal zu einem Gespräch vorbei!", schlug ich vor und öffnete meinen Terminkalender. "Am Dienstag um sechzehn Uhr, würde es da bei Ihnen passen?" "Ja, Dienstag gut, wir sind da, sechzehn Uhr, vielen Dank." "Schön, also bis Dienstag", entgegnete ich und legte den Hörer wieder auf. "Atme erst einmal tief durch, bevor du dich umdrehst und auf den Küchentisch schaust!", riet mir meine innere Stimme, und gelehrig geworden aus vielen Erfahrungen, befolgte ich ihren Rat. Anschließend blickte ich langsam herum und mit einem spitzen Aufschrei des Entsetzens konnte ich gerade noch rechtzeitig die Teekanne retten, die anscheinend als Leuchtturm von unserem Sohn an den Tischrand postiert worden war. Ein Meer Grüntee ergoss sich inzwischen ebenfalls über den Tisch und darin schwamm eine klebrige Serviettenmasse. Manuels Augen leuchteten vor Kreativität, doch trotzdem entschied ich mich, diese Phase brutal zu unterbrechen, das Ganze als "So eine Schweinerei!" zu deklarieren und überhaupt war es an der Zeit, dass er in den Kindergarten abmarschierte. Ich setzte noch schnell eine Kanne Kaffee auf, denn den trank ich leider sowieso immer noch lieber als grünen Tee.

Eine halbe Stunde später, während ich mich um die leidige Hausarbeit kümmerte, dachte ich über das Telefonat mit dem albanischen

Mann nach. Ein Baby wünschten sie sich so sehr. Ja, auch da konnten Steine Erfolge bewirken. Zuerst klärte ich bei solchen Wünschen die mögliche seelische Ursache auf. Laut der Autorin Louise Hay ist die mögliche seelische Ursache für Unfruchtbarkeit: "Angst und Widerstand gegen den Prozess des Lebens - oder keine Notwendigkeit, durch die Erfahrungen der Elternschaft zu gehen." Und Lise Bourbeau schreibt in ihrem Buch *Dein Körper sagt: Liebe Dich*, dass es sich manche Menschen ausgesucht haben, in dieser Inkarnation die Erfahrung der Unfruchtbarkeit zu machen. Daher rührt ihr Wunsch nach Kindern möglicherweise nur aus der Erwartungshaltung ihrer Umwelt oder die Frau hat das Gefühl, sich nur weiblich und vollwertig fühlen zu können, wenn sie Mutter geworden ist. Meist können solche Frauen ihre Weiblichkeit nur schwer akzeptieren. Doch gerade durch die Erfahrung der Unfruchtbarkeit könnten diese Frauen lernen, auch ohne eigene Kinder zufrieden zu sein. Bei anderen verhält es sich - laut Lise Bourbeau - allerdings etwas anders. So haben manche Frauen regelrecht Angst davor, Mutter zu werden, und ihre Unfruchtbarkeit ist eine Art Schutzmechanismus ihres Unterbewusstseins.

Mein Blick fiel aus dem Fenster und kurz beobachtete ich die kleinen tanzenden Schneeflocken. Die Kinder freuten sich so sehr über den Schnee. Wir haben vier Kinder im Alter von inzwischen fünf bis 14 Jahren. Ja, trotz aller Arbeit war es wirklich toll, so eine Rasselbande zu haben und ich verstand den Wunsch nach Kindern gut.

Kristalle können mit ihren Strahlungen (Schwingungen) die tiefsten seelischen Ursachen erreichen und eventuell auch heilen. Besonders fruchtbarkeitsfördernd ist der Rosenquarz.

***Rosenquarz** stammt meist aus Brasilien, Namibia oder Madagaskar. Er bringt Ruhe, Klarheit, Zuversicht, Freude, Vertrauen und Harmonie in den Geist.*

Trotz seiner zarten Ausstrahlung ist er ein sehr kraftvoller Stein. Er harmonisiert den Herzrhythmus, stärkt das Herz und löst Stress auf. Auf dem Thymus verbessert er Husten und beruhigt Bronchien und Lungen. Rosenquarz bringt die Yin-Yang-Energie ins Gleichgewicht und kann jedes Chakra in die richtige Schwingung versetzen. Ein sehr guter Chakra-Auflage-Stein.

Er baut Vertrauen auf und gibt uns die Verbindung zu unserem Urvertrauen. Er macht Mut, das Leben zu lieben. Unsere Kinder haben auch ihre Rosenquarz-Lampen in den Kinderzimmern stets brennen und lieben diese angenehme Beleuchtung, besonders auch in der Nacht. *Rosenquarz sollte man Kindern geben, er festigt sie auf psychischer Ebene und erinnert sie daran, dass sie geliebt werden. Er reduziert aber auch elektromagnetische Schwingungen bis zu 85 Prozent.* Dies wurde letztes Jahr von Umwelttechnikern ebenfalls herausgefunden. *Legt man einen Rosenquarz in den Garten, so spürt die Pflanzenwelt seine wundervolle Ausstrahlung der bedingungslosen Liebe und sie wird zurückstrahlen.*

Der Kristall aktiviert Biotin, Cholin und Vitamin C. Die synergetische Funktion der den Rosenquarz bildenden Elemente beschützt unsere Zellmembranen, verhindert Faltenbildung (mit Rosenquarz-Massagestäben die Haut leicht massieren) *und hilft bei der Gewichtsabnahme* (Rosenquarzwasser vor den Mahlzeiten trinken).

Er heilt wie kein zweiter Stein auch auf wunderbare Weise verletzte Gefühle, beschwichtigt aggressive Verhaltensweisen und übermäßige Ängste und ist genau der richtige Edelstein für diejenigen, die sich ungeliebt, wertlos und gequält fühlen.

Außerdem steigert er die Empfindsamkeit, das Einfühlungsvermögen, die Liebesfähigkeit (auch sich selbst mehr zu lieben), Herzenskraft und Romantik. Die Gewebedurchblutung wird durch sein Tragen angeregt, er hilft bei Blutkrankheiten,

Erkrankungen der Geschlechtsorgane, bei Frauen wirkt er fruchtbarkeitsfördernd. Seine sanfte Energie sichert die Fruchtbarkeit und beschützt den kindlichen Geist, um Fehlgeburten zu vermeiden (Schwangerschaftsschutzstein).

Ebenfalls ein wunderbarer *Babystein* ist der **Thulit.** *Er stammt von der Insel Thule in Norwegen, ist rot und von der Zusammensetzung ein manganhaltiger Zoisit-Stein.*

Der Thulit hat eine erdige Qualität und ist mit dem Liebesprinzip verbunden. Er fördert Sinnlichkeit, Lust und Sexualität. Mit ihm kann man das Leben in vollen Zügen genießen und in Gefühlen schwelgen. Schönheit, Abenteuer, Melancholie, Romantik und unheimliche Atmosphären werden gleichermaßen geliebt.

Dieser Kristall heilt alle Gefühle, die uns zum Thema "Mutter" bewegen. Er fördert die Fruchtbarkeit und hilft bei Erkrankungen der Eierstöcke, Hoden und Geschlechtsorgane.

Aber auch der **Zoisit** könnte helfen. *Er stammt aus Tansania und ist grün mit schwarzen Flecken (Hornblende) und Rubin-Stücken. Zoisit schenkt Freude und Entdeckung, Kraft und Zutrauen. Er fördert die Erholung nach Krankheiten oder schweren Belastungen und hilft, verschüttete Gefühle wieder zu entdecken und allmählich zu leben und auszudrücken.*

Die Zoisit-Rubin-Verbindung ist ziemlich magisch und wird von den Heilern in Asien zur diagnostischen Heilung und zur Kommunikation mit Geistern benutzt.

Er verbessert Herzprobleme, beseitigt Störungen der Milz, des Pankreas und der Lunge. Außerdem hilft er bei Erkrankungen der Hoden und Eierstöcke, fördert die Fruchtbarkeit und stärkt in Verbindung mit Rubin die Potenz.

Ein weiterer absoluter Stein der Liebe ist auch der **Granat**. *Fundorte sind Afrika, Indien und Böhmen. Er ist blutrot bis braunstichig. Er entfacht das innere Feuer und bringt unsere schöpferischen Ideen zur Entfaltung.*

Auch der ideale Stein für Ehepaare, die sich nicht mehr lieben. Kein Stein verbindet uns mehr mit dem Prinzip der "Liebe im Alltag" als er. Er verleiht uns Kraft, Hoffnung, Geduld, Zuversicht, Mut und die Liebe zu leben. In seiner Schwingung fällt es uns leichter zu verzeihen. So beschleunigt er die Heilung innerer und äußerer Wunden.

Der Granat ist der klassische Krisenstein, wenn Weltbilder zusammenstürzen oder die allgemeinen Lebensumstände extrem schwierig sind. Er hilft in aussichtslosen Situationen und verleiht Kraft, die täglich notwendigen Dinge zu erledigen. Er tröstet uns, wenn wir uns einsam fühlen.

Körperlich eignet er sich zur Behandlung von Störungen der Wirbelsäule und des Knochenmarks, der Knochen, des Herzens, der Lunge und des Blutes. Der Granat gilt als "Stein der Gesundheit", er zieht negative Energie aus den Chakren und verwandelt sie in eine heilsame Kraft. Daher ist er wunderbar als Chakra-Auflage-Stein geeignet.

Er beseitigt aber auch unnötige Hemmungen und Tabus, sorgt für eine aktive, ausgeglichene Sexualität und hilft ebenfalls bei Potenzstörungen.

Herauszufinden, welcher der Kristalle der richtige für das Ehepaar sein würde, das war nun meine Aufgabe. Meist stellte ich die Frage an das Unterbewusstsein der betreffenden Personen oder ließ mich auf andere Weise leiten.

Das Schneetreiben wurde heftiger, bei der Kälte blieb der Schnee diesmal auch liegen und verwandelte sich nicht gleich in Matsch. Wir Vorderpfälzer sind in dieser Hinsicht ja nicht so verwöhnt, und die Kinder jubelten die ganze Woche über die Schlittenfahrten und Schneeballschlachten.

Am Dienstag, pünktlich um sechzehn Uhr, klingelte es an der Türe und wie vereinbart betrat das albanische Ehepaar unser Haus. Die Frau schien furchtbar aufgeregt zu sein, sie zitterte regelrecht, schien sich hinter ihrem Mann verstecken zu wollen. "Meine Frau nix deutsch", erklärte er mir und schob sie mir entgegen. "Ja, wie soll ich denn dann etwas erklären?", überlegte ich und bat: "Lieber Gott, steh mir bitte bei und lass mich nun das Richtige tun!"

Dann entschloss ich mich, der Frau zur Beruhigung etwas Reiki zu geben. Mit einer freundlichen Handbewegung bat ich sie auf meine Behandlungsliege und deutete ihrem Mann an, auf einem in der Nähe stehenden Stuhl Platz zu nehmen. Während er sich setzte, meinte er: "Wenn du Frau untersuchen, Frau Periode." Mir blieb vor Schreck fast die Luft weg, um Himmelswillen, was dachten die beiden denn, was ich hier machte. "Nein", entgegnete ich seufzend, "ich untersuche Ihre Frau nicht, sondern werde ihr etwas Reiki zum Beruhigen geben." Zwar ahnte ich, dass er keine Vorstellung von Reiki besaß, aber im Moment war ich auch nicht gewillt, weitere Erklärungen abzugeben, sondern wollte durch das Fließenlassen von Reiki die Frau und mich selbst beruhigen. Dabei zentrierte ich mich, erlangte einen intensiveren Kontakt zu meiner inneren Stimme und würde mich von ihr leiten lassen können.

Ich entschloss mich, der Frau mit Reiki zunächst die Aura zu glätten und so hielt ich sanft meine rechte Hand etwa zwanzig Zentimeter über ihr Herz. Ich spürte den Reikistrahl aus meinem Handchakra fließen und im selben Moment schrie die Albanerin furchtbar auf und wand sich wie unter einem großen Schmerz. Gleichzeitig flog meine Hand wie von einem Blitz getroffen vom Körper der Frau weg. Starr vor Schreck schaute ich sie mit aufgerissenen großen Augen an. Langsam begann sie sich wieder zu beruhigen, doch nun funkelten ihre Augen seltsam böse. So einen Blick hatte ich noch nie gesehen. Ich hatte ihr doch gar nichts getan, ja sie noch nicht einmal berührt. Mein Gott, war ich froh, dass der Ehemann daneben saß und selbst Zeuge meines Tuns geworden war.

Ich vernahm ein leichtes Klopfen an der Tür und öffnete. Mein Mann schaute mich mit fragenden Augen an. "Alles o. k.?" "Ja, alles in Ordnung", erwiderte ich abwinkend. Solche Schreie war er aus meinem Studio nicht gewöhnt und seine Beunruhigung war verständlich. Ich atmete tief durch und entschied, nochmals von vorne anzufangen. Langsam bewegte ich mich wieder auf die Frau zu und postierte meine Hand nun wieder zwanzig Zentimeter über ihrem Herzchakra auf der Mitte der Brust. Kaum war ich über diesem Bereich, wurde meine Hand erneut wie von einem Blitzschlag getroffen und durch die Wucht prallte ich gegen meinen Wandschrank. Auch die Frau schrie gepeinigt auf und wand sich wieder unter scheinbar großen Schmerzen. Meine Hand brannte furchtbar. Betroffen hielt ich sie hoch, um nachzuschauen, ob ich sie mir verbrannt hatte. Nein, zu sehen war nichts. Die Albanerin krümmte sich noch ein wenig, dann setzte sie sich auf und blickte mich wild an. "Die würde mir ja am liebsten an die Kehle gehen", dachte ich voller Entsetzen. Was war bloß geschehen? Mit Reiki-Energie kann man doch nie Schaden anrichten und schon gar keine Schmerzen verursachen. Was hatte bloß diese Wut, ja sogar schon Hass, zu bedeuten, den mir diese unbekannte Frau anscheinend so völlig grundlos entgegenschleuderte? Vielleicht wollte sie ja gar nicht schwanger werden. Aber deshalb brauchte sie doch nicht gleich so zu reagieren, ging es mir durch den Kopf. So etwas war mir noch nie passiert.

Einen weiteren Kontakt mit dieser Frau mochte ich nun nicht mehr und so wandte ich mich an ihren Mann. "Wie Sie sehen, ist es mir unmöglich, Ihre Frau zu berühren. Ich denke, Sie sollten vielleicht doch besser zu jemand anderem gehen und auch richtige fachärztliche Hilfe hinzuziehen!" "Bitte geben Sie uns einen Stein zum Schwangerwerden", bat er inniglich. So suchte ich spontan einen kleinen Rosenquarz heraus und reichte ihn seiner Frau. "Liebe, Liebe kann nie schaden", dachte ich. Sie nahm ihn kurz in die Hand und ließ ihn sofort wieder auf den Tisch fallen. Erstaunt bemerkte ich, dass sie den Stein entweder nicht berühren wollte oder konnte, auch er schien ihr Schmerzen zu bereiten. Schon wollte ich ihn wieder an seinen ursprünglichen Platz legen, da nahm ihr Mann den Kristall und steckte ihn sofort ein. "Ich schenke Ihnen den Stein", wehrte ich ab, als er seine Geldbörse zückte. "Nein, wir haben Geld, wir wollen bezahlen", entgegnete er sehr energisch, und ich sah ein, dass es ihm wichtig war.

"Es tut mir sehr leid, dass ich nicht mehr für Sie tun kann, aber vielleicht hilft Ihnen der Kristall", verabschiedete ich mich und begleitete die beiden zur Haustüre. Dort reichte der Albaner mir die Hand, dankte und automatisch schien mir auch seine Ehefrau die Hand zu reichen. Doch kurz bevor sich unsere Hände berührten, flogen diese wieder wie von einem elektrischen Schlag getroffen auseinander. Wütend schrie sie laut auf, funkelte mich erneut hasserfüllt an, verzog ihr Gesicht zu einer fürchterlichen Grimasse und rannte schnurstracks aus dem Haus, ohne stehen zu bleiben. Ihr Mann musste sich sputen, um sie wieder zu erreichen. Entgeistert stand ich an der Haustür und folgte mit den Augen den beiden Spuren im Schnee. Da es aufgehört hatte zu schneien, war mein Mann mit den Kleinen in den Garten gegangen, um noch an dem Schneemann herumzubasteln, ihn mit einer Karotten-Nase und einem Besen zu versorgen.

Wie schön, noch einen Moment Ruhe zu haben, denn das Erlebte bewegte mich doch sehr. Vor allem, weil ich mir das Geschehen überhaupt nicht erklären konnte. Noch nie empfand jemand meine Hände als unangenehm oder sogar schmerzend. Stets war das Gegenteil der Fall, ob Mensch, Tier oder Kristall, alles schien sich in meinen Händen stets geborgen und wohl zu fühlen. Zusätzlich irritierten mich auch diese Hassgefühle, die mir diese unbekannte Frau entgegenschleuderte. "Lieber Gott, bitte gib mir eine Erklärung für das Geschehen!", bat ich inniglich, ging zurück ins Haus und tat spontan etwas eher Absurdes. Ich schaltete den Fernseher ein.

Absurd, da ich eigentlich jetzt überhaupt keine Zeit zum Fernsehschauen hatte, der Tisch war zu decken und das Essen zu richten. Gedankenverloren saß ich auf der Eckkante des Kamins und zappte einfach durch die Kanäle. Plötzlich fiel mir fast die Fernbedienung aus der Hand, ich starrte erschrocken auf den Bildschirm und glaubte, gleich in Ohnmacht zu fallen.

Exakt der gleiche Gesichtsausdruck, wie ich ihn zehn Minuten zuvor bei der albanischen Frau erlebt hatte, war in Großformat zu sehen. Eine wütende Frau wand sich in dem Film unter scheinbar schrecklichen Schmerzen und schaute hasserfüllt auf ... einen Priester. Ach, du liebe Zeit, nun begriff ich, was da geschah. Eine Teufelsaustreibung. Mir lief es kalt den Rücken hinunter. Ich bekam Gänsehaut und glaubte, es stellte sich jedes meiner Haare einzeln in die Höhe, so entsetzt war ich. Ausgerechnet bei mir war eben vielleicht ein Dämon oder sogar ein leibhaftiger Teufel gewesen, wo ich doch in diesen Dingen ein solcher Angsthase bin. Nach dem Film *Der Exorzist*, den ich 1974 im Kino gesehen hatte, konnte ich nächtelang nicht mehr einschlafen, ohne mein Schlafzimmer gründlichst durchsucht zu haben.

Gebannt starrte ich weiter auf den Fernseher. "*Der Raum, in dem der Priester gegen den Satan kämpft, muss vorher gründlich von dem Priester und seinen Helfern gereinigt werden. Er wird mit Weihrauch ausgesprengt und alle beweglichen Objekte werden entfernt*", *erklärte ein Redakteur. "Ich habe gesehen, wie Dinge von den Mächten des Bösen durch die Luft geschleudert wurden."*

Der weißhaarige Priester neben ihm nickte zustimmend und erläuterte: "Dass ein Mensch besessen ist, macht sich meistens durch einen auffälligen Wandel bemerkbar. Gewalttätig, verschlagen und unberechenbar werden die Menschen. Sie haben eine Ausstrahlung der Kälte. Etwas Unmenschliches geht von ihnen aus. Und das ist des Teufels Werk."

"Ja, ja, ganz genau, diese Kälte war mir bei der albanischen Frau auch aufgefallen", nickte ich ganz aufgeregt und dem Bericht zustimmend. Also, dass *mein Gott* mir so schnell die Antwort präsentierte, fand ich doch einmal wieder vollkommen überwältigend. Sicherlich hatte er vorhin auch seine schützende Hand über mich gehalten, und ich schickte ein befreiendes *Dankeschön* nach oben.

"Die Menschen sind von Dämonen besessen wie Hunde von Ungeziefer. Exorzismus geht oft über unsere Kräfte", sagte der Priester. *"Denn wie lange es dauert - ob Stunden oder Tage -, das weiß man nicht. In dieser Zeit darf weder gegessen noch geschlafen werden, sondern nur gebetet."*

Der Reporter erläuterte weiter: *"Hunderte von Jahren gehen die exorzistischen Dienste der katholischen Kirche zurück. Zwar wird nicht mehr so häufig und auch nicht mehr so willkürlich wie im Mittelalter exorziert, die Prozedur ist jedoch die gleiche geblieben. Wie ein Frettchen, das mit einer Klapperschlange spielt, versucht der Priester mit Hilfe des Kreuzes, beschwörenden Formeln und der Macht des Gebets, den Dämon aus dem besessenen Menschen herauszulocken.*

Von dem Gesandten des Satans will er zuerst den Namen wissen. Der allerdings sei nicht immer sofort bereit, seinen Namen und das Ziel seiner teuflischen Mission preiszugeben. Da muss er dann mit Gebeten provoziert werden, denn nichts hasst und fürchtet der Satan so sehr wie das ***Wort Gottes.****"*

"Reiki und Rosenquarze kann er auch nicht leiden", pflichtete ich dem Reporter bei. *"Wenn der Dämon beginnt, dich zu verfluchen - er spricht dabei durch den Mund der Besessenen, nicht aber mit ihrer Stimme -, dann hat man ihn aus seiner 'Deckung' gelockt."* Oh, Gott, war ich froh, dass der Dämon den Körper der Albanerin nicht in unserem Haus verlassen hatte und Kälteschauer rannen meinen Rücken hinunter. Ein kurzer Blick durch das Terrassenfenster im Wohnzimmer zeigte, dass mein Mann und die Kinder noch intensiv mit ihrem Schneemann beschäftigt waren und so konnte ich den Film weiter verfolgen.

"Kalte, krächzende und tote Stimmen sind das, die da aus dem Menschen kommen. Sie tragen Botschaften des Hasses. Ich habe Menschen gesehen, die sich wanden, die schrien und spuckten, während um ihre Seele gekämpft wurde. Manche Dämonen sind schlau und gerissen, andere dumm, grob oder aber auch charmant, offen und doch sehr verschlagen.

Irgendwann im Laufe des Rituals zeigt sich der Dämon. Wenn man das pure Böse spürt, nennt man dies: Anwesenheit."

Jetzt erschien wieder das Bild des Paters, der berichtete:

"Ich habe den Atem des Satans gerochen, habe die Klauen unsichtbarer Tiere in meinem Gesicht gespürt. Ich bin umgestoßen und geblendet worden. Aber gerade in diesen Momenten ist der Dämon auch am verletzlichsten und kann mit der Kraft des Gebetes in die Flucht geschlagen werden.

Der nun vom Teufel befreite Mensch ist anschließend von einem wundersamen Frieden erfüllt. Es gibt aber auch hoffnungslose Fälle, wie beispielsweise den berüchtigten Serienkiller David Berkowitz, den ich in seiner Zelle besuchte. Der Geist dieses Mannes war vollends in den Klauen des Satans, da konnte man sogar mit Exorzismus nichts mehr ausrichten. Der Teufel ist überall. Allein in New York beschäftigt die katholische Kirche vier hauptamtliche Exorzisten.

Meine schlimmste Begegnung mit dem Teufel hatte ich aber weder beim Besuch des Killers noch beim Exorzieren, sondern ich stand auf dem Stuhl in meinem Apartment und griff nach einem Buch. Da sah ich ihn. Er kauerte am Boden und starrte mich an. Sein Körper war der eines muskulösen Bullterriers, aber sein Gesicht das des Satans. Ich kannte die Augen der Besessenen. Der kälteste Hass schlug mir entgegen. Plötzlich sprang mich der Satan an, ich fiel und brach mir die Schulter.

Ich hatte Glück - ich habe den Teufel gesehen und lebe ...".

Inzwischen war ich kreidebleich geworden und starrte wie gebannt auf den Fernseher, als mich das stürmische Klingeln der Haustürglocke zurückholte. Die ganze Rasselbande stand nass, frierend und hungrig im Raum. "Was hast du denn gekocht?", fragte mein Mann und alle schauten ungläubig auf den leeren Tisch. "Hm, gekocht, also ich wollte gerade anfangen", entgegnete ich und verzog mich schleunigst in die Küche. -"Gekocht! Ich habe euch vorm Teufel bewahrt, verhindert, dass er sich bei uns wohl fühlt oder breit macht und ihr fragt, was ich gekocht habe", maulte ich leise vor mich hin.

Na ja, wenigstens einer verstand mich und ich lächelte schon wieder versöhnlich *nach oben.* **Er** würde mir sicherlich auch helfen, wenn die albanische Familie sich noch einmal bei mir melden würde. Doch, wie sagt man jemandem, dass er möglicherweise besessen ist? Nun, die Antwort bekam ich ja bereits durch die eben gesehene Fernsehreportage. Die katholische Kirche in Rom bildete genau zu diesem Zweck Spezialisten aus, Exorzisten. Bei Bedarf würde ich mich dorthin wenden können und sicher sein, dass ich die richtige Hilfe für die Betroffenen finden konnte. Vorab konnte es auch von Nutzen sein, den Ratschlägen Jeanne Rulands Folge zu leisten, aus ihrem Buch *Die lichte Kraft der Engel*: Das Lichtritual, Seite 284 - So muss der Teufel weichen.

"Mami, Mami!", tierisches Geschrei drang plötzlich aus dem angrenzenden Kinderzimmer. "Die sind ja so gemein ...", die weiteren Worte verstand ich nicht, da nun unsere vier Kinder gleichzeitig wie am Spieß schrien, sich wie die Wahnsinnigen zankten und stritten. Manchmal glaube ich, sie haben wohl doch alle einen Teufel im Leib. "Mami, die anderen ärgern mich so sehr", schluchzte unser Kleinster beim Betreten der Küche. "Aber du, du bist meine allerliebste Mami, du bist immer mein Freund, gell?" "Ja, natürlich, komm her, mein Engel", und zwei kleine klebrige Kinderärmchen schmiegten sich um meinen Hals.

Alles, was ich wissen muss,
wird mir zur rechten Zeit enthüllt.

*

Ich vertraue mir selbst
und dem Leben.

*

Alles ist gut.

(Louise L. Hay)

霊
気

7. Kapitel

Vom Verzeihen

Chakra-Beschreibung

"Guten Morgen, Ingeborg, komm bitte herein!", begrüßte ich meine Freundin, die zum Reiki-Seminar bei mir angemeldet war. Ich freute mich, dass ich sie in die Lehren des *Dr. Usui* einweihen durfte. Draußen goss es in Strömen, doch im Seminarraum war es warm und gemütlich. Im Hintergrund lief leise eine schöne Reiki-CD und, um einen störungsfreien Reiki-Kurs zu bieten, schaltete ich den Anrufbeantworter ein und die Haustürklingel ab.

Das Seminar verlief zunächst sehr harmonisch und nach der Mittagspause kamen wir auf die Chakren zu sprechen. "*Chakra* kommt aus dem Indischen und heißt *Rad*. Die Chakren, die Räder, dienen dem Energiesystem jedes Menschen als Empfangsstationen, Transformatoren und Verteiler der verschiedenen Frequenzen. Das bedeutet, sie nehmen Energie auf. Positive Energien sind zum Beispiel nette Worte wie: "Ich liebe dich!" Doch ebenso nehmen die Chakren auch negative Wortschwingungen auf. "Ich hasse dich" ist beispielsweise mit einer äußerst negativen Energie verbunden.

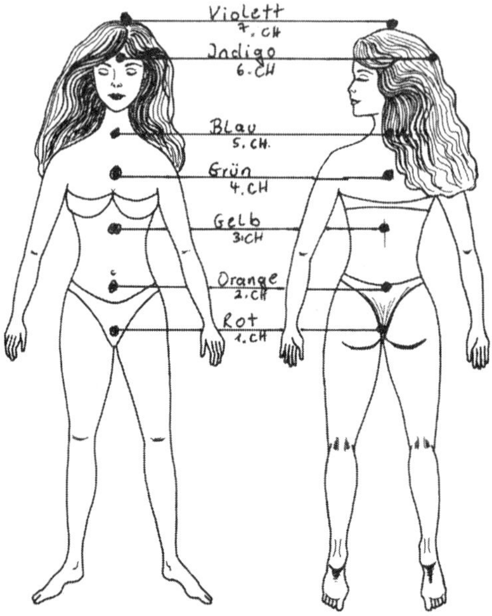

Chakra-Tafel

Die Chakren strahlen Energie auch wieder ab. Es ist ein ständiges Aufnehmen und Abgeben von Schwingungen bzw. Energien. Gibt jemand positive Energie ab, verfügt er über eine positive Ausstrahlung und dann fühlen wir uns in seiner Nähe wohl. Spüren wir jedoch eine negative Ausstrahlung, so möchten wir am liebsten möglichst schnell verschwinden und verspüren zukünftig keine Lust auf Kontakte mit diesem Menschen", erklärte ich meiner Freundin. "Über die Chakren werden aber auch bewusste oder unbewusste Botschaften gesendet. Es ist dir bestimmt auch schon passiert, dass du an jemanden denken musstest, kurz darauf das Telefon klingelte und zu deiner Überraschung war die betreffende Person am Apparat.

Damit die Chakren in Harmonie arbeiten, ist es von Vorteil, ein bisschen über sie Bescheid zu wissen, vor allem über die sieben Hauptchakren, die sich in einer Linie auf der Körpermittellinie befinden. Manche Chakren müssen auch wieder angeregt werden, um sich besser zu drehen. Man spricht dann von einer Belebung des Chakras.

Das erste Chakra

wird auch das Wurzel- oder Basis-Chakra oder Steißzentrum genannt. Es befindet sich zwischen Anus und Genitalien und öffnet sich nach unten. Ihm ist die rote Farbe zugeordnet und rote Edelsteine können es aktivieren: *Granat, Hämatit, roter Jaspis.*

Granat:	*Mut zum Leben; Kraft; Liebe; bei geistiger Neuorientierung; Ausdauer*
Hämatit:	*Lebendigkeit; Mut; Kraft; Vitalität; Blutstein; ermutigt, nach den Sternen zu greifen*
Roter Jaspis:	*fördert die Kriegernatur und bringt die Courage, auch unangenehme Aufgaben zu bewältigen; verhindert Ablenkungen; Schutzstein, der Rettung aus Gefahrensituationen bringt*

Eine Belebung des ersten Chakras ist sinnvoll, wenn man nicht *loslassen* kann. Alles was man begehrt, möchte man auch unbedingt haben und sich einverleiben, ohne an die möglichen Folgen zu denken. *Nicht-loslassen-Können* und *Haltenwollen* drückt sich auch in Form von Verstopfung und Übergewicht aus.

Wenn man etwas nicht bekommt oder behalten kann, wird man sehr ärgerlich und gereizt. **Wut, Ärger und Gewalt resultieren letztendlich aus einem Mangel an Urvertrauen. Das Urvertrauen wird in den ersten sieben Lebensjahren aufgebaut. In dieser Zeit ist es wichtig, die Kinder zu lehren, "*sich selbst*" und "*das Leben*" zu lieben.** Im Idealfall schenken die Eltern dem Kind dieses Urvertrauen in einem Ritual, denn gerade Kleinkinder benötigen Rituale als feste Bestandteile in ihrem Leben. Es sichert und zentriert sie. Unser Ritual ist ein Abendgebet mit einer Segnung und morgens ein Schutzsegen. In den Segenssprüchen ist jeweils der Satz **Ich liebe dich** mit integriert (siehe auch in dem Buch *Reiki im Alltag - Neue Türen* *öffnen sich,* Seite 172). Täglich vor dem Schlafengehen sagen wir jedem Kind einzeln und inniglich: "Ich liebe dich. Ich liebe dich, so wie du bist. Ich bin froh, dass du geboren bist und danke Gott dafür. Du bist wertvoll für mich." Und gerade unser Kleinster, der jetzt acht Jahre alt ist, antwortet dann immer ganz begeistert: "Mami, ich bin auch froh, dass du geboren bist. Gott schütze dich, den Papa, den Marco, den Nico und die Carolin ebenfalls."

Sein Kind zu lieben, ohne wenn und aber, macht das Leben viel leichter. Es zu lieben, ohne Bedingungen daran zu knüpfen, schenkt dem Kind ein frohes Herz und ein sonniges Gemüt. Es zu lieben, weil es ein wertvolles Menschenkind ist - dies ist mit das Wichtigste für eine gesunde Entwicklung des Urvertrauens und bewirkt eine tiefe, in sich ruhende Harmonie in diesem Kind. Die Vorteile dieser Harmonie kann man sofort, aber auch später genießen, denn die Kinder entwickeln sich meist zu angenehmen Familienmitgliedern, da sie nicht ständig um Aufmerksamkeit zu kämpfen brauchen. Wenn Kinder in den ersten sieben Lebensjahren jedoch nicht lernen, sich selbst und das Leben zu lieben, wenn ihre zarte Kinderseele misshandelt wird, indem ihr die Liebe immer wieder oder gar dauerhaft entzogen wird, so werden viele von ihnen später eher zu Gewalttaten oder unmoralischen Handlungen bereit sein. Erst ist das Kind so das Opfer, dann der Täter - welcher erneut Opfer schafft. Dieser Teufelskreislauf kann nur durch **Liebe** unterbrochen werden.

Materielle Dinge sind in den ersten sieben Jahren für eine gesunde seelische Entwicklung nicht ausschlaggebend. Ein Kind ohne Spielzeug, aber mit viel Mutterliebe ist reicher und in seiner Entwicklung tausendmal besser dran als ein Kleinkind in einem überfüllten Kinderzimmer mit unsinnigem Plastikspielzeug, jedoch ohne die wahre tiefe Liebe von Mutter oder Vater. Auch ein Scheidungskind, das ständig mit negativen Äußerungen über Vater oder Mutter überschüttet wird, beraubt man des Urvertrauens. Die Großmutter, die sich angeblich so liebevoll um das Enkelkind kümmert und dabei diesem immer wieder suggeriert, dass der Vater oder die Mutter nichts taugt, verhindert mit solch verwerflichen Worten automatisch eine gesunde Entwicklung. Sie schadet dem Kind enorm und ihre Liebe und Zuwendung für das Kind ist im Verhältnis zu ihrem Nutzen wie ein Sandkorn für einen Strand.

Wer ein Kind wirklich liebt, um des Kindes willen, der macht dessen Eltern nicht in Worten oder Taten schlecht, sondern hilft ihm, auch negative Handlungen der Eltern zu verstehen und zu verzeihen. Ganz egal, was die eigenen Eltern getan haben, sie bleiben die Wurzeln für diese ganze Erdinkarnation. Von den Wurzeln kann man sich nicht einfach trennen, kann sie auch nicht vergiften, ohne dass die komplette Pflanze Schaden daran trägt - ein Naturgesetz, das immer Gültigkeit hat.

Auf dem Berg von Sinai bekam Moses auf zwei Tafeln die *Zehn Gebote*. Diese haben auch heute noch nichts von ihrer Wichtigkeit für die persönliche Gesundheit des einzelnen Menschen eingebüßt, sondern sind unbedingt beachtenswerte Regeln für menschliches Handeln gegenüber Gott und den Menschen. Die Nichteinhaltung der Zehn Gebote im Lebensalltag führt auch in der heutigen Zeit zu Krankheit und negativen Schicksalsschlägen, während die Beachtung der Zehn Gebote zu mehr persönlicher Gesundheit und Harmonie führt.

Die lutherische und römisch-katholische Fassung lautet:

Das erste Gebot:
Ich bin der Herr, dein Gott.
Du sollst keine anderen Götter neben mir haben.

Das zweite Gebot:
Du sollst den Namen des Herrn, deines Gottes, nicht missbrauchen.

Das dritte Gebot:
Du sollst den Feiertag heiligen.

Das vierte Gebot:
Du sollst deinen Vater und deine Mutter ehren.

Das fünfte Gebot:
Du sollst nicht töten.

Das sechste Gebot:
Du sollst nicht ehebrechen.

Das siebte Gebot:
Du sollst nicht stehlen.

Das achte Gebot:
Du sollst nicht falsch Zeugnis reden wider deinen Nächsten.

Das neunte Gebot:
Du sollst nicht begehren deines Nächsten Haus.

Das zehnte Gebot:
Du sollst nicht begehren deines Nächsten Weib, Knecht, Magd, Vieh, noch alles, was dein Nächster hat.

Zwar lehren die Kirchen die Zehn Gebote, doch leider wird viel zu wenig erklärt, dass die Missachtung der Gebote zu körperlichen Erkrankungen und/oder zu grausamen Schicksalsschlägen führt. Wenn es mir passte, hielt ich sie ein und wenn ich ihrer überdrüssig war, oder ihren Sinn nicht richtig begriff, brach ich sie und fühlte mich trotzdem im Recht. Durch meinen spirituellen Weg, der unweigerlich zu Gott und ins tiefste Innerste führte, veränderte sich jedoch meine Sichtweise, mein Gott-Bewusstsein und ich versuche die Zehn Gebote nicht mehr zu übertreten. Mit mehr oder minder großem Erfolg."

Den letzten Satz fügte ich noch leise hinzu, denn auch mir als Reikimeisterin und -lehrerin gelang es zu diesem Zeitpunkt noch nicht, meine Gedanken und Gefühle stets zu beherrschen, und ich konnte sehr wütend und ärgerlich werden. Es ist stets leichter, die anderen zu unterrichten, als selbst die Regeln alle einzuhalten.

Unverdrossen erklärte ich Ingeborg weiter: "Das vierte Gottes-Gebot lautet: 'Du sollst deinen Vater und deine Mutter ehren!' Es stand auf der Tafel von Moses nicht, dass man die Eltern l i e b e n muss, aber sie zu ehren und zu achten ist eben auch für das eigene Wohlergehen und die persönliche Gesundheit unerlässlich. Ganz egal, wie falsch die Eltern uns als Kinder behandelt haben, bewusst oder unbewusst, wir verdanken ihnen unser Leben und damit diese Inkarnation, die unserer persönlichen Weiterentwicklung dient. Als Seele haben wir uns speziell diese Eltern ausgesucht, um von ihnen und durch sie zu lernen und Erfahrungen zu sammeln. Die Eltern haben uns das Leben geschenkt und dafür müssen wir dankbar sein. Unsere Wurzeln, die Eltern, müssen wir achten und nicht durch gemeine Worte oder gar Taten beschmutzen. Nur so erhalten wir ein Wurzelchakra ohne Blockaden für uns selbst.

Im Alter von fünfzig bis sechsundfünfzig Jahren ist man ein zweites Mal in diesem Chakra zentriert und viele Menschen wenden sich gerade in dieser Zeit ihrem Inneren zu. Suchen sich selbst, verwirklichen sich selbst und entdecken dabei ihren göttlichen Anteil, finden dann häufig zu Gott zurück - ihrem wahren Sein. Nutze deine zweite Chance. Denn wer einmal das Antlitz Gottes in sich sah, Gott in sich entdeckte, der kann nicht mehr anders, als das Göttliche dann ebenfalls auch in jedem Stein, jedem Wesen, jeder Blume, einfach in allem zu sehen. Wer aber Gott nicht in sich selbst erkennt, nicht glaubt, dass er selbst ein Teil Gottes ist, der kann ihn auch nicht im Äußeren entdecken.

Genauso verhält es sich mit der Liebe. Wer sich selbst liebt und wertschätzt, kann nicht anders, als alle anderen Menschen ebenfalls mit den Augen der Liebe zu betrachten. Liebe ist tolerant, Liebe vergibt und Liebe verzeiht - anderen Menschen und auch sich selbst. Daher ist das Urvertrauen, die Liebe zu sich selbst, so wichtig, denn auf ihr baut alles Weitere auf – das gesamte Lebensschicksal. Mache dir die Liebe zu deinem Fundament!

Das zweite Chakra

wird auch Sakral-Chakra oder Kreuzzentrum genannt und befindet sich etwa drei Zentimeter unterhalb des Bauchnabels. Bei einer Unterfunktion dieses Chakras fehlt es an sinnlicher Stimulation. Man kann Berührungen, Streicheln und Zärtlichkeiten nicht genießen, da man in diesem Bereich seine Antennen eingefahren hat. Jahrzehnte später haben diese Menschen häufig mit tauben Körperpartien Probleme. Bei manchen werden die Ohren taub oder gar Gliedmaßen gelähmt. Diese Menschen erhielten meist als Kind zu wenig Berührungen. Oft wird gerade mit Jungen zu wenig geschmust, denn Kuscheln gilt leider immer noch als unmännlich. Später, als erwachsene Männer, können sie ihre eigenen Söhne ebenfalls nicht in die Arme nehmen – Väter demonstrieren Härte, wo Liebe angebracht wäre. Dies sind falsch programmierte Muster, gespeichert von Generation zu Generation, bis endlich einer aufwacht, die Kette unterbricht und in Liebe handelt.

Ganz dramatisch verlief ein Experiment, welches angeblich ein Diktator im letzten Jahrtausend befahl. Zehn Neugeborene wurden ihren leiblichen Müttern direkt nach der Geburt entzogen. Die Versorgung dieser Gruppe von Säuglingen übernahmen fremde Frauen, die beauftragt waren, für gesunde Nahrung, gute Bekleidung und ausreichend Wärme zu sorgen. Diesen Betreuerinnen jedoch war es strengstens untersagt, jemals ein Kind anzulächeln oder es gar zu streicheln. Jegliche Art von persönlicher Zuwendung war verboten. Laut Überlieferung wurde nicht eines der Kinder älter als drei Jahre. Alle zehn starben, verkümmerten durch die Lieblosigkeit.

Jedes Kind braucht Berührungen und Liebkosungen zum Überleben. Dabei muss es selbst entscheiden dürfen, in welchem Maße und wo es erwünscht ist. Berührungen, die aus geschlechtlicher Gier eines Erwachsenen entstehen, müssen sofort unterbunden werden, auch wenn es ein noch so nahes Familienmitglied und die Schande groß ist. Missbrauchstaten dürfen weder verharmlost werden noch kann man einfach darüber hinwegsehen. Es gilt sie aufzudecken, statt zu verschleiern. Mögliche Täter müssen komplett aus dem Umkreis von Kindern entfernt werden. Denn nur Berührungen, die das Kind selbst auch wünscht und mit Freude genießt, dienen der harmonischen Entwicklung, und kein Kind wünscht sich von Natur aus unsittliche Berührungen durch Erwachsene."

Ich erinnerte mich in diesem Moment an Ursula. Sie war Besitzerin einer sehr gut gehenden Modeboutique und beliebt im ganzen Kundenkreis. Ursula war stets charmant, gut gelaunt und strahlend. Zwar waren ihre Lebensabschnittsgefährten nie geeignet zum Heiraten, wie sie mir schilderte, und auch der Kinderwunsch blieb unerfüllt, doch mit ihren beiden Hunden fand sie Erfüllung und ihre positive Lebenseinstellung ging stets auch auf alle Anwesenden in ihrem Umkreis über. Zur Zeit befand sie sich wieder in einer sehr harmonischen Beziehung mit einem um etliche Jahre jüngeren Mann und ich freute mich für sie, dass sie scheinbar ein Glückskind war.

Doch dann erzählte sie mir von den jahrelangen Vergewaltigungen in ihrer Kleinkindzeit durch den eigenen Vater. Und was mich besonders betroffen machte, waren ihre Berichte über die Mutter, die diesem schändlichen Treiben des Vaters machtlos gegenüberstand und nichts dagegen unternahm, aus Angst, ihn zu verlieren. Erst als sich Ursula einer Lehrerin anvertrauen konnte, flog der Inzest auf und der Vater kam für mehrere Jahre ins Gefängnis. Nach der Entlassung kehrte er in sein Heimatland zurück und viele Jahre vergingen, bevor sie ihm wieder begegnete.

Ursula fand sehr zeitig spirituelle Wege, die ihr halfen, das Erlebte zu verstehen und zu verarbeiten. Sie konnte dadurch Frieden mit ihrer Mutter schließen und ihr die Vernachlässigung ihrer Pflicht, ihr Kind zu schützen, wahrhaft verzeihen. Inzwischen war sie selbst Ende dreißig und ich fragte Ursula bei einem Seminar nach der jetzigen

Einstellung zu ihrem leiblichen Vater. “Ich hasse ihn nicht, ich verdanke ihm mein Leben und auch mein Aussehen (ihr Vater war ein rassiger Italiener und sie selbst mit ihrem hellen Teint und den prachtvollen schwarzen Locken eine wunderhübsche Frau). Aber ich gestatte ihm nie mehr, auch nur noch einmal in meine Nähe zu kommen.” Durch ihren Willen, dem Leben schöne Seiten abzugewinnen und auch durch ihre Bereitschaft zu vergeben, waren ihr trotz schlimmster Kindheitserlebnisse dann doch ein späteres gutes Schicksal und ein schönes Leben beschieden. Sie war zufrieden.

Meine Gedanken kehrten zu den Hauptchakren zurück: “Zum zweiten Mal in seinem Leben ist man im Alter von siebenundfünfzig Jahren im Sakral-Chakra zentriert. Hier zeigt sich auch häufig die Lust zur Kreativität und viele Menschen beginnen genau in diesem Alter mit einer künstlerischen Laufbahn. Sie fangen an zu malen, zu schreiben, töpfern oder stellen Schmuck her. Aktivieren kann man das Sakral-Chakra durch die Farbe Orange, z. B. mit Hilfe von Edelsteinen: Orangencalcit, Mondstein und Karneol (dem Stein aller Künstler), mit dem Duft Sandelholz oder dem Aromaöl Ylang Ylang.

Karneol:	*Stein der Künstler; fördert Kreativität; hilft auch, dem alltäglichen Stress gewachsen zu sein; bewirkt die Akzeptanz der Weiblichkeit*
Calcit *(orange):*	*entwicklungsbeschleunigend; schenkt Stabilität und Selbstvertrauen; verbessert das Gedächtnis*
Mondstein:	*stärkt die weibliche Seite in uns; fördert den Neubeginn und intensiviert die Intuition*

Wie wunderbar die Intuition bei Kindern funktioniert, stelle ich immer wieder in meinem Mineralienstudio fest. In einem Körbchen liegen verschiedene Trommelsteine und wenn die Kids selbst wählen dürfen, suchen sich die Kleinsten meistens einen roten Stein aus, die etwas größeren Kinder den orangenen Karneol und die noch Älteren bevorzugen häufig den gelben Citrin. Also meistens die Steinfarbe, in der das Chakra gerade zentriert ist und sich gesund entfalten soll.

Es ist, als ob alle Kinder dieser Welt sich abgesprochen hätten, und genau das gleiche Verhalten stellte ich über die Jahre beim Ziehen der Engelskarte fest: Alle Kleinkinder, Kinder die im ersten Chakra zentriert sind, ziehen die ganz äußerste rechte Karte, wenn man alle fächerförmig auf dem Tisch ausbreitet. Sind die Kinder etwas größer und bereits im zweiten Chakra zentriert, ziehen sie zu fast hundert Prozent die äußerste linke Karte aus dem Fächer. Aus der Mitte gewählt wird meist erst eine Karte, wenn die Kinder älter und bereits im Sonnengeflecht zentriert sind. Dies ist das dritte Haupt-Chakra.

Das dritte Chakra

wird auch Solar-Plexus oder Sonnengeflecht genannt und befindet sich auf der Körpermittellinie, eine Handbreit unter der Brust. Wenn man sich niedergeschlagen, mut- und kraftlos fühlt, kann das an einer Unterfunktion des Sonnengeflechts liegen. Ebenso, wenn ungewohnte Erfahrungen Angst machen und man sich dem Lebenskampf nicht gewachsen fühlt. Möglicherweise wurde in solchen Fällen dieses Chakra schon in der Kindheit in seiner Entwicklung behindert und man hat zu viel in sich hineingefressen, was man noch nicht verdauen konnte. Dadurch haben sich Blockaden und emotionale Schlacken gebildet, die die Feuerkraft des Solar-Plexus-Chakras dämpfen und den Wünschen, Handlungen oder Taten die Kraft und Spontaneität rauben."

Ingeborg nickte zustimmend, anscheinend hatte ich gerade einen ihrer wunden Punkte berührt. Daher erklärte ich weiter: "Zentriert in diesem Chakra ist man im Alter von fünfzehn bis einundzwanzig und auch in den Jahren von vierundsechzig bis siebzig. Im

Alter von fünfzehn bis einundzwanzig entwickelt sich - unter gesunden Voraussetzungen - die persönliche Macht. In der zweiten Zentrierung, also im Alter von vierundsechzig bis siebzig, ist es sinnvoll, die Macht eventuell neu zu überdenken und Macht nicht nur über andere, sondern gerade auch über sich selbst zu haben. Das bedeutet ein Beherrschen der eigenen Gedanken und Handlungen, es heißt Macht über sich selbst zu besitzen und sich nicht mehr zu unbedachten Äußerungen hinreisen zu lassen. Gefühlsausbrüche können nun kontrolliert werden. Wenn es gelingt, Toleranz mit Altersweisheit zu paaren, dann können Menschen zum Ideal werden und zur wirklichen Hilfe für die Jüngeren, denn dann ist man in der Lage, im Alter Hilfe zu sein und nicht Last.

Doch natürlich kann und soll man auch an einer Schwingungsverstärkung dieses Chakras arbeiten, wenn man nicht gerade altersmäßig darin zentriert ist. Je eher man seine Gedanken und Taten zu beherrschen weiß, umso besser ist es für das eigene Lebensschicksal. Die Zukunft entsteht durch das heutige Tun. Beherrsche ich mich demnach heute, so erspare ich mir unliebsame Ereignisse im Morgen. Jeder Gedanke, jede Tat ist vergleichbar mit dem Werfen eines Steines in ein Gewässer. Es entstehen automatisch Kreise, immer größer werdende Kreise, die sich vom Zentrum weg bewegen. Doch wenn die Kreise groß genug sind, geschieht automatisch eine Umkehrsituation und die Kreise werden wieder kleiner und kehren zum Ausgangspunkt zurück. So kehrt jede Energie zurück, die negative genauso wie die positive - je nachdem was ausgesandt wurde. Meine Mutter sagte immer: 'Wie es in den Wald hineinschallt, so schallt es zurück.' Nur wer seine Macht weise und in Liebe nutzt, kann auch Gutes in der Zukunft erwarten.

Um das Solar-Plexus-Chakra zu aktivieren, benutzt man am besten viel klares sonniges Gelb. Es eignet sich das Tragen der Edelsteine Citrin, Bernstein und Rutilquarz, aber auch der Duft von Bergamotte-Öl oder schöne gelbe Accessoires in der Wohnung aktivieren dieses Chakra. Selbstverständlich können alle Chakren auch mittels der Reiki-Energie aktiviert und harmonisiert werden.

Bernstein:	*Sorglosigkeit; Vertrauen; sonniges Gemüt; für zahnende Kinder; verleiht dem Träger die Kraft der Bäume*
Citrin:	*Selbstsicherheit; Lebensfreude; Aktivität; Gottvertrauen; Friede mit sich selbst*
Rutilquarz:	*Lichtstrahl ins Dunkle; loslassen; umdenken; Ausdauer*

Das vierte Chakra

wird auch das Herz-Chakra genannt und befindet sich auf der Körpermittellinie in der Höhe des Herzens. Es ist das *Tor zur Seele* und über dieses Energiezentrum kommen wir in Kontakt mit unserem eigenen *göttlichen Anteil*. In diesem Chakra verfügen wir über ein riesiges Potenzial zum Transformieren und Heilen. Die wenigsten europäischen Menschen nutzen es bisher.

Es ist noch kaum bekannt, dass im Jahr 1850 zwei Männer die Medizin erheblich beeinflussten und zwar in entgegengesetzten Richtungen. Zum einem machte damals L. Pasteur Schlagzeilen, der die Medizin der Krankheit verteidigte: Er behauptete, dass stets ein Agens das Auftreten einer Krankheit verursacht. Dieses Agens ist ein externer Feind des körperlichen Organismus'. Es greift diesen an und bedroht die Gesundheit. Dies ist die Keimtheorie: Der Keim verursacht die Krankheit. Demnach sind es nicht die Menschen selbst, die ihre Krankheiten durch fehlerhaftes Denken und Handeln bewirken, sondern eben ein Keim, den man mehr oder weniger zufällig bekommt und der bekämpft gehört. Reine Schulmedizin also: Entferne den Keim, Erreger, Tumor etc. und alles ist wieder in Ordnung.

Im Verborgenen arbeitete zu der gleichen Zeit ein Mann namens Bechamp, und er stellte folgende Theorie auf: Das Agens (der die Krankheit anzeigende Faktor) ist eigentlich ein Freund des Körpers, der versucht, das Gleichgewicht im Organismus wieder herzustellen, indem er auf das Ungleichgewicht aufmerksam macht. Wenn dann, statt das Agens zu beachten und zu verstehen, auch noch seine natürliche Umgebung zerstört wird, dann wird es morbid (abnormal, ungesund) und die Krankheit tritt auf. Wenn seine natürliche Umgebung dagegen wieder hergestellt wird, kehrt es in seinen normalen Zustand zurück und die Krankheit verschwindet. Dies ist die Zelltheorie: Die Krankheit verursacht erst den Keim.

Das ist genau das, was auch die inzwischen sehr bekannten Autoren Louise L. Hay, Lise Bourbeau oder R. Dahlke schreiben: Die Gedankenfehler verursachen die Krankheit, falsche Handlungen bewirken unser Lebensschicksal zum Negativen und die Wurzel allen Übels züchten wir in uns selbst heran und nicht umgekehrt. **Das Schicksal ereilt uns von innen und nicht von außen.** An allem sind wir folglich stets selbst "schuld" - und nicht andere Menschen, Gott oder ... Und wenn unsere Krankheiten von innen statt von außen geschehen, müssen wir uns auch dem Inneren zuwenden, um zur Genesung zu gelangen.

Die kräftigste Medizin ist die natürliche Heilkraft,
die im Inneren eines jeden von uns liegt.

(Hippokrates)

Zur weiteren Voraussetzung, um geheilt zu werden, gehört die Wertschätzung und die Liebe zu uns selbst und das Annehmen und Akzeptieren unseres ganzen Wesens aus der Tiefe des Herzens heraus, denn nur das kann uns grundlegend verwandeln.

Eine disharmonische Funktion des Herz-Chakras liegt aber auch dann vor, wenn man anderen Menschen immer nur gibt, ohne selbst nehmen zu können, Energie gibt, ohne in der Lage zu sein, Kraft oder Liebe von anderen zu empfangen. Wer aber einen gesunden Austausch nicht einhält, zerstört auf die Dauer sich selbst und kann dann auch seinen Mitmenschen nicht mehr dienen, man wird krank. Ist ein Herz-Chakra total blockiert, zeigt sich das in Kälte, Teilnahmslosigkeit bis hin zur Herzlosigkeit.

In meinem Mineralienstudio habe ich bemerkt, dass erstaunlich viele ältere Männer die Hilfe des Rosenquarzes benötigen, um das Herz-Chakra wieder zu beleben. Die jahrelangen Blockierungen durch den Mangel an Liebe erst in den Kinder- und Jugendjahren, später durch problematische Ehebeziehungen verhärteten und kränkten sie und sie wurden krank am Herzen. Ehen, die nur noch auf dem Papier bestehen und ansonsten in alltäglichem Kleinkrieg untergehen, lassen eben nicht nur die Frauen, sondern auch die Männer erkranken.

In diesem Chakra ist man zentriert im Alter von zweiundzwanzig bis achtundzwanzig und das zweite Mal im Alter von einundsiebzig bis siebenundsiebzig Jahren. Die Farbzuordnung ist rosa und grün. Blockaden abzubauen helfen der grüne Aventurinstein, der Wassermelonen-Turmalin und der Malachit."

Aventurin:	*beruhigt und heilt universell*
Rosenquarz:	*hilft, sich selbst anzunehmen und zu lieben; kräftigt das Herz*
Malachit:	*sorgt für ein harmonisches Gefühl und fördert das Loslassen*
Verdelith *(grüner Turmalin):*	*entgiftet, bringt die Lebensfreude zurück*
Wassermelonen-Turmalin:	*hilft, die eigene Absicht klar zum Ausdruck zu bringen*

"Hier ist das Kehlkopf-Chakra", zeigte ich Ingeborg und tippte dabei auf meine Halsgrube zwischen den Schlüsselbeinen, indem ich den Pulloverkragen etwas tiefer herunterzog. Da sollte eigentlich eine Grube sein, doch irgendwie fühlte sich diese Stelle heute komisch an. Wie eine riesengroße wabbelige Beule. "Sag mal, Ingeborg, habe ich da einen dicken Hals?", fragte ich erstaunt und sie nickte: "Ich wundere mich über deinen Kropf schon die ganze Zeit!" "WAS? KROPF?", schrie ich vor Schreck und sprang auf. Ich rannte aufgeregt zum Spiegel. Was ich da sehen musste, trieb mir fast die Tränen in die Augen. Über die linke Seite des Halses wölbte sich ein großer Kropf.

Wie um Himmelswillen konnte der denn nur so schnell entstehen? Gestern Abend beim Duschen war er garantiert noch nicht dagewesen, das wäre mir aufgefallen. Heute morgen schaute ich nur kurz in den Spiegel, nachdem ich bereits angezogen war und bemerkte nichts. Als Nachteule bin ich morgens auch einfach nicht in der Lage, klar zu denken oder zu sehen, sondern trödle im gewohnten Rhythmus vor mich hin. Der Kropf tat auch nicht weh, es sah jedoch für mein Empfinden furchtbar hässlich aus.

Am liebsten wäre es mir gewesen, ich hätte den Reiki-Kurs auf der Stelle beenden und mich sofort zu einer ärztlichen Untersuchung begeben können. Aber das war nun mal unmöglich. Schließlich hatte Ingeborg sich extra für das heutige Reiki-Seminar einen Tag Urlaub genommen, freute sich schon seit Wochen auf die Einweihung zu ihrem ersten Reiki-Grad und es war nicht fair, sie jetzt hängen zu lassen und den Kurs einfach abzubrechen. Als jahrelang selbstständig arbeitende Geschäftsfrau war ich es gewohnt, nicht mich, sondern meine Kundinnen an erste Stelle zu setzen. Und daher durfte ich auch Ingeborg mein wahres seelisches Empfinden über diesen verflixten Kropf nicht spüren lassen. Ihre Probleme, nicht meine eigenen, waren das Thema dieses Tages und ich musste meine Mitte wieder erlangen und meine Erregung in den Griff bekommen. Also visualisierte ich das Meisterzeichen, begab mich in die Meisterenergie und bat um die nötige Kraft, um diesen Reiki-Kurs zum Wohle meiner Reiki-Schülerin weiterführen zu können.

Etwas stabilisierter kehrte ich zurück zum Seminartisch und entschuldigte mich für die Unterbrechung. Ich erklärte Ingeborg, dass ich im Moment für meine persönliche Situation nichts machen könne, da diese erst einmal einer ärztlichen Diagnose bedurfte und dass wir nun mit dem Reiki-Kurs fortfahren würden. Sie nahm es gelassen und schien mir zu vertrauen, dass es für mich als Reikilehrerin keine unlösbaren Probleme gab. Doch es kostete mich trotz allem große Mühe, scheinbar unbekümmert mit dem Seminar fortzufahren:

Das fünfte Chakra

befindet sich zwischen der Halsgrube und dem Kehlkopf. Es wird auch das Hals-Chakra genannt. Über dieses Chakra kannst du vor allem auch deine *innere Stimme* empfangen. Sie hilft dir auf deinem Weg durchs Leben. Ist dieses Chakra ausgeglichen, so hast du keine Schwierigkeiten damit, dir selbst treu zu sein, dein wahres Leben zu leben. Und du verstehst es, NEIN zu sagen, wenn du NEIN meinst."

Ingeborg rollte leicht mit den Augen: "Dieses Chakra werde ich wohl zuerst mit Reiki wiederbeleben. Es ist bei mir sicherlich im absoluten Ruhezustand, denn ich kann nie NEIN sagen und lade mir dadurch immer so viel auf, dass für mich selbst weder Zeit noch Kraft übrig bleibt. Immer wieder habe ich mir vorgenommen, das nächste Mal nicht mehr nachzugeben und keine Dinge mehr zu tun, die ich nicht tun will, doch wenn es dann soweit ist, sage ich doch wieder JA." Ich schmunzelte, ja, so kannte ich meine Freundin. Immer für andere da, mit ihrer Hilfe konnte man Tag und Nacht rechnen und niemand machte sich Gedanken, wo sie selbst die Kraft hernahm.

„Um dieses Chakra zu aktivieren, genieße das schöne Blau des Himmels und lasse es auf deinen Kehlkopf einwirken oder trage an einem kurzen Band um den Hals einen Kristall, z. B. Aquamarin,

Chalcedon oder Türkis wirken hier sehr erfolgreich. Der Türkis ist ein sehr guter Schutzstein von dessen wunderbarer Wirkung schon die Schamanen wussten. Er schützt vor negativen Einflüssen und zieht positive Energien an, außerdem fördert der Türkis die Kreativität. Auch der hellblaue Chalcedon ist ein sehr beliebter Stein. Er kann Wechseljahrsbeschwerden wie Hitzewallungen mildern, Bluthochdruck senken und vermindert Reizbarkeit und Überempfindlichkeit nicht nur bei Erwachsenen, sondern auch hervorragend bei Kindern (unser Kleinster suchte sich diesen Stein als Kette aus, als er gerade zwei Jahre alt war). Chalcedon fördert die Sprache und ist auch der *Stein der Redner*. 'Ein perfekter Stein für unser sprechen lernendes Kind', dachte ich damals. Ein Jahr später änderte sich dieses positive Gefühl und am liebsten hätte ich den Stein entwendet. Doch unser Sohn trug ihn mit größter Leidenschaft und redete wie ein Wasserfall. Morgens vom ersten Augenöffnen bis abends zum Schlafengehen, ohne Pause wusste er zu fragen, zu erklären und zu erzählen. Ungefähr drei Jahre später zwang ich ihn, entgegen meiner sonstigen Überzeugung, dass Kinder ihre Steine genauso tragen dürfen, wie sie es selbst wollen, den blauen Chalcedon endlich abzulegen. Aber ein Rednerstein für ein Kind das nur redete war mir zu viel, da es sich eben um mein eigenes Kind und um meine Nerven handelte.

So tauschte ich ihn gegen einen anderen Kristall aus, den er sich allerdings auch selbst aussuchen durfte. Mein Sohn hat jedoch nie mehr einen anderen Stein so lange an einem Stück getragen, und irgendwie scheint der Chalcedon immer noch zu wirken, er redet immer noch von morgens bis abends. Seine Babybernsteinkette trug er zusätzlich ebenfalls sieben Jahre ohne Unterbrechung, sie schenkte ihm die *Kraft der Bäume und ein sonniges Gemüt*. Er ist wirklich ein tolles gesundes und starkes Kind. Ich danke Gott für ihn.

Aquamarin: *Weitsicht; fördert die spirituelle Entwicklung; kann bei Allergien helfen*

Chalcedon, blau:	*Stein der Diplomatie - das richtige Wort im richtigen Moment; fördert das Sprachzentrum und die Redegewandtheit; Kinderschutzstein - oft erfolgreicher Schutz vor Mittelohrentzündungen*
Türkis:	*klassischer Schutzstein gegen negative äußere Einflüsse; fördert die Intuition*

Im Kehlkopf-Chakra ist man zentriert in den Jahren 29 bis 35 und erneut im Alter von 78 bis 84. Positiv beeinflussen dieses Chakra auch Eukalyptus und Salbei. Die Farbordnung ist grünlich-blau, hellblau und auch silbrig.

Das sechste Chakra

befindet sich einen Fingerbreit über der Nasenwurzel auf der Mitte der Stirn. Es wird auch Stirn-Chakra oder das Dritte Auge genannt und hier ist der Sitz des Christusbewusstseins. *Überhebliche Intellektuelle* haben hier eine disharmonische Funktion, denn sie lassen nur gelten, was mit dem Verstand erfassbar und wissenschaftlich nachprüfbar ist. Solche Menschen tun Erfolge mittels Reiki oder Heilsteinen als Zufallsheilungen ab. Doch:

Wer nur mit dem Verstand lebt,
hat das Leben
nicht verstanden!

(Gerd Uhlenbruck, deutscher Mediziner)

Ich selbst muss niemanden von meiner Tätigkeit überzeugen und toleriere auch die Ungläubigkeit und das Nichtverstehen mancher Mitmenschen. Sie benötigen vielleicht noch viele Inkarnationen, bevor spirituelle Dinge in ihrem Leben wichtig werden. Sie haben das

Recht, erst einmal andere Erfahrungen machen zu dürfen. Es ist nicht meine Aufgabe, andere Menschen unerwünscht zu beeinflussen, alles hat zu seiner Zeit zu geschehen, in göttlicher Ordnung.

Weitere Störungen dieses Chakras können Vergesslichkeit und auch Sehschwächen hervorrufen. Um das sechste Chakra nun zu stärken, führt man ihm am besten seine Farbschwingung, das Indigoblau, zu, aber auch die Farben gelb und violett sind möglich. Passende Edelsteine sind der Lapislazuli, indigoblauer Saphir und Sodalith.

Lapislazuli:	*fördert Selbstbewusstsein und Würde; hilft, Konflikte geschickt zu meistern*
Saphir:	*bündelt zerstreute Kräfte auf ein Ziel hin; zentriert*
Sodalith:	*hilft, sich selbst treu zu sein und sein eigenes Leben zu leben*

Als Aromaöl können Jasmin und Minze eingesetzt werden. Diese können Blockaden im Dritten-Auge-Chakra lösen und dem Geist Klarheit und Lebendigkeit schenken. Nicht nur wenn das Minzöl in die Duftlampe des Kinderzimmers zur Konzentration beim Lernen gegeben wird, ist auf vollkommene Naturreinheit zu achten, denn synthetische Düfte haben keinerlei positive Wirkung auf die Chakren, sondern schwächen das Immunsystem und können Allergien hervorrufen. Da allerdings selbst naturreine Öle ebenfalls Allergien auslösen, gilt es immer zu beachten, ob sich die Benutzer wohler oder eher unwohl fühlen. Spätestens wenn sie zu niesen beginnen oder gar die Augen tränen, ist das Öl sofort zu entfernen. Es macht daher Sinn, nicht das allerbilligste Öl zu kaufen, sondern sich in einem Fachgeschäft beraten und die Naturreinheit garantieren zu lassen. Die falsche Medienerziehung "Geiz ist geil" ist hier vollkommen fehl am Platz. Es gilt hinzuschauen, welche Inhaltsstoffe sich in dem Produkt befinden und ob diese tatsächlich naturrein oder billig hergestellte synthetische Wirkstoffe sind, die keinen Wert besitzen und die Gesundheit mehr ruinieren als fördern. Qualität dagegen muss ihren Wert haben, ist das nicht der Fall, kann kein Qualitätsprodukt vom Hersteller auf Dauer produziert werden.

Ein in Harmonie schwingendes Dritte-Auge-Chakra bewahrt den Körper intensiver vor gesundheitsschädlichen Produkten, egal ob es sich hierbei um Nahrungsmittel, Getränke oder Dinge aus der Umgebung handelt. Mit der weiteren spirituellen Entwicklung wird einem immer klarer, wie wichtig es ist, den Körper vor schädlichen Einflüssen zu schützen. Es nützt kaum etwas, wenn täglich zwei bis drei Liter stilles Wasser getrunken werden und im gleichen Zeitraum zehn Telefonate mit einem Handy geführt werden, das nicht strahlengeschützt ist.

Dies waren nun die sechs irdischen Chakren. Die Chakren, die für das Erdenleben maßgeblich sind. Mit ihnen gilt es in Einklang zu sein, denn erst dann kann das siebte Chakra, die Verbindung mit dem Göttlichen, ebenfalls ausgeglichen sein.

Das siebte Chakra

befindet sich oben auf der Mitte des Kopfes. Ein weiterer Name dafür ist Kronen-Chakra. Ihm sind die Farben Violett, Gold und Weiß zugeordnet. Das Kronen-Chakra stellt unsere Verbindung zur Spiritualität dar und hier gibt es keine Blockaden, es kann nur stärker oder schwächer entwickelt sein. Dieses siebte Chakra macht die Wahrnehmung von geistigen Führern und die Fähigkeit des Channeling möglich."

"Also, das macht mir eher Angst. Ich will keinen Kontakt mit Geistwesen!", unterbrach mich Ingeborg und hielt dabei abwehrend ihre Hände in die Höhe, als ob schon welche in ihre Reichweite eingedrungen seien. "Sorge dich nicht!", entgegnete ich. "Jedem Reiki-Aktivierten werden bei seiner Einweihung automatisch

Führer zugeteilt – ob es dir passt oder nicht. Doch du wirst sie nicht bemerken, solange du es nicht willst. Es ist wie bei deiner Geburt: Auch hier erhältst du deine Schutzengel und kannst nicht einfach sagen, dass du das aber nicht brauchst oder willst. Und später im Leben wirst du in so manche Situation geraten, wo du doch deinem Schutzengel dankst, dass er dir geholfen hat. So ist es auch mit deinen persönlichen Reiki-Führern. Sie arbeiten mit dir, helfen dir und schützen dich. Doch du siehst sie wahrscheinlich niemals und spürst sie vielleicht erst, wenn du es dir ganz ausdrücklich wünschst und sie darum bittest, dir ein Zeichen zu geben oder dir zu helfen.

In der Aromatherapie unterstützen Olibanum und Lotus die Entwicklung dieses Chakras, bei den Edelsteinen sind es der Bergkristall und der Amethyst. Mit diesen kannst du Ängste und Disharmonien auflösen, aber auch wesentlich leichter in einen Meditationszustand gelangen.

Geöffnet wird das Kronen-Chakra durch den Laut M und dieser ist auch im OM enthalten. Die CD *The Eternal OM* wirst du nun auch gleich während deiner ersten Reiki-Einweihung hören und am besten ist es, wenn du jetzt gar nichts Großartiges erwartest, sondern dich einfach den Schwingungen hingibst, den Himmel geschehen lässt."

Ingeborg nickte und ich bat sie, sich die Hände vor der Einweihung zu waschen, ein Ritual, welches stets zu der Zeremonie gehört. Dann nahm sie Platz auf dem besonderen Einweihungsstuhl und wir tauchten ein in die Stille. – Obwohl ich fast täglich Reikieinweihungen machen darf, ist für mich jede einzelne Einweihung immer wieder ein wunderschönes Erlebnis und ich empfinde große Dankbarkeit, dass ich diesen Beruf ausüben darf. So war es auch diesmal und ich fühlte mich nach dem Ritual wieder so im Gleichgewicht und harmonisiert, dass ich spontan dachte, bestimmt ist nun auch der hässliche Kropf verschwunden. Doch bei einem erneuten Blick in den Spiegel sah ich, dass er sich überhaupt nicht verändert hatte, egal wie scharf ich nun auf meinen Hals starrte. Nein, dass er wieder dünner geworden war, konnte ich beim besten Willen nicht erkennen. Wäre ja auch zu schön gewesen, dachte ich, aber natürlich war mir klar, dass auch die Reiki-Energie nicht zaubern kann. Trotzdem schaute ich nach jeder der vier Einweihungs-Rituale in den Spiegel, um dann jedes Mal erkennen zu müssen: der Kropf blieb unverändert dick und hässlich.

Doch die Reiki-Energieschwingungen während des Seminars taten mir selbst auch gut und sie halfen mir, meine Arbeit ordentlich auszuführen und brachten mir immer wieder die notwendige Kraft, mich mit den Problemen meiner Reiki-Schülerin statt mit meinen eigenen zu beschäftigen. Doch sobald das Seminar zu Ende war, rief ich in der Hausarztpraxis an und bat um einen schnellen Termin. Denn bei unklaren Ursachen und Symptomen können Eigenbehandlungen, die nur mit Reiki, Kristallen, Bachblüten etc. durchgeführt werden, gefährlich sein. Reikibehandlungen ersetzen keine schulmedizinischen Untersuchungen. Zwanzig Minuten später lag ich im Ultraschallraum meines Arztes und seine Diagnose empfand ich wie einen Keulenschlag. Er stellte fest, dass sich an meiner Schilddrüse Knoten und Zysten befanden. Eine der Zysten war mit knapp sechzig Milliliter Blut gefüllt und verursachte so den dicken Hals.

Kristalle zur Aktivierung der Hauptchakren:

Siebtes Chakra – Kronen-Chakra (Kopfmitte):

Amethyst	- stärkt das Gottvertrauen
Bergkristall	- harmonisiert die Gehirnhälften; schenkt frische Energie und stabilisiert

Sechstes Chakra – Dritte-Auge-Chakra (Stirnmitte):

Amethyst	- hilft dem Verstand abzuschalten und in das *Meer der Stille* einzutauchen

Azurit	– kann Depressionen und Verklemmungen lösen
Fluorit	– regeneriert Haut und Schleimhäute, auch Allergien psychischer Herkunft werden gelindert; lindert Hauteiterungen; schenkt geistige Ruhe und hilft, sich von unerwünschten Einflüssen zu lösen
Lapislazuli	– hilft, die eigene Größe und Würde wieder zu erlangen
Sodalith	– löscht alte und falsche Denkmuster im Unterbewusstsein und schafft Platz für bewusstes Denken
Saphir (indigoblau)	– beruhigt und schenkt Weisheit

Fünftes Chakra – Hals-Chakra (Kehlkopfgrube):

Aquamarin	– fördert geistiges Wachstum, heitere Gelassenheit und macht erfolgreich
Chalcedon blau	– kühlt und baut Ödeme (Wassereinlagerungen im Gewebe) ab; steigert Kreativität und Inspiration; vermittelt Leichtigkeit und ein unbeschwertes Lebensgefühl und Ruhe
Türkis	– gleicht Stimmungsschwankungen aus und regeneriert den Körper schnell bei Müdigkeit und Erschöpfungszuständen; verleiht Kreativität

Viertes Chakra – Herz-Chakra (Brustmitte):

Aventurin	– lindert Allergien und Hautausschläge; beruhigt und heilt universell

Chrysokoll	- gleicht Emotionen aus und löst Druck, der durch Sorge oder Zorn entstand
Malachit	- entgiftet und entsäuert das Gewebe; sorgt für ein harmonisches Gefühl; fördert das Loslassen
Rosenquarz	- fördert die Eigenliebe, befreit von Sorgen; schenkt Urvertrauen - alles ist gut
Rauchquarz	- verstärkt und vertieft die Atmung und nimmt die Lust auf Zigaretten
Wassermelonenturmalin	- stärkt die Nerven und fördert den Wasserhaushalt

Drittes Chakra – Solar-Plexus (eine Handbreit unter der Brust):

Bernstein	- schenkt Wärme und Zuversicht, fördert die Wundheilung und die Heilung stoffwechselbedingter Hauterkrankungen (bitte daran denken, dass Heilbehandlungen in die Hände der Schulmedizin oder der Heilpraktiker gehören), stabilisiert die körpereigene Energie und schenkt Kraft
Citrin	- hilft bei der Ausscheidung von Giftstoffen, entschlackend, erzeugt eine positive Stimmung und stärkt die Nerven, schenkt Selbstsicherheit
Malachit	- löst Anspannungen im Zwerchfell und kann dadurch die Atmung vertiefen und die Atemqualität verbessern
Pyrit-Sonne	- ist reich an Schwefel und Eisen und daher aufbauend, sollte aber nur ganz kurz mit

der Haut direkt in Kontakt gebracht werden (oder zwischen Pyrit-Sonne und Haut ein Papier-Kosmetik-Tuch legen)

Rutilquarz - fördert die Regenerationskraft aller Zellen, beeinflusst positiv die Atemwege und fördert die Ausdauer

Zweites Chakra – Sakral-Chakra (zwei Zentimeter unterhalb des Bauchnabels):

Karneol - Durchblutung von Organen und dem Gewebe wird angeregt; hilfreich, um die ganz alltäglichen Belastungen gut zu bewältigen

Mondstein - unterstützt die Reinigung blockierter Lymphbahnen und regt alle Körpersäfte an; fördert den Neubeginn

Erstes Chakra – Wurzel-Chakra (Intimbereich):

Granat - verleiht Mut, Hoffnung, Zuversicht und Freude; stabilisiert den Kreislauf

Hämatit - mobilisiert verborgene Kräfte und hilft bei Schwächezuständen; verbessert die Sauerstoffzufuhr (Achtung: nie bei Entzündungen auflegen!); stärkt ebenfalls den Mut

Roter Jaspis - vermittelt Geborgenheit im eigenen Körper; regt den Kreislauf an; hilft, Ideen in die Tat umzusetzen; verleiht Kraft und Ausdauer

Rubin - auf dem Schambein setzt er viel "Power" in Bewegung; bringt Schwung und Energie ins Leben.

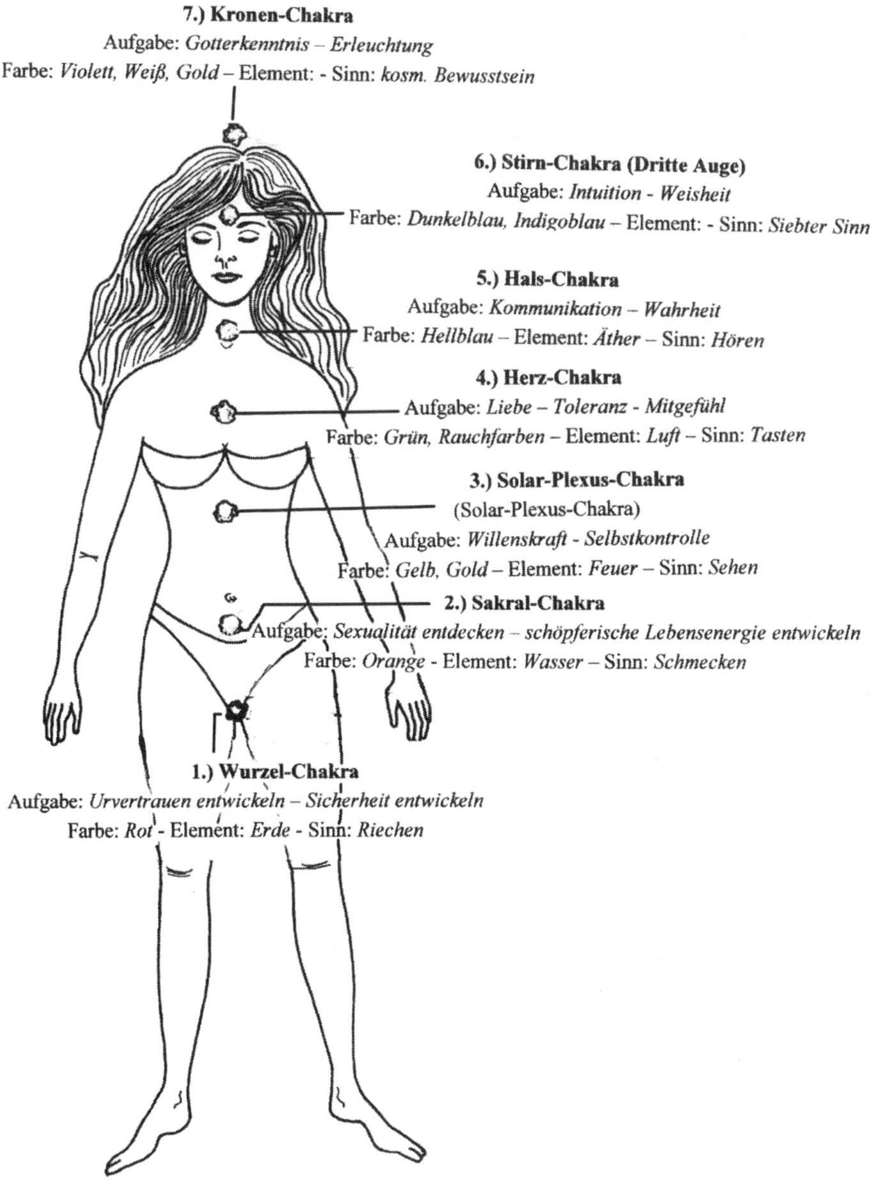
7.) Kronen-Chakra
Aufgabe: Gotterkenntnis – Erleuchtung
Farbe: Violett, Weiß, Gold – Element: - Sinn: kosm. Bewusstsein
6.) Stirn-Chakra (Dritte Auge)
Aufgabe: Intuition - Weisheit
Farbe: Dunkelblau, Indigoblau – Element: - Sinn: Siebter Sinn
5.) Hals-Chakra
Aufgabe: Kommunikation – Wahrheit
Farbe: Hellblau – Element: Äther – Sinn: Hören
4.) Herz-Chakra
Aufgabe: Liebe – Toleranz - Mitgefühl
Farbe: Grün, Rauchfarben – Element: Luft – Sinn: Tasten
3.) Solar-Plexus-Chakra
(Solar-Plexus-Chakra)
Aufgabe: Willenskraft - Selbstkontrolle
Farbe: Gelb, Gold – Element: Feuer – Sinn: Sehen
2.) Sakral-Chakra
Aufgabe: Sexualität entdecken – schöpferische Lebensenergie entwickeln
Farbe: Orange - Element: Wasser – Sinn: Schmecken
1.) Wurzel-Chakra
Aufgabe: Urvertrauen entwickeln – Sicherheit entwickeln
Farbe: Rot - Element: Erde - Sinn: Riechen

Kristalle zur Aktivierung der Nebenchakren:

Yang-Chakra (rechte Körperseite)

Aragonit	– schenkt Ruhe und hilft doch, sich zu verändern und zu wandeln
Bergkristall	– vermittelt Stärke und Klarheit
Kunzit	– schöpferische Männlichkeit fließt mir zu
Tigerauge	– liebevoll akzeptiere ich meine Männlichkeit

Yin-Chakra (linke Körperseite)

Amazonit	– frische Kraft
Karneol	– ich akzeptiere meine Weiblichkeit
Lapislazuli	– die heilenden Kräfte der Weiblichkeit fließen mir zu
Lepidolith	– Schutzstein, Abgrenzung
Rosenquarz	– weibliche Urkraft

Ernährungs-/Verantwortungs-Chakra

Apatit	– Zentrierung, appetithemmend
Azurit	– liebevoll lasse ich los und gewähre allen Wesen die Freiheit
Indigolith (blauer Turmalin)	– Erleichterung in der Verantwortung
Tigerauge	– ich vertraue darauf, dass sich in meinem Leben das Gute entwickelt

Ellbogen-Chakra (Ellbogen)

Bergkristall	– gelebte Toleranz hilft mir, mich mit Glück zu füllen!
Lepidolith	– stärkt den eigenen Charakter

Rauchquarz - ich teile eindeutig und liebevoll mit, was ich will und was ich ablehne!

Tigerauge - stärkt das Durchsetzungsvermögen

Hand-Chakren (Handflächen)

Amethyst - geschickt gestalte ich meine Werke

Karneol - liebevoll kann ich geben und auch für mich selbst annehmen

Lapislazuli - freudig verbreite ich Glück

Rhodonit - gibt die Kraft zum Handeln

Kniekehlen-Chakren (Kniekehlen)

Citrin - neugierig lerne ich leicht und schnell und gehe neue Wege

Malachit - flexibel gehe ich neue Wege

Onyx - bewirkt Ausdauer

Sardonyx - verleiht Zuversicht

Fußsohlen-Chakren (Fußsohlen)

Amethyst - lindert Unruhe und Nervosität; Prioritäten setzen

Moqui Marbles - auszehrende Arbeitswut lässt nach, man kann auch mal geschehen lassen

Schörl - reinigt die Aura, erdet und stabilisiert

Kluge Frauen jammern nicht!

Knoten? Mit Knoten begann das Drama einer meiner Reikischülerinnen. Zur Zeit besuchte ich Carmen fast täglich im städtischen Krankenhaus in Ludwigshafen und versuchte, ihr Krebsleiden mit

Reiki und Heilsteinen zu mildern. Ihr Leid erschütterte mich zutiefst, ich bekam es so hautnah mit und daher schossen mir gleich viele negative Gedanken durch den Kopf. Wie im Traum vernahm ich die Stimme meines Arztes: "Ich werde nun punktieren und eine Blutprobe zur Untersuchung ins Labor einschicken." "Punktieren? Mein Blut muss auf Krebszellen untersucht werden", wirbelten die Gedanken in meinem Kopf herum. "Und wenn sie etwas finden, oh, Gott, ich bin im falschen Film gelandet. Es ist nur ein Traum, gleich wache ich auf und alles ist wieder vorbei." Doch der Arzt sprach weiter: "Das Ergebnis erhalten wir vielleicht bis nächsten Donnerstag", holte er mich in die Realität zurück. Donnerstag? Das waren ja fast acht Tage, wie sollte ich die Wartezeit in dieser Ungewissheit nur überstehen? Ich achtete kaum noch auf seine beruhigenden Worte, dass meistens keine Krebszellen gefunden wurden, ich mich nicht zu sorgen brauchte und selbst eine Schilddrüsenentfernung heutzutage kein Problem mehr sei.

Kaum war ich wieder zu Hause, ließ ich meinen Tränen freien Lauf. Ich war zutiefst enttäuscht. Von Reiki, meiner Arbeit mit den Kristallen und dem neu begonnenen Weg. Ich als Reiki-Meisterin und Lehrerin bekam Zysten und Knoten? Das war gemein. Irgendwie hielt ich mich ja die letzten Jahre für fast "unverwundbar" und dachte, mit meiner neuen Lebensphilosophie könne mir gar kein Leid mehr geschehen. Wie konnte mich die Reikienergie so im Stich lassen? Wie konnten sich trotz der vielen Arbeit mit Schwingungen Knoten und Zysten bilden?

Vor knapp vier Wochen erschien mein erstes Buch über Reiki und Heilsteine und in dem Moment hätte ich am liebsten alle Exemplare einstampfen lassen. Wie zum Hohn klingelte genau in diesem Moment das Telefon und eine Leserin äußerte sich total begeistert über dieses Buch. Sie wünschte sich mehrere handsignierte Exemplare und bat mich, ihr diese zu schicken. "Es ist alles Quatsch, was ich geschrieben habe. Vergessen Sie's. Ich lasse die Bücher verbrennen, zerreißen und einstampfen", wollte ich ihr antworten. Aber sie war so lieb am Telefon, so begeistert und berichtete mir, wie sehr ihr meine Texte persönlich geholfen hatten und ich brachte es nicht fertig, sie zu enttäuschen und abzuwimmeln. Ja, ich merkte, dass genau dieses Gespräch mich in diesem Moment so aufbaute, meine enttäuschte Seele streichelte und tröstete. Durch dieses Gespräch erhielt ich so viel liebevolle Zuwendung von einer mir vollkommen unbekannten Frau, sodass ich dem Himmel für dieses Telefonat dankte, es kam zum perfekten Zeitpunkt.

Als ich den Hörer auflegte, ging es mir tatsächlich besser und ich entschloss mich zu handeln. Als erstes holte ich mir ein Buch meiner Lieblingsautorin Louise L. Hay aus dem Bücherregal. Immer wenn ich Mut, Trost, einen Ratschlag oder einfach den "Spruch des Tages" benötige, nehme ich das Taschenbuch *Meditationen für Körper und Seele* geschlossen in meine Hände und frage still: "Liebe Louise, welche Botschaft ist heute für mich geeignet?", und schlage dann einfach intuitiv eine Seite auf. Fast immer finde ich dann im Text eine Passage, die mir eine Hilfestellung zur betreffenden Situation aufzeigt. Diesmal öffnete ich das Buch auf der Seite neunzehn und ich las:

Kluge Frauen jammern nicht,
sondern vertrauen auf ihre Fähigkeiten!
Ich mache jetzt Gebrauch von meiner weiblichen Kraft.

Ich seufzte tief, ja, wie Recht sie doch hatte, meine liebe unbekannte Freundin. Was war ich nur für ein Jammerlappen - und das als Reikilehrerin. Anstatt meine Energie weiter mit Geheule zu vergeuden, war es höchste Zeit von meinem erworbenen Wissen Gebrauch zu machen, die Kräfte von Reiki und Heilsteinen sinnvoll zu nutzen. "Danke, meine liebe Louise, es ist so schön, dich als Freundin zu haben." Meine *Buchfreundin*, die ich beliebig in Anspruch nehmen darf, zu jeder Tages- und Nachtzeit.

Eigentlich wollte ich heute wie versprochen wieder in das Krankenhaus fahren, um meiner Freundin Carmen Reikienergie zu geben und sie mit den Aventurin-Heilstäben zu behandeln. Doch das musste ich nun absagen. Heile dich selbst, bevor du andere heilen willst, lautet eine wichtige Regel und diese würde ich befolgen. Andererseits mochte ich Carmen auch nicht einfach im Stich lassen, denn sie blickte so voller Hoffnung und Vertrauen auf mich und ihr verdankte ich, dass ich überhaupt diesen Weg für mich gefunden hatte. "Wenn Sie sich zur Reikilehrerin ausbilden lassen würden, wäre ich ihre erste Schülerin. Von Ihnen würde ich mich gerne in Reiki einweihen lassen", beschwor sie mich vor Jahren. Damals waren wir noch per Sie, fanden uns aber gegenseitig sehr sympathisch. Carmen war die treibende Kraft, dass ich von Kosmetikerin zur Reikilehrerin umschulte und durch meine neue Tätigkeit nicht nur viel ausgeglichener, sondern auch wesentlich gesünder wurde und ebenfalls meine Familie zu Gesundheit und Harmonie führen konnte. So rief ich Carmen im Krankenhaus an und versprach ihr am Telefon, dass ich sie spätestens in drei Tagen wieder besuchen würde.

Dann setzte ich mich bequem auf einen Stuhl und begann mich mit einer leichten Chakra-Atmung ins Gleichgewicht zu bringen. Nach knapp zehn Minuten fühlte ich mich nicht nur gestärkter, sondern auch einfach wieder klarer im Kopf. Intuitiv kam mir in den Sinn, die zufällig erhaltene Anweisung von Louise L. Hay ("Kluge Frauen jammern nicht!") in eine Affirmation umzuwandeln und mir diese mit Hilfe der Reiki-Geheimzeichen einzuprogrammieren. Mit dem zweiten Reiki-Grad sind solche intensiveren Unterbewusstseinsarbeiten möglich und Reikibehandlungen können effektiver genutzt werden. Ich bat gedanklich um die Reikienergie, visualisierte das zweite Reiki-Zeichen (SHK) über Stirn und Hinterkopf und formulierte dreimal den Affirmationssatz: "Ich bin klug und stark. Ich vertraue auf meine Fähigkeiten und mache Gebrauch von meiner Kraft." Zum Fixieren dieser Formel visualisierte ich nun noch das erste Reiki-Zeichen darüber, ließ noch etwa zehn Minuten die Energie fließen und zum Schluss dankte ich.

Ich fühlte mich nun wesentlich wohler, wieder leichter ums Herz, doch es war mir auch klar, dass ich die Affirmation öfters wiederholen musste, da sie in der Wirkung nachließ und nur richtig erfolgreich war, wenn das Unterbewusstsein über einen längeren Zeitraum umprogrammiert wurde. Der nächste Gedanke, der mir kam, erinnerte mich daran, dass es nun an der Zeit war, die Engel einzuladen und sie um Hilfe zu bitten. Gott hat uns jede Menge Engel an die Seite gestellt. Unser Leben könnte viel einfacher verlaufen, wenn wir mehr an sie denken und um Hilfe bitten würden. Erzengel Raphael kann immer um Hilfe gebeten werden. Sein Name bedeutet **Gott heilt** und da wir alle Kinder Gottes sind, einen göttlichen Funken in uns haben, können wir auch durch ihn unsere im tiefsten Seelengrund enthaltene persönliche Heilkraft entdecken und fördern.

So zündete ich eine Kerze an für Erzengel Raphael und bat ihn, sich um meine Belange zu kümmern, denn Engel dürfen nur helfen, wenn man sie ausdrücklich darum bittet. Zusätzlich entschloss ich mich, auch Jesus Christus selbst um Hilfe zu bitten. Eigentlich war ich ja kein pessimistisch denkender Mensch und sicherlich machte ich mir im Moment viel zu viel Sorgen. Doch durch die vielen Krankenhausbesuche war ich fast täglich mit dem Leid an Krebs erkrankter Frauen konfrontiert und dadurch doch viel stärker sensibilisiert, wie es sonst wahrscheinlich der Fall gewesen wäre. Mir fiel die junge hübsche Frau ein mit ihrer dicken Halsmanschette, die ich schon mehrmals auf dem Gang getroffen hatte und von der ich wusste, dass sie an Schilddrüsenkrebs erkrankt war. Manchmal kam ich hinzu, als sich ihre Kinder gerade von ihr verabschiedeten. Es tat mir so Leid und gedanklich bat ich auch mehrmals um Gottes Segen für sie und ihre Familie.

Jetzt beschwor ich Christus für meine Gesundheit zu sorgen: "Bitte, lieber Christus, sorge dafür, dass keine Krebszellen in der Blutentnahme enthalten sind. Unsere Kinder sind noch so klein und brauchen mich. Ausgerechnet jetzt, wo ich endlich einen Weg zu Gesundheit und Harmonie gefunden habe, könnt ihr mich doch nicht im Stich lassen. Eben noch war ich mit meinem neuen Lebensweg so glücklich und jetzt dieser Rückschlag. Angeblich sucht sich ja jede Seele ihr Lebensschicksal selbst aus, um zu lernen, um zu wachsen. Also, ich habe mir auf gar keinen Fall ausgesucht, von einer persönlichen Krebserkrankung zu lernen, diese selbst zu erfahren. Und schon gar nicht habe ich mir ausgesucht, jung zu sterben. Und wenn doch, dann war das ein Fehler und ich bitte hiermit um Korrektur. Also zwanzig bis dreißig Lebensjahre brauche ich hier auf Erden unbedingt noch für meine Entwicklung als Seele, hörst du?"

Oh, Gott, was betete ich da eigentlich? Eine besonders nette Fürbitte war das ja eigentlich nicht, aber mir fiel im Moment einfach nichts Besseres ein. Vielleicht sollte ich noch ein "Herr, dein Wille geschehe!" hinzufügen, aber dann stellte ich mich doch lieber stur und bat: "Ich will gesund leben, bitte!" Und was konnte ich selbst noch tun? - Heilsteine! Ja, natürlich, hier konnte ich wirklich meine langjährigen Erfahrungen nun auch für mich selbst anwenden. Intuitiv kam mir der Azurit-Malachit in den Sinn. Dieser grün-blaue Kristall ist in der Lage, disharmonisches Zellwachstum zu vermindern. Eignen würden sich zwar ebenfalls ein Ozeanachat oder auch der violette Amethyst, doch speziell der Azurit-Malachit sprach mich im Moment am meisten an, schien mich regelrecht zu rufen.

Zuerst verbannte ich meine Goldkette in die Schmuckschatulle, zu einem anderen Zeitpunkt würde ich sie wieder anziehen, dachte ich damals. Ich habe jedoch bis zum heutigen Tag nie mehr anderen Schmuck als Kristalle getragen, da Gold- und Silberschmuck den natürlichen Energiekreislauf behindern und speziell in Krankheitsfällen ist es von Vorteil, auf jegliche Art von Schmuck zu verzichten, nur Kristalle sind erlaubt. Ich fand im Ladengeschäft einen kleinen Azurit-Malachit als Anhänger und knotete mir ein kurzes Textilband so um den Hals, dass der Kristall fast direkt auf der

Zyste zum Aufliegen kam. Jetzt nahm ich mir noch die Zeit für eine Reiki-Ganzkörper-Behandlung, mit dem zweiten Reiki-Grad war diese auch nicht mehr so zeitintensiv wie mit dem ersten Reiki-Grad und dauerte ungefähr nur dreißig Minuten.

Als ich eine Stunde später schlafen ging, fühlte ich mich wesentlich besser und dankte Gott, dass ich selbst so viel für mein Wohlbefinden tun konnte und nicht mehr länger abhängig von anderen Mitteln oder Menschen war. Ich schlief wunderbar und fühlte mich morgens frisch und ausgeruht. Es war Samstag und mit vier Kindern stand ein randvolles Alltagsprogramm auf dem Plan: aufräumen, kochen, Waschmaschine, Wäschetrockner und Geschirrspülmaschine anstellen (ich glaube, ohne diese Haushaltsgeräte würde ich meinen Haushalt nie schaffen und ich empfinde tiefste Bewunderung für die Generation der Frauen, die früher auch mehrere Kinder hatten und denen diese wertvollen Helfer nicht zur Verfügung standen ...). Zum Glück übernahm mein Mann den ganzen Einkauf, denn er sah ein, dass mit vier Kindern in den Supermarkt zu marschieren für mich ein Ding der Unmöglichkeit war (und außerdem glaubte er eine Zeit lang, es wäre billiger, wenn er einkauft. Dies sollte sich aber als Trugschluss herausstellen, seine Endrechnungen waren noch höher als meine).

An diesem Samstag brachte er noch zusätzlich ein Buch mit. “Ein neues Buch über den Verlauf von Erkrankungen”, berichtete er stolz und gemeinsam schlugen wir dann die Seite auf: *Schilddrüsenkarzinom.* Und schlagartig war es um meine Fassung wieder geschehen. “Zu erwartende Lebensdauer maximal zwei Jahre”, stand da und ich hätte dieses verflixte Buch am liebsten sofort umgehend in den Papiersack geworfen. Was für eine Geldverschwendung für diesen dikken Wälzer, der sicherlich nicht gerade günstig gewesen war. Da holte ich mir lieber wieder eines meiner eigenen Bücher hervor und wollte mich von meiner “Freundin Louise” beruhigen lassen. Als ich eine Seite aufschlug, las ich da “Trost!” – Trost? Ich will aber keinen Trost, liebe Louise, ich will eine Seite aufschlagen, auf der so in etwa ein Text steht wie: “Keine Sorge, du bist vollkommen gesund!”

Trost? Das konnte auch heißen, du bist krank. Warum dauerte nur das Ergebnis der Blutuntersuchung so lange? Das war für mich im Moment der reinste Psychoterror. Die Menschen können zum Mond fliegen, aber sie müssen eine Woche warten, bis sie das Ergebnis eines Krebstestes erfahren. Ärgerlich nahm ich das geschlossene Buch von Louise Hay erneut zwischen meine Hände und sprach gedanklich: "Liebe Louise, mit deiner Antwort eben kann ich leider nichts anfangen. Ich will nicht getröstet werden, sondern brauche konkrete Hilfe. Bitte gib mir eine neue Information, danke!" Dann schlug ich erneut eine Seite des Buches auf und es war zufällig die Seite hundertfünfundsechzig:

Die Weisheit, nach der ich suche, ist in mir.

"Ach", nörgelte ich, "eigentlich wäre es mir lieber gewesen, du hättest mir die Weisheit klar und deutlich mitgeteilt, statt dass ich sie nun mühsam in mir suchen soll." Doch nachdem ich ein paar Mal tief durchgeatmet hatte, entschied ich mich, die nächstmögliche Ruhepause meiner Kinder zum Meditieren zu nutzen. Die Meditation war in letzter Zeit wirklich viel zu kurz gekommen und vor lauter Rumgerenne war wahrscheinlich wirklich keine Möglichkeit gewesen, mal innerlich abzufragen, was für mich und mein Leben momentan wichtig und richtig war.

Sobald die Kinder ihren Mittagsschlaf hielten, wollte ich die Zeit zur Meditation nutzen und suchte mir schon mal einen passenden Kristall aus. Ein kleiner Amethyst fiel mir sofort auf, schien mich regelrecht zu rufen und da er auch klein genug war, eignete er sich hervorragend zum Auflegen auf das Dritte-Auge-Chakra. Er würde mir helfen, schneller mein Gedanken-Wirrwarr zu beruhigen. Ich schaute mir auch noch den wahrscheinlichen seelischen Grund der Erkrankung an und holte mir dazu das Buch "Heile deinen Körper" von Louise L. Hay. Sie beschreibt in diesem Buch, dass es immer einen seelischen Grund zu jeder Erkrankung gibt. Diesen gilt es zu erkennen und zu ändern. Löst man den seelischen Grund auf, so hat auch die Krankheit keinen Grund mehr zu existieren und sie wird nicht mehr als Lernprozess oder Veränderungshinweis benötigt.

Werden wir krank, so ist das ein Zeichen dafür, dass wir falsche Überzeugungen oder Anschauungen schleunigst loswerden sollten. Der Körper zeigt uns, dass wir an unserer psychischen, emotionalen und körperlichen Grenze angelangt sind.

So schlug ich unter Schilddrüsenprobleme nach und da stand: *Demütigung. Ich bekomme nie das zu tun, was ich will. Wann komme ich endlich an die Reihe?* Nun, also darüber brauchte ich nicht nachzudenken, das traf auf mich definitiv nicht zu. All meine Träume waren real geworden, beruflich erfolgreich und als glückliche Mutter gab es niemanden, der es schaffte, mich zu demütigen. Natürlich wusste ich, dass einige mich für eine Rabenmutter hielten, weil unsere Kinder nach der Schule in den Hort gingen, da ich es vorzog, berufstätig statt nur für die Kinder da zu sein. Doch von der Meinung solcher Frauen ließ ich mich nicht beeinflussen, sondern liebte trotzdem meine berufliche Tätigkeit und genoss die Zeit, die ich mit der Familie verbrachte.

In diesem seelischen Grund konnte ich mich nicht entdecken. Ich erinnerte mich jedoch an Unterlagen, geschrieben von einem deutschen Arzt namens Dr. Hamer. Nach einigem Stöbern in diversen Ablagefächern fand ich seinen Text: Schilddrüsenerkrankung – mögliche seelische Ursache: Ohnmächtigkeitskonflikt, "Man-müsste-doch-was-tun-Konflikt", "Keiner-tut-was-obwohl-was-geschehen-müsste-Konflikt". Uh, das ging durch bis aufs Zahnfleisch. Ja, hier fand ich mich sofort. Ich konnte mich furchtbar darüber aufregen, wenn ich Kinder in Not sah und Mütter dabei beobachtete, wie sie die Kleinen nur mit Medikamenten voll stopften, da sie nicht darüber aufgeklärt wurden, dass sie durch solch unsinniges Handeln nur in einen Teufelskreislauf gerieten. Sie schädigten das Immunsystem häufig so stark, das jede kleinste Bazille zur erneuten Erkrankung des Kindes führte. Warum wurde nicht schon in Schulen darüber aufgeklärt, dass Erkrankungen nicht nur mit Tabletten behandelt werden dürfen, sondern auch stets die Hintergründe beachtet werden müssen. So viele Kinder reagierten allergisch auf Milch, doch weil Milch ja so gesund ist, konnte ich immer wieder beobachten, dass sie regelrecht zum Trinken gezwungen wurden. Sie reagierten zum Teil mit Hautausschlägen oder auch mit Hyperaktivität, bis hin zu Aggressivität. Uninformierte Mütter behandelten dann die Haut mit Cortison und Aggressivität mit starken Psychopharmaka. Genauso gesundheitsschädlich wirken auf immer mehr Kinder die konservierten Lebensmittel und auch die Lebensmittelfarbe. Anstatt solche Produkte zumindest zu verringern auf dem Küchenzettel, wurden die jungen Frauen darüber einfach nicht aufgeklärt, sondern von vielen Schulmedizinern noch mit Tabletten abgespeist. Es entstand schon ein Ohnmächtigkeitsgefühl, das mich wütend werden ließ und ich hatte diesen "Man-müsste-doch-etwas-tun-Konflikt" häufig.

Dann schaute ich noch den wahrscheinlichen seelischen Grund für Tumore an. Bei Louise L. Hay stand: *Pflegt alte Verletzungen und Schocks; Gewissensbisse!* - Oh, je! Das traf komplett auf mich zu. Und ebenfalls was ich unter dem Stichwort "Zysten" lesen musste: *Eine Wiederholung des alten Schmerzmusters. Verletzungen aus der Kindheit. Ein falsches Gewächs.* - Tja, ein falsches Gewächs war ich ja selbst. Unehelich, nicht gewollt, schon im Mutterleib abgelehnt und nach einem Jahr ins Waisenhaus abgeschoben. Viele Jahre später erfuhr ich, dass ich zwischen dem ersten und zweiten Lebensjahr bei insgesamt acht verschiedenen Pflegefamilien gewesen sein soll, zur Probe, aber sie mochten mich dann doch nicht behalten. Ich sah zwar mit meinen blonden Schillerlocken sehr hübsch aus, schien aber zu starke Verhaltensstörungen aufzuweisen. Die neunte Familie behielt mich dann doch, aus alten Briefen fand ich später heraus, dass ich als Erziehungsmodell funktionieren und die kinderlose, aber längst kaputte Ehebeziehung retten sollte. Aber nicht mit mir! Irgendwie ließ ich mich nicht erziehen, auch nicht durch Riemenschläge auf den Rücken oder Bambusstockschläge auf die Finger. Mit zehn Jahren war ich so durchgegerbt, dass die Stöcke eher zerbrachen als mir weh zu tun und mit sechzehn Jahren verließ ich mein ungeliebtes Elternhaus für vorerst mehrere Jahre. Trotzdem muss ich heute doch sagen, dass meine Adoptiveltern mir nicht grundsätzlich schaden wollten, sondern mich auf ihre Art liebten und auch immer wieder halfen, wenn ich zu tief im Schlamassel des Lebens steckte, in den ich mich selbst hineinmanövriert hatte. Daher söhnten wir uns auch aus.

Doch als ich selbst Mutter wurde, kamen meine Kindheitsschädigungen und Traumata wieder hoch. Die drastischen Erziehungsmaßnahmen von früher begannen mich sogar erst jetzt richtig zu ärgern, ich war oft wütend, dass ich selbst keine Mutterliebe erfahren durfte und dies machte ich auch öfter zum Thema, wenn ich mich mit Freundinnen austauschte. Während diese sich beklagten, dass ihre Mütter zu viel für sie täten, zürnte ich, dass ich überhaupt keine Unterstützung von zu Hause erhielt. Meine Adoptivmutter ignorierte ihre Enkelkinder monatelang, sie konnte es nicht ertragen, dass ich das Glück der Schwangerschaft erfahren durfte und es ihr selbst versagt blieb. Und meine leibliche Mutter drohte mit Selbstmord, wenn ich zu ihr oder zu einem ihrer (meiner) Familienmitglieder Kontakt aufnehmen würde. Daher waren meine Adoptiveltern doch meine einzige Verwandtschaft und wir trafen uns auch regelmäßig.

"Lass doch mal die alten Geschichten ruhen!", bat mich dann meine Mutter, denn ich machte ihr häufig Vorwürfe, die mir dann später wieder Leid taten und ich bemühte mich, herzlicher zu sein. Eine zermürbende Zeit, in der ich auch meinen Eltern viel Unrecht tat, nachtragend und unversöhnlich war. Ich erkannte nun mein schlechtes Benehmen; nicht meine Eltern mussten sich ändern, sondern nur ich. Lieben konnte ich Mutter und Vater nicht, aber ich durfte ihnen nicht länger ihre Erziehungsfehler vorhalten, sondern musste wirklich "das Gestern" sein lassen.

Das vierte Gebot: Du sollst deinen Vater und deine Mutter ehren.

Gegen dieses Gottesgebot verstieß ich seit vielen Jahren, entehrte meine Adoptiveltern eher als sie zu ehren, und daher *brauchte* ich eine Erkrankung, um endlich aufzuwachen und klarer zu sehen. Doch meine Muster, die alten fest geprägten Muster waren wahrscheinlich so fest, dass das bloße "Verzeihenwollen" und das "Ab-heute-ändere-ich-mich" nicht ausreichen würden. Ich musste mich umprogrammieren. Mit dem Wissen des zweiten Reiki-Grades besaß ich die Möglichkeit, die Hände auf die Schläfen zu legen und mehrmals täglich alte Muster zu löschen und das neue Gedankenmuster einzugeben:

1) Um Reiki bitten, zweites Reiki-Zeichen (SHK) auf die Schläfen fließen lassen.

2) Mindestens dreimal oder öfter Text eingeben: "*Mit Leichtigkeit vergebe ich. Liebevoll löse ich mich von der Vergangenheit und richte meine Aufmerksamkeit auf diesen neuen Tag. Alles ist gut. Ich bin in Liebe.*" Dann eine Zeit lang weiter die Reikienergie fließen lassen.

3) Mit dem erstem Reiki-Zeichen (CKR) visuell zum Abschluss fixieren und für die erhaltene Reikienergie danken.

Diese knapp zehn Minuten dauernde Behandlung tat mir sehr gut und gab mir einen Energieschub für den weiteren Alltag. Als unsere drei Kleinen gegen vierzehn Uhr müde genug für den Mittagsschlaf waren, legte ich sie in ihre Bettchen und machte es mir dann auf der Wohnzimmercouch bequem. Mit ziemlicher Sicherheit würden unsere Kinder eine Stunde schlafen, genug Zeit für eine Meditation. Zur Intensivierung visualisierte ich das dritte Reiki-Zeichen (Fernkontaktzeichen), um so besser mit meinem *inneren Kind* in Kontakt zu kommen, und stellte nach einiger Zeit die Frage: "Was will mir mein Körper mit der Erkrankung mitteilen, was hat das alles zu bedeuten?"

Ich war ziemlich schnell in einen tiefen Bewusstseinszustand gekommen und staunte trotzdem sehr, als ich ganz deutlich eine Stimme vernahm, die zu mir eindringlich und doch so sanft sprach: "Du darfst nicht versuchen, an Krebs erkrankte Menschen mit Steinbehandlungen zu heilen, solange du dich nicht zu schützen verstehst. Es ist ein großer Unterschied, ob du bei gesunden Frauen die Aventurinstäbe in der Kosmetik-Kabine zur Entspannung einsetzt oder ob du damit einen bösartigen Krebstumor besiegen willst. Die Kräfte der Steine sind immens, doch es ist für den Behandler auch selbst gefährlich, sie ohne die richtigen Kenntnisse zu benutzen.

Durch die 'Pflege deiner Wut auf deine Eltern' bist du schon vorgeschädigt. Durch deine falsche Denkweise haben sich in deinem Körper schon seit längerer Zeit Zysten und Knoten gebildet. Wenn du nun zusätzlich ständig negative Energien aus den Körpern der an Krebs Erkrankten mit Aventurin-Stäben ausleitest und diese ungefiltert in deinen Körper übergehen lässt, so schadest du dir und deiner Gesundheit immens. Wenn mehrere ungünstige Lebenssituationen zusammentreffen, können sich harmlose Knoten schnell zu bösartigen Tumoren verändern. Das kann ein schwerer seelischer Schock sein, aber genauso verhält es sich auch mit dem dauerhaften ungeschützten Ausleiten negativer Energien.

Doch die geistige Welt hat dein Mitgefühl für die erkrankte Frau wahrgenommen, und auch, dass du nicht aus persönlichen kommerziellen Gründen gehandelt hast. Du wolltest kein Geschäft mit der Krebserkrankung deiner Kundin machen, sondern versuchtest aus reinem Herzen zu helfen. Deine innere Stimme warnte dich vor diesen Steinbehandlungen im Krankenhaus, und da du darauf nicht hören wolltest und trotzdem weiter machtest, war es notwendig, dich stärker auf dein Fehlverhalten aufmerksam zu machen. Eine Zyste an deiner Schilddrüse füllte sich mit Blut und zwar so groß, dass dein Aussehen dadurch erheblich beeinträchtigt wurde. Jetzt endlich wurdest du darauf aufmerksam und begannst zu handeln, Gott sei Dank. Du kannst zur Zeit für Krebskranke Reikibehandlungen durchführen, aber Heilstäbe darfst du erst dann wieder verwenden, wenn du richtig dafür ausgebildet wurdest und die Zeit dafür gekommen ist. Und schließe tiefen Frieden mit deinen Adoptiveltern!" Damit verschwand die vertraute Stimme wieder und ich kehrte langsam in das Hier und Jetzt zurück.

Wahres Hellsehen — klare Vision — heißt nicht,
Gestalten und Formen zu sehen,
sondern es ist die Wahrnehmung des Gemütes,
das sieht und die wahre Aktion des Geistes kennt.

(Baird Spalding, Leben und Lehren der Meister im Fernen Osten)

Es fiel mir wie Schuppen von den Augen, ja, natürlich, ein paar Mal machte ich zusätzlich zu den Reikibehandlungen im Krankenhaus auch Chakra-Reinigungen mit Aventurin-Stäben. Jedes Mal fühlte ich mich nach diesen Behandlungen sehr schlecht. Aus diesem Grund sagte ich auch Carmen bei meinem letzten Besuch, dass ich die Steine nicht mehr mitbringen wollte und nur noch Reikibehandlungen machen würde. "Ach, das ist aber schade!", äußerte sich Carmen traurig dazu. "Gerade die Steinbehandlungen haben mir so gut getan, danach fühlte ich mich stets viel kräftiger." "Also wenn das so ist, werde ich sie am Freitag natürlich wieder mitbringen", versprach ich sofort, denn mir erschien die Gesundheit von Carmen viel wichtiger, als mein dann doch vorübergehendes Unwohlsein. Aber "Nichtwissen" schützt nicht vor Strafe und mit meinen zu geringen Kenntnissen über Kristalle riskierte ich meine eigene Gesundheit.

Leise ertönte das erste Gemurmel aus dem Babyfon und mit einem Blick auf die Uhr stellte ich erstaunt fest, dass tatsächlich schon eine Stunde vergangen war. So erhob ich mich, dankte für die erhaltenen Informationen und schaute nach den Kleinen. An diesem Samstagabend blieb bei uns der Fernseher aus. Ich wollte einfach noch etwas Zeit haben, um in Ruhe über mich und meinen Körper nachzudenken. Solange mich die Kinder auf Trab hielten, war das kaum möglich, doch als sie alle wieder zur Nachtruhe in ihren Bettchen lagen, entschloss ich mich, auf die Zerstreuung durch das TV mal zu verzichten und mich mit mir zu beschäftigen. Für mich nahm ich mir nämlich meistens die wenigste Zeit. Ich raste durch die Welt bzw. durch meinen kleinen Alltag, half hier und half dort, manchmal gern und manchmal auch nur, weil es von mir erwartet wurde. Doch die Zysten und Knoten an meiner Schilddrüse schienen mich richtig wachzurütteln. Ich blätterte in dem Buch "Heile dich selbst" von Dr. Eduard Bach (Bachblüten-Therapie) und las dort, dass eine Krankheit nicht als Strafe oder grausamer Schicksalsschlag verstanden werden soll, sondern uns lediglich auf unser fehlerhaftes Verhalten hinweisen soll - damit wir größere Schäden frühzeitig vermeiden können. Jede Krankheit ist damit quasi ein Freund, geschickt von unserer Seele. - Nun, so liebevoll fand ich den "Freund Krankheit" aber im Moment überhaupt nicht. Er konnte froh sein, dass ich ihn nicht als "hinterhältigen Feind" titulierte, na ja, in der wenigen Zeit hatte ich mehr gelernt als in den letzten paar Wochen, vielleicht auch im ganzen Jahr, überlegte ich versöhnlicher.

Echte Heilung geschieht nur auf dem geistigen Weg durch eine Veränderung der Lebenseinstellung!

Warum wussten das bloß so wenige Menschen? Warum wurde es nicht bereits in der Schule gelehrt, den Kindern schon beigebracht.

Statt sie mit Medikamenten ruhig zu stellen, machte es doch viel mehr Sinn, ihnen die Auswirkungen falscher Handlungen auf den Körper zu erklären. Häufig werden besonders allergische Reaktionen bei Kindern auf Nahrungsmittel oder Umweltstoffe nur medikamentös behandelt, anstatt den Verursacher, das Allergen, auszuschalten.

Nichts in uns will uns letztendlich Böses - über Symptome wird uns etwas aufgezeigt, und wir dürfen lernen durch sie.

Wie wenige Menschen mochten aber etwas über ihre Symptome erfahren, die meisten wollen einfach nur schnellstmöglich geheilt werden - ob vom Schulmediziner, Heilpraktiker oder Heiler. Hauptsache wieder gesund werden, ohne sich noch dazu persönlich ändern, verändern zu müssen.

Doch werden die Symptome ignoriert, herausoperiert oder mittels Tabletten unterdrückt, so sind sie gezwungen stärker und stärker zu werden, meist auch durch Verlagerungen. Die Erkrankung scheint kuriert, doch jetzt beginnen andere Leiden. Anita Bind-Klinger empfiehlt in ihrem Buch "Heilung durch Harmonie":

1) Sei bereit, das Symptom und damit die Krankheit anzuschauen! (Hilfreich ist hier zum Beispiel das Buch von Lise Bourbeau *Dein Körper sagt: "Liebe dich!"*)

2) Nimm das Erkannte an!

3) Sei bereit, deine geistige Einstellung zu ändern! (Hier können Heilsteine, Bachblüten, Globolis oder diverse Essenzen helfen, aber auch Reiki-Umprogrammierungen mittels Affirmationen von Louise L. Hay.)

4) Begegne deinem Körper mit Liebe und Achtsamkeit! Gönne dir Zeiten der Pflege und Zeiten der Ruhe!

Ja, als berufstätige Mutter mit Kleinkindern war die Zeit der Ruhe so knapp bemessen und wenn ich über sie verfügte, nutzte ich sie zu recht ungesunden Dingen. Schaute Krimis, die mich, statt zu entspannen, nur aufregten oder betäubte mich mit einem Glas Rotwein, bzw. am liebsten beides zusammen. Und die Zeit raste, kaum war Weihnachten vorbei, hieß es schon wieder sich über Ostern Gedanken zu machen. Wer kommt wann, was wird gekocht, wem wird was geschenkt? Es war alles schon nicht einfach, wenn es glatt lief und kein Kind krank war. Doch auf der anderen Seite gefiel mir mein Leben wesentlich besser als das Leben meiner Mutter und ich war stolz darauf, wie gut ich Haushalt und Berufsleben in Einklang gebracht hatte.

Nur jetzt, wo ich auf das Ergebnis der Blutuntersuchung warten musste, schlich die Zeit. Am Sonntag bat mich mein Mann: "Unternimm bitte alles zur Selbstheilung, was in deinen Möglichkeiten steht." Auch er war von meiner Sorge um die Gutartigkeit der Knoten mit angesteckt worden, schließlich ließ er sich von meinen Krankenhausbesuchen ausführlich berichten und half mir dadurch auch, das gesehene und erlebte Leid auf der Krebsstation meiner Freundin besser zu verarbeiten. "Wenn du mehr Ruhe brauchst, beschäftige ich so lange die Kleinen und achte darauf, dass sie dich nicht stören." Das war wirklich lieb, und ich freute mich, dass er meine Sorge nicht lächerlich fand, sondern mir beiseite stand und mich jetzt genau zu den Dingen ermunterte, die er noch vor nicht allzu langer Zeit so abwertete. Aber auch er bekam viele erstaunliche Erlebnisse und Wandlungen meiner Reikischüler mit und dies überzeugte ihn.

Sonntagabend, Montag, Dienstag - die Zeit schlich weiter. Ich machte mir täglich eine Reiki-Ganzkörper-Behandlung, trank zu den Mahlzeiten Azurit-Malachit-Wasser, betete und meditierte. Meistens war ich sehr zuversichtlich, dass sich kein bösartiges Zellgewebe entwickelt hatte, doch ab und zu fiel ich auch regelrecht in ein Loch. Gerade die von mir fortgesetzten Krankenhausbesuche kosteten mich sehr viel Überwindung und doch wollte ich nicht einfach wegbleiben. Insgeheim bewunderte ich sogar Carmen, wie sie ohne zu klagen gleich damit einverstanden war, dass ich ihr keine Kristall-Behandlungen mehr geben würde. Aber auch meine Reiki-Behandlung genoss sie sehr, wurde dadurch stets entspannter und ihr Gatte war froh, eine Pause zu bekommen und mal zum Duschen nach Hause fahren zu können. Zwar hielt er von meiner Hilfe durch Reiki nichts, doch die Zeit, die ich bei seiner sterbenden Frau verbrachte, tat ihr gut und entlastete ihn - er genoss diese Auszeit öfter bei seiner heimlichen Geliebten, wie ich Jahre später zufällig erfuhr.

Es war inzwischen Mittwoch geworden. Heute Abend würde ich einen Reikikurs zu leiten haben. Ob ich meinen Seminarteilnehmern von meinen eigenen Ängsten berichten sollte? Nein! Diesen Gedanken verwarf ich gleich wieder. Ich war die Reiki-Lehrerin der Gruppe, die Reiki-Meisterin, das Vorbild. Wenn ich den Schülern von meiner Erkrankung und den Ängsten erzählen würde, wären sie bestimmt verunsichert. Eine kranke Reiki-Meisterin, was konnte sie andere schon lehren? Ich durfte meine Furcht nicht zu erkennen geben. Was sagte eigentlich meine "Buchfreundin" Louise L. Hay dazu? Ich nahm ihr Buch *Meditationen für Körper und Seele* zur Hand und fragte: "Liebe Louise, wie soll ich mich heute Abend auf dem Reiki-Seminar gegenüber meinen Kursteilnehmern verhalten?", und schlug dann "zufällig" die Seite 196 auf. Da las ich: "Gemeinsam können wir wahre Quantensprünge des Bewusstseins vollbringen." Gemeinsam? Nein, ich dachte ja gar nicht daran, mich zu outen. "Liebe Louise, vielleicht hast du ja Recht, aber dieser Vorschlag gefällt mir nicht", ignorierte ich ihren ersten Vorschlag und bat um einen neuen Rat. "Wir sind alle eins", stand auf der erneut aufgeschlagenen Seite und ich gab auf. Ärgerlich legte ich das Buch beiseite. Wo gab`s denn so was, eine Meisterin, die sich von ihren Schülern helfen ließ, nein, das kam nicht in Frage, ich musste es alleine schaffen, wieder ganz gesund zu werden.

Von Zweifeln geplagt, entschied ich mich nun, eine Engelskarte zu ziehen. "Wie soll ich mich heute Abend verhalten?" "Nutze deine Freundschaften!", lautete der Kartentext. "Nein", entschied ich und warf die Karte zurück in den Korb, mischte gründlich durch und zog nochmals ein Kärtchen, von ganz tief unten. "Nutze deine Freundschaften!", las ich überrascht, denn ich hatte exakt die gleiche Karte zum zweiten Mal gezogen. Nein, nein, nein! Ich reagierte nun wie ein trotziges Kind und doch traute ich mich nicht mehr, die Karte erneut in den Korb zu legen und stellte sie auf meinem Schreibtisch auf. Doch stur nahm ich mir vor, meiner Reiki-Gruppe heute Abend absolut nichts von meinen persönlichen Problemen zu erzählen.

Pünktlich um zwanzig Uhr begann das Reiki-Seminar wie immer mit einer kurzen Meditation. Meine Stimme blieb ruhig und konzentriert, ich war froh, dass ich mich so im Griff hatte und niemand meine innere Unruhe bemerkte. Anschließend war ein Chakra-Ausgleich mit Kristallen geplant. Während ich diese den Teilnehmern erklärte, spürte ich die starke energetische Ausstrahlung der Steine. Ich hatte schon so viele Seminare gehalten und immer die Schwingungen der Kristalle geliebt, doch diesmal war es ganz anders. Mir wurde schlecht. Sie verursachten eine langsam immer stärker werdende Übelkeit in mir. Ich versuchte mich dagegen zu wehren, doch als die Schwingungen sich weiter verstärkten wurde die Übelkeit in mir so groß, dass ich fluchtartig den Seminarraum verlassen musste. Ich rannte hinunter zu den Toilettenräumen eine Etage tiefer und dort verflog das Übelkeitsgefühl schlagartig.

Ich setzte mich auf den Toilettendeckel und heulte jämmerlich. Das Weinen tat irgendwie gut, ja, es löste etwas in meinem Inneren und kurze Zeit später vermochte ich auch wieder an Reiki zu denken und begab mich in die Meisterenergie. Sie bestärkte mich in dem Entschluss nun meiner Reiki-Gruppe zu erzählen, dass die Ärzte große Knoten und Zysten an meiner Schilddrüse entdeckt hatten und die Drüse teilweise operativ entfernt werden sollte. Als ich den Saal erneut betrat, umringte mich sofort die Gruppe und ich erzählte: von der Angst Krebs zu haben, von den Besuchen auf der Krebsstation, wo ich ständig mit den Leiden konfrontiert war und von dem Rat "Die Macht der Gruppe" in Anspruch zu nehmen. Zu meiner Überraschung schwenkten die Reiki-Teilnehmer sofort ein und befahlen mir, mich auf die Isomatte zu legen. "Du hast uns so oft geholfen, jetzt ist es an uns, dir einmal etwas zurückzugeben", sagte eine Teilnehmerin. Wir geben dir jetzt alle zusammen Reiki. Ein bisschen sträubte ich mich noch, schließlich zahlten die Teilnehmer Seminargebühren dafür, dass ich sie unterrichtete und nicht, damit ich von ihnen behandelt wurde, doch kurz darauf lösten sich diese Bedenken auf und ich genoss es, mich einfach von dieser wunderbaren Energie tragen lassen zu dürfen. Jede Kursteilnehmerin legte intuitiv ihre Hände dort auf, wo sie bequem hin gelangte, ohne dass sie sich dabei verrenken oder gar eine unbequeme Haltung einnehmen musste.

Es war einer der schönsten Momente in meinem Leben. Noch heute erinnere ich mich in Liebe daran. War ich zuvor so voller Ängste gewesen, so durchströmte mich durch das Reikigeben nun so viel Geborgenheit und Zuversicht, so viel Liebe, dass ich ein regelrechtes Glücksgefühl empfand. Ich fühlte mich wie von vielen Armen sanft emporgehoben und war Gott so dankbar, dass ich dieses Gefühl der Liebe und Geborgenheit erfahren durfte. Die Kraft der Reiki-Gruppe war in dieser gemeinsamen Handlung so stark und doch so sanft. Es war spürbare Liebe. Nach zehn Minuten ging es mir so gut, dass ich mich bedanken und das Seminar ganz unbeschwert wieder leiten konnte. Die Gruppe bestand jedoch darauf, mir für den nächsten Ultraschall-Untersuchungstermin Gruppenreiki zu senden und ich nahm auch dies dankbar an. So bildeten wir einen Sitzkreis und programmierten den Fernreikistrahl auf den Untersuchungstermin.

In dieser Nacht schlief ich tief und fest, doch leider war am nächsten Morgen der Reikieffekt scheinbar verflogen. Trotz der guten

Nachtruhe verursachten mir aufkommende Ängste schon wieder ein Unwohlsein. Es steigerte sich langsam zu einer Panik und schnell fuhr ich die Kinder zum Kindergarten, damit sie meine Unausgeglichenheit nicht so stark mitbekamen. Auf dem Rückweg fiel mein Blick auf einen Zigarettenautomaten an der Straße. Sollte ich mir nun zu Hause Reiki geben, Steine nutzen, meditieren? Eigentlich hatte ich auf gar nichts Lust, außer auf eine Zigarette. Zwar rauchte ich nun bereits seit einem Jahr nicht mehr, aber früher half der Qualm doch auch oft, meine Nerven zu beruhigen. Ich stoppte den Wagen, kramte nach Münzen und schaute mich um, ob irgendjemand Bekanntes in der Nähe war. "Hoffentlich sieht mich niemand", dachte ich noch, doch die Gier war so stark, dass ich schnell meine Lieblingsmarke aus dem Automaten zog und flugs zum Auto zurückkehrte. Kaum zu Hause angekommen, riss ich die Schachtel auf und steckte mir genüsslich die erste Zigarette an, danach die zweite und dann die dritte.

Zwischenzeitlich klingelte das Telefon und meine Freundin Heidi erkundigte sich nach meinem Befinden. "Was machst du?", wollte sie wissen. Auch sie war Reikilehrerin und rechnete damit, dass ich ihr ein paar Übungen mitteilte, die beruhigend waren. "Ich rauche!", erwiderte ich und blies ihr dabei zur Bekräftigung hörbar den Rauch in den Apparat. "Oh, wenn du denkst, dass dies der richtige Weg ist ...! Möchtest du, dass ich zu dir komme?", fragte sie. "Ja", antwortete ich sofort und kurze Zeit später klingelte sie schon an der Haustür. "Bitte komm herein und hör auf, mir nun irgendetwas anzubieten. Ich will kein Reiki, keine Vorträge, keine Steine, keine Belehrungen. Ich will jetzt nur eine Zigarette und Kaffee, schließlich ist es egal, an was ich sterbe", empfing ich sie wenig höflich, doch sie schien meine patzige Art nicht zu bemerken und setzte sich zu mir an den Tisch. "So schnell stirbt man nicht und du schon gar nicht, eigentlich könntest du aufhören, dich wie ein unvernünftiges kleines Kind zu benehmen, aber wenn es dir Spaß macht zu jammern, dann mach es halt." Sobald meine Kaffeetasse leer war, füllte sie aus der

Kanne nach, kaum war eine Zigarette aufgeraucht, ermunterte sie mich, die nächste aus der Schachtel zu nehmen und anzuzünden.

Bis zum Mittag rauchte ich hintereinander fast eine Schachtel, trank dazu eine Kanne Kaffee und langsam wurde es mir übel. So übel von dem ungewohnten Nikotinkonsum, dass ich nun doch schlagartig beschloss, auf der Stelle den Rückfall in meine Süchte wieder zu beenden. Meine Freundin musste sowieso nach Hause und ich gab ihr gleich die wenigen Zigaretten, die noch in der Schachtel verblieben waren, zur Entsorgung mit. Danach lüftete ich gründlich die ganze Wohnung, denn plötzlich störte mich der Qualm wieder und gerade der kalte Zigarettenrauch war besonders eklig. Nach einer Dusche und frischer Bekleidung ging es mir etwas besser und ich machte eine komplette Reiki-Ganzkörper-Behandlung. Danach war mein Kopf endlich wieder klar. War dieser Absturz wirklich notwendig gewesen?

Inzwischen war es vierzehn Uhr und ich rief in der Arztpraxis an. “Nein, die Laborergebnisse liegen uns leider noch nicht vor”, bedauerte die Arzthelferin, und so hieß es für mich weiter abzuwarten. Ich griff zu einem Buch aus dem Stapel, der sich stets neben meinem Bett türmte und erwischte *Aus eigener Kraft* von Johanna Paungger & Thomas Poppe. Oft las ich mehrere Bücher gleichzeitig und auch nicht immer von vorne, sondern schlug einfach eine Seite auf. So auch diesmal - und dort konnte ich lesen, dass ein Krebskranker nie auf einem guten Platz schläft. Zudem wiesen die Autoren darauf hin, dass gerade Spiegel eine enorme Strahlungswirkung haben und daher für viele Fälle von Schlaflosigkeit und Schlimmerem verantwortlich gemacht werden können.

Ach du liebe Zeit, auch in unserem Schlafzimmer befand sich ein großer Spiegelschrank, in dem der Hauptteil unserer Garderobe war. Die Spiegelung traf direkt auf mein Bett. Hinauswerfen konnte ich den Schrank nun noch nicht gleich, doch zumindest würde ich vorerst die Tür so verschieben, dass sie auf die Seite meines Ehemannes spiegelte. - Nein! Natürlich nicht, das wäre ja gemein, die Tür ließ sich auch noch in eine andere Richtung verschieben, wo die Spiegelung weniger Schaden anzurichten vermochte.

Das Läuten des Telefonapparates riss mich aus meinen Überlegungen. “Der Laborbefund ist frei von Krebszellen”, brachte es meine Ärztin gleich auf den Punkt. Ich dankte und wäre ihr am liebsten um den Hals gefallen. Das war nun einfach mal das Wichtigste, alles andere ließ sich in den Griff bekommen. Ich weinte, diesmal vor Erleichterung, dass mich nicht das gleiche Schicksal getroffen hatte, wie die bedauernswerten Frauen und Männer, denen ich fast täglich auf der Station im Krankenhaus begegnete. Drei Stunden später lag ich dann zu einer erneuten Ultraschall-Untersuchung in der Arztpraxis auf der Behandlungsliege. Ich musste noch auf den untersuchenden Arzt warten und war allein im Raum. Plötzlich fühlte ich wie im Seminarraum dieses intensive Gefühl der Leichtigkeit, der Geborgenheit, der Liebe. Fernreiki! Richtig, ich hatte es vergessen, dass wir ja genau auf den Zeitpunkt der Ultraschall-Untersuchung einen Reikilichtstrahl programmiert hatten und jetzt war diese Energie so wunderbar fühlbar.

Kurz darauf kam auch der Arzt und begann mit der Ultraschalluntersuchung. Aber ... er konnte den Knoten nicht mehr sichtbar auf den Bildschirm bekommen. Der zweieinhalb Zentimeter große Knoten blieb verschwunden und er meinte erstaunt zu mir: “Wahrscheinlich liegt die schlaffe Haut der vom Blut entleerten Zyste darüber. Im Moment kann ich nichts machen, lassen Sie sich bitte in drei Tagen einen erneuten Termin geben.” “Nichts lieber als das”, schmunzelte ich vor mich hin, denn schließlich wusste ich, dass er mir dazu raten wollte, schnellstmöglich einen Teil der Schilddrüse zu entfernen. Vorsorgehalber. Je mehr Zeit ich jedoch gewann und für Reikibehandlungen zur Verfügung hatte, desto größer wurde meine Chance, allem zu entfliehen und eine Operation nicht zu benötigen.

Ich glaubte nicht mehr an *zufällige Erkrankungen*, sondern nur noch daran, dass der Körper sich mittels Krankheiten ausdrückt und fehlerhaftes Denken anzeigt. Wenn ich es schaffte, dieses falsche Gedankenmuster umzuprogrammieren und mein Verhalten zu ändern, so war auch mein Körper in der Lage, sich zu regenerieren, sich wieder zu verändern. Natürlich erfolgen solche Veränderungen nicht schlagartig und auch hier bedarf es konsequenter Arbeiten an sich selbst. Es ist wie mit dem Turnen: Man sieht eine Übung und denkt, dass das ja nicht so schwer sein kann und will es nachmachen. Schnell muss man aber erkennen, es ist doch viel schwerer als gedacht. Wenn man nun gleich aufgibt, erreicht man das Ziel nie. Wenn man aber beginnt zu üben, täglich etwas zu tun und auch Muskelkater in Kauf nimmt, dann erreicht man eine Beweglichkeit, mit der der gesamte Körper vitaler und gesünder wird. Mein falsches Denken hatte sich über viele Jahre hinweg aufgebaut, die Muster waren fest in meinem Inneren gespeichert. Es erforderte ein ständiges Sich-darauf-Besinnen, man musste sich immer wieder ermahnen, nicht wieder ins gewohnte Programm abzurutschen - ein bewusstes Handeln in Liebe. Reiki-Übungen halfen mir dabei, am meisten die ausführliche Ganzkörper-Behandlung (siehe in dem Buch *Reiki im Alltag*, Seite 199) und das Tragen der Azurit-Malachit-Kugelkette.

Als ich drei Tage später wieder bei der Untersuchung war, überraschte es mich nicht mehr, dass der Facharzt mir mitteilte, dass sich der große Knoten tatsächlich aufgelöst zu haben schien und weiterhin nicht mehr sichtbar war. Es gab allerdings noch einen kleineren kalten Knoten und eine Zyste ohne Knotenbildung. "Vorsichtshalber könnten Sie diese entfernen lassen", meinte mein Arzt, doch ich winkte ab. Gesunde Krebsvorsorge beginnt im Kopf und nicht im "prophylaktischen Entfernen des Gewebes". Zwar sind wir zum Glück noch weit entfernt von sinnlosen Operationen wie in Amerika, wo unverantwortliche Mediziner jungen Frauen ganze Brüste nur deshalb entfernten, damit sie nicht an Brustkrebs erkranken konnten, doch ich war mir sicher, auch diesen vorsorglichen Eingriff nicht zu benötigen.

“Nein, ich werde diesen Knoten gezielt mit Reiki und Heilsteinen behandeln, weiter an meiner mentalen Geisteshaltung arbeiten und schauen, ob ich es auf diesem Weg erreichen kann, dass die Schilddrüse knotenfrei wird. Wie viel Zeit können Sie mir dazu einräumen, denn selbstverständlich möchte ich schon unter schulmedizinischer Beobachtung bleiben?”, fragte ich und der Mediziner überlegte: “Wir wissen ja, dass keine Krebszellen vorhanden sind. So ist ein Abstand von vier Wochen bis zur nächsten Ultraschalluntersuchung im Rahmen des medizinisch Vertretbaren.” “Danke, wenn ich bis dahin keine Veränderung des Knotens erreicht habe, werde ich Ihren Rat befolgen und einen schulmedizinischen Eingriff in Erwägung ziehen, doch bis dahin probiere ich meine erlernten Techniken”, entschied ich und verließ fröhlich die Praxis.

Ich nahm mir fast täglich die Zeit für Reiki-Ganzkörperbehandlungen und tatsächlich, vier Wochen später, war auch der zweite Knoten verschwunden, nur eine Zyste an der linken Seite der Schilddrüse blieb unverändert. “Lassen Sie die Zyste lieber operativ entfernen”, riet mir mein Arzt. “Ja, ja, das werde ich”, nickte ich zustimmend, “doch ich habe erfolgreich zwei Knoten mit Hilfe der Schwingungen von Reiki und Heilsteinen auflösen können, so möchte ich es doch nochmals gezielt auch mit der Zyste probieren.” Ich bat erneut um Zeit und der Arzt meinte, innerhalb von sechs Wochen sollte ich meine Entscheidung endgültig treffen. Das war ja toll, genügend Zeit, um etwas zu bewirken. Gleich morgen würde ich anfangen, die Zyste ganz gezielt zu behandeln.

Morgen, morgen, morgen. Morgen fange ich an! Hilfe, die Zeit verflog im Nu. Der Alltag hatte mich wieder vollkommen im Griff und ich nahm mir einfach keine Auszeit, um für mich ganz persönlich etwas zu tun. Nur meine Gedanken für meine Adoptiveltern waren versöhnlicher geworden und es ärgerte mich nicht mehr, wenn Freundinnen von der tollen Unterstützung durch ihre Mütter erzählten. Irgendwie zahlten sie ja auch ihren Preis, häufig mussten sie sich in die Erziehung ihrer Kinder reinreden lassen und die leckeren, selbst gebackenen Kuchen ruinierten ihre Figuren. Ich blieb schlank, denn mir backte niemand einen Kuchen - dabei aß ich den doch auch so gern (inzwischen backt meine Tochter Carolin und ich werde immer dicker. Wie`s der Himmel gestaltet, es ist nie recht ...). Ebenfalls trug ich nicht mehr das "Leid der Welt" auf meinen Schultern, sondern war damit einverstanden, dass andere ihren Lebensweg auf ihre Art zu beschreiten hatten und mein "Warum-tut-denn-keiner-was-Syndrom" machte sich nicht mehr so bemerkbar - ich lernte, den göttlichen Plan zu akzeptieren, ich lernte Gottesakzeptanz.

Andererseits waren bereits vier Wochen vergangen und in dieser Zeit war es mir nicht möglich gewesen, mich auch nur ein einziges Mal mit Reiki zu behandeln. Prüfend schaute ich in den Spiegel. Vielleicht war die Zyste ja in der Zwischenzeit von alleine verschwunden. Nein, mit meinem kritischen Blick konnte ich doch genau die leichte Wölbung erkennen und wenn ich nicht unters Messer wollte, würde ich nun schleunigst handeln müssen. Ich nahm mir also wieder für tägliche Reiki-Ganzkörperbehandlungen Zeit und am vierten Tag spürte ich unter dem Energiefluss eine Art "kleiner Explosion". Es war ein komisches Gefühl, als ob die Zyste geplatzt sei. Und ab diesem Moment war auch im Spiegel keine Wölbung mehr sichtbar. Vorsichtshalber stoppte ich die Behandlungen nicht, zumal mich diese Zeit auch für den restlichen Tag stärkte, mir den Alltag erleichterte und Kraft schenkte, diesen besser und harmonischer zu bewältigen.

Schließlich saß ich erneut im Wartezimmer meines betreuenden Ärzteteams und Unruhe breitete sich in mir aus. Sofort legte ich mir eine Hand auf, bat um Reiki und las in einer der ausgelegten Zeitschriften. Das war das Schöne am Reikigeben, man konnte es immer und überall fließen lassen, musste sich nicht gedanklich darauf konzentrieren und es wirkte trotzdem. "Frau Hilf, Sie dürfen sich in den Ultraschallraum begeben", forderte mich die nette Arzthelferin auf und lächelte mich freundlich an. "Der Herr Doktor kommt gleich", und kurz darauf setzte er sich an das Gerät. Die Untersuchung dauerte doch länger und voll Sorge sah ich, wie er zu messen schien. Endlich informierte er mich: "Die Zyste ist noch vorhanden, hat sich aber um die Hälfte verkleinert." War ich froh! Das hieß: Eine Operation war nicht erforderlich und mit Reikibehandlungen, Heilsteinen und veränderten Gedankenmustern waren sogar Erfolge bei Zysten und Knoten zu erzielen. (Wichtig: Ich war stets unter schulmedizinischer Beobachtung und habe nicht einfach selbst experimentiert!) "Bitte nutzen Sie auch weiterhin die Möglichkeit der medizinischen Kontrolluntersuchungen", bat mich mein Arzt und rollte leicht die Augen gen Himmel. "Bis dahin können Sie ja Ihre Künste weiter nutzen, um auch die restliche Zyste zum Verschwinden zu bringen." Ich sah`s ihm mit Verständnis nach, schließlich war er ein reiner Schulmediziner und ich ihm zum damaligen Zeitpunkt dankbar, dass er mich doch so gewähren ließ und ich offen mit ihm sprechen konnte. (Meinen Frauenarzt dagegen musste ich wechseln, er schien auf die Möglichkeiten der Naturheilkunde allergisch zu reagieren und verbat sich jegliche Äußerung in dieser Richtung.)

Inzwischen sind Jahre vergangen und nicht nur meine Schilddrüse, sondern auch die diverser anderer Frauen ist erhalten worden. Es wurden zum Erstaunen der Ärzte immer öfter Knoten von uns reikierfahrenen Frauen aufgelöst, sogar bösartige Tumore. In einem weiteren Buch werden diese Erfahrungen aufgezeigt werden.

Vieles ist möglich, alles ist wahr. - In Wirklichkeit kann sich jeder nur selbst heilen. Je mehr Menschen diese Möglichkeit nutzen, umso mehr Gelder stehen dem Gesundheitssystem für die Kranken zur Verfügung, die auf dem Naturheilkundeweg nicht weiterkommen. So ist allen gedient.

Vom Verzeihen

“Sie wird eher sterben, als sich zu ändern. An die Heilwirkungen von Kristallen glaubt Sieglinde nicht, auch eine Umgestaltung ihres Schlafraumes nach Feng-Shui-Richtlinien lehnt sie ab und ihren untreuen Gatten wird sie freiwillig nie verlassen.” – Sieglinde war die Freundin einer Kundin, die für diese nach einem passenden Kristall als kleines Aufmunterungsgeschenk suchte. Wir saßen an dem großen Tisch in meinem Mineralienstudio und schauten verschiedene Steine an, um den geeignetsten für Sieglinde zu finden. “Das eigentliche Problem ist ihr Ehemann”, erzählte Irmgard weiter. “Er belügt und betrügt sie, hat sogar gerade mal wieder eine Dauerfreundin, mit der er den größten Teil seiner knappen Freizeit verbringt, und doch kehrt er immer wieder zu Sieglinde zurück, denn das vor zwanzig Jahren gemeinsam gebaute Eigenheim will er ihr auch nicht ohne

»Kraft der Gedanken«

weiteres überlassen. So leben sie nebeneinander her, versuchen den Schein einer normalen Ehe nach außen zu wahren, doch innerlich zerfrisst der Ärger meine Freundin. Nun wurde bei ihr auch noch ein bösartiger Tumor in der rechten Brust festgestellt und sie ist ins Krankenhaus eingewiesen worden." "Du kannst andere Menschen nicht ändern und wenn deine Freundin Feng-Shui-Wissen als esoterischen Quatsch abtut, dann musst du diese Einstellung auch akzeptieren, und sie wird möglicherweise einen leidvollen Weg gehen müssen."

Inzwischen habe ich mehrere Frauen mit Brustkrebsdiagnosen nach ihren Operationen in Reiki-Grade eingeweiht. Die Operation oder auch die Chemotherapie ist ihnen zwar leider nicht erspart geblieben, doch die unangenehmen Nebenwirkungen wurden durch die Reiki-Energie gemildert. Ein Lichtblick war für diese Frauen auch, dass sie nun die Chance sahen, einen weiteren Tumorbefall aktiv zu verhindern. Bei all denen, die ihr Leben, ihr Umfeld und ihre Lebenseinstellungen geändert haben, ist bis jetzt kein erneuter Tumor gewachsen, der Krebs nicht wiedergekehrt."

"Was kann man denn konkret tun?", wollte Irmgard wissen. "Wichtig ist, dass du dir Informationen aus verschiedenen guten Feng-Shui-Büchern holst und es dann für deine Bedürfnisse umsetzt. So muss man sich nicht unbedingt Flöten und Fächer in der Wohnung aufhängen, nur weil es einige Feng-Shui-Berater empfehlen. Aber die Regeln des Feng-Shui-Bagua sollte man schon beherzigen, die verschiedenen Bereiche kennen und ganz besonders in Krankheitsfällen darauf achten, dass die Gesundheitsecke nicht gerade eine Gerümpelablage ist. Wichtig ist außerdem, dass der Schlafbereich elektrosmogfrei gestaltet ist, man nicht gerade auf einer Wasserader schläft und sich in diesem Raum keine Spiegel befinden. Eine gute Ergänzung zu den üblichen Feng-Shui-Informationen ist das Buch von K. Kingston *Heilige Orte erschaffen mit Feng Shui.* Genauso sinnvoll ist es, auch im Körperinneren Ordnung zu schaffen und sich die Seele nicht länger verletzen zu lassen."

“Wie geht das?” fragte Irmgard weiter. “Die Verbindung mit der Reiki-Energie führt zusammen, was zusammengehört und trennt, was sich schadet”, erklärte ich. “Das heißt, die schlechte Ehephase kann mittels der eigenen Veränderung möglicherweise behoben werden. Sollte die Beziehung jedoch total zerrüttet sein, wird es unweigerlich zur Trennung kommen, denn nur dies ist für die betreffende Person dann wahrhaft gut und gesund. Ein weiteres Verharren würde zu Erkrankungen an Seele und Körper führen. Wenn man jedoch der Meinung ist, dass die Beziehung noch einen Sinn hat, dann ist es ganz entscheidend, dass das Gestern vollkommen losgelassen wird und konsequent alles verziehen wird, was einem je angetan wurde. Es muss ein Schlussstrich gezogen werden.”

“Das ist aber sehr schwer, denn immer wieder erinnert man sich an die zugefügten Verletzungen und ärgert sich erneut darüber”, meinte Irmgard. “Das stimmt. Ohne Hilfe ist es sehr schwer, mir half dabei das Gebet, das Segnen, Kristalle, Reiki und entsprechende Affirmationen.” “Wie hast du es genau gemacht?”, wollte Irmgard nun wissen und obwohl eine weitere Kundin das Ladengeschäft betrat, erklärte ich ihr: “Bei mir handelte es sich um meine Adoptiveltern, denen ich meine Kindheitserlebnisse nicht verzeihen konnte. Als ich mich dann endlich dazu entschied, begann ich damit, ihnen öfter mal ein *Vaterunser* zu schenken. Das ist eines der kräftigsten und wirkungsreichsten Gebete. Ich sprach es leise, stellte mir dann zwei gebende Hände vor, in denen das Gebet lag und diese Hände überreichten es meinen Eltern als Geschenk. Zusätzlich bat ich um Gottes Schutz und Segen für sie und trug entsprechende Kristalle, die meinen Wunsch nach Vergebung förderten. Manchmal schickte ich meinen Adoptiveltern auch Fern-Reiki. Im Laufe von sechs Monaten bemerkte ich eine Veränderung in mir. Ich dachte immer liebevoller an sie und war der Meinung: Nun ist alles gut. Ich habe wirklich und wahrhaft verziehen und auch ansonsten mein Leben positiver gelebt.

Doch eines Tages bildete sich erneut eine große Zyste an meiner Schilddrüse und ich war erst einmal sehr enttäuscht und wütend darüber. Ich erinnere mich sehr genau an diesen Tag. Es war eine total stressige Phase in meinem Leben und ich hatte so viel zu tun, dass ich noch nicht einmal mehr zum Lesen eines Buches kam. Ein ganzer Stapel häufte sich neben meinem Bett. Alles Bücher, die ich lesen wollte und doch keine Zeit dafür fand. An dem Tag, als sich die Zyste sichtbar an meinem Hals wölbte, war ich dann so sauer, dass ich den Bücherstapel umschmiss und schimpfte: 'Das bringt ja doch alles nichts.' Die Bücher lagen nun kreuz und quer über dem Teppich und ein Taschenbuch von der Autorin Doreen Virtue mit einem Engel auf dem Einband lag gut sichtbar plötzlich direkt obenauf. Es schien mich magisch anzuziehen. *Das Heilgeheimnis der Engel* las ich als Titel und weiter: *Himmlische Botschaften für Krankheit und Not*. 'Lieber Engel', sagte ich, 'wie du siehst, habe ich leider keine Zeit zum Lesen, solltest du mir aber etwas Wichtiges mitzuteilen haben, dann zeig mir bitte die entsprechende Stelle.' Dann schlug ich einfach eine Seite des Buches auf und las auf der Seite 194: 'VERGEBUNG'. 'Nein', mokierte ich mich, 'es stimmt einfach nicht, ich habe verziehen, vergeben und entschuldigt. Mehr kann man nicht tun und ich lasse mir nicht länger von euch einreden, ich hätte es nicht getan.'

Seit langer Zeit zog ich auch immer wieder Engelkarten und Affirmationskarten, die mit dem Thema *Verzeihen* zusammenhingen. Aber ich hatte doch verziehen! So las ich diese Seite erst gar nicht weiter, doch zufällig blieb mein Blick an der nächsten Seite hängen. Da stand: 'Wir würden dich hier gerne ein wenig darüber aufklären, damit du das Thema VERGEBUNG von unserer Warte aus sehen kannst. Vielleicht wirst du dann unsere Botschaft auf einer noch tieferen Ebene verstehen. Du sagst, du verzeihst, doch in deinem inneren Schaltkreis verbleibt ein kleiner Rest von Ärger. Diese Schaltkreise sind realer, als du dir vielleicht vorstellst und sie arbeiten ununterbrochen.' Nun verstand ich endlich: Die Muster waren einfach zu stark und wenn nicht konsequent daran gearbeitet wurde, konnten sie nicht endgültig gelöscht werden.

Ich begann sofort, mich mit Affirmationen mittels Reiki umzuprogrammieren: Eine Hand auf das Dritte Auge legen und die andere gegenpolig auf den Hinterkopf auflegen, um Reiki bitten, das zweite Reiki-Zeichen (SHK) visualisieren, dreimal sagen: *Ich verzeihe (Name), was er (sie) mir angetan hat und habe Frieden im Herzen, Liebe für mich und alle meine Mitmenschen und ich akzeptiere Gottes Plan.* Danach mit dem ersten Reiki-Zeichen (CHR) die Affirmation fixieren.

Diese Übung wiederholte ich täglich über einen längeren Zeitraum in Kombination mit der Reiki-Ganzkörperbehandlung und weiteren Affirmationen – allerdings immer unter schulmedizinischer Beobachtung. Heute bin ich frei von dem gestrigen Geschehen. Das schließt zwar den alltäglichen Ärger nicht unbedingt aus, doch wenn ich feststelle, dass mich irgendjemand reizt, so kenne ich genügend Möglichkeiten, den Ärger gar nicht mehr wachsen zu lassen, sondern beherrsche sehr rasch wieder meine Gedanken und führe sie sofort zu Frieden und Liebe (wie dies funktioniert, wird im nächsten Buch ausführlicher beschrieben). Häufig segne ich auch die betreffenden Personen gedanklich, gebe mir Reiki auf die Stelle, wo ich den Ärger am meisten gespürt habe und gelange so schnell wieder in eine friedliche Ausgeglichenheit."

"Ja", nickte Marliese, die neu hinzugekommene Kundin, zustimmend. "Genauso praktiziere ich es auch und es hat mir unendlich geholfen, meine Scheidung zu überstehen. Ich bin heilfroh, dass ich dank Reiki gelernt habe, diese in einer möglichst liebevollen geistigen Einstellung zu bewältigen, ohne Hass, Wut oder gar Betrug. Und das, obwohl mein wohlhabender Exgatte alles versucht, um sich vor dem Unterhalt zu drücken." "Ja", nickte ich zustimmend, "das haben wir auch oft erlebt, dass ein regelrechter Krieg um jeden Cent entsteht. Dabei wäre es gut, an die Worte von Anastasia, der russischen Weisen, zu denken: '(...) denn wer nicht bezahlt, wird bankrott gehen. Nur die ehrlichen Menschen werden vorankommen. Die Umstände für Betrüger werden sich so gestalten, dass die Betrüger bankrott gehen.'" "Verdient hätte er es. Ich segnete jeden Brief von seinem Anwalt erst einmal und gab mir beim Lesen Reiki auf den Bauch. Das bewirkte, dass ich mich nicht so geärgert habe. Inzwischen tut mir allerdings mein Mann wirklich nur noch Leid, denn ich glaube sicher, dass er eines Tages für sein schäbiges Verhalten auch bezahlen muss. Ich selbst habe es geschafft, mich in einer kleinen Wohnung neu einzurichten und fühle mich nun so glücklich, wie schon seit vielen Jahrzehnten nicht mehr. Keiner mehr, der mit mir herummeckert, keiner der nörgelt, ich bin so froh, dass ich diesen Schritt zur Trennung gemacht habe und dass ich gelernt habe, ihn mit Liebe zu vollziehen. Mir hat es gut getan und viel Ärger erspart." Und ihr strahlendes Äußeres bestätigte diese Worte.

"Ganz genau", nickte ich ihr zu, "egal, ob es sich um Mutter, Vater, Ehemann, Freundin oder Nachbar handelt, wenn man verzeiht und wirklich vergibt, dann geht es in erster Linie einem selbst besser. So wie der persönliche Hass und die Wut einen selbst zerfressen, so baut die Liebe den eigenen Körper auf und man besitzt mehr Energie, auch schwere Zeiten zu überstehen. Aber wenn Leute solche Einstellungen als esoterischen Quatsch abtun, dann ist ihnen nur schwer zu helfen und sie müssen ihren eigenen, oft bitteren Weg gehen. Doch sicherlich kann deine liebevolle freundschaftliche Zuwendung etwas Gutes bewirken", wandte ich mich erneut an Irmgard und reichte ihr einen kleinen Rhodonit-Kristall.

Unsere wichtigsten Kristalle für das Verzeihen

Peridot

- Stein der Weisheit und Freundschaft.
- Hilft, sich aus Fremdbestimmung zu lösen und das eigene Leben zu leben.
- Löst Belastungen auf, die aus Selbstvorwürfen, schlechtem Gewissen und Schuldgefühlen stammen.

- Entlädt aufgestaute Wut und Ärger.
- Depression und Melancholie lösen sich. Mit seiner Hilfe kann man einen besseren Kontakt zur Umwelt aufbauen.
- Verhilft sich selbst und anderen zu wahrhaftem Verzeihen.
- Entgiftet.

Amethyst-Kristall

- Stammt meist aus Brasilien.
- Seit Jahrtausenden wird er schon als Heilstein geschätzt und baut Körper und Geist auf wie kein anderer Stein.
- Er fördert Nüchternheit, Konzentrationsfähigkeit und geistige Wachheit.
- Ist gut gegen Kopfschmerzen, epileptische Anfälle, Lese- und Sehstörungen sowie Gehörprobleme.
- Hilfreich bei Darmbeschwerden, Nervenleiden und Hautkrankheiten (Ekzeme, Furunkel oder auch geschwollene Augen), reguliert langfristig den Blutdruck.
- Amethyst stärkt Knochen, Lunge, Nerven und die Lebenskraft.
- Prellungen und Schwellungen klingen sehr schnell ab (Amethyst-Heilstab).
- Hilft bei Gehörproblemen.
- Gegen Albträume.
- Gleicht die rechte und linke Gehirnhälfte aus.
- Hilft bei Trauer und unterstützt die Bewältigung von Verlusten.
- Schenkt inneren Frieden, Kraft sowie Stabilität und verhilft zu gesundem Menschenverstand (bringt auch Erfolg bei geschäftlichen Angelegenheiten).
- *Hilft, anderen zu verzeihen!*
- Bei Suchtverhalten.

- Stärkt Vertrauen (bringt uns näher zu Gott).
- Segment-Stücke reinigen andere Steine und als Kamm benutzt, beseitigen sie Kopfschmerzen.
- Drusen wirken reinigend, befreiend und schützend auf den ganzen Raum.

Rhodonit-Kristall

- Hilft zu verzeihen und bringt dadurch Versöhnung zwischen Menschen, die sich immer wieder gegenseitig verletzen.
- Ermöglicht gegenseitiges Verstehen, festigt Freundschaften und hilft, Konflikte in konstruktiver Art und Weise zu lösen.
- Heilt alte seelische "Wunden" und "Narben".
- Ermöglicht, zugefügtes Leid und Unrecht zu verzeihen, befreit von seelischem Schmerz sowie von gärender Wut.
- Verhindert Traumatisierungen, wenn er sofort verwendet wird **(Notfallstein)**.
- *Ermöglicht in Extremsituationen, in Gefahr, bei Bedrohung oder unter starker Belastung, klar und bewusst zu bleiben.*
- Er zeigt Auswege aus scheinbar aussichtslosen Situationen.
- Fördert die Fruchtbarkeit beider Geschlechter.
- Ist auch der beste Wundheilstein bei kleineren körperlichen Verletzungen.
- Heilt Vereiterungen, leitet Gift aus dem Gewebe (auch bei Insektenstichen) und beugt nach Operationen der Narbenbildung vor.
- Verwendung außerdem bei Autoimmunerkrankungen, Magengeschwüren, Multipler Sklerose; Rhodonit stärkt Herz und Kreislauf.
- Sehr guter Meditationsstein und als Steinkreis sehr stark wirkend.

Frieden schließen mit seinem Feind

Überlege dir, mit wem du Frieden schließen möchtest! Eine Person, mit der du zerstritten bist oder die du überhaupt nicht leiden kannst.

- Du nimmst eine aufrechte Sitzhaltung ein ..., deine Füße stehen fest auf dem Boden ..., dein Rücken ist gerade ..., deine Augen und dein Mund sind geschlossen.
- Atme ruhig durch die Nase ein und aus.
- Dein Atem fließt leicht und frei.
- Aus deinen Füßen wachsen nun lange Wurzeln aus goldenem Licht tief in den Erdboden hinein ... und verbinden dich fest mit Mutter Erde.
- Vom Himmel schwebt sanft eine goldene Kugel auf dich herunter ..., kurz über deinem Kronenchakra kommt sie zum Stillstand und öffnet sich. Dabei fließen viele goldene Lichtstrahlen um dich herum und weben um dich herum eine zarte Schutzhülle aus glänzenden Lichtfasern.

- In einer wohligen Ruhe bleibst du hellwach und klar ..., ruhig und behütet ..., du bist in Sicherheit.
- Stell dir nun visuell vor, du sitzt in einem abgedunkelten Theater!
- Lade gedanklich deinen persönlichen geistigen Führer zu dir ein und biete ihm einen Sitzplatz an deiner rechten Seite an!
- Lade nun gedanklich einen Engel zu dir ein und bitte ihn, an deiner linken Seite Platz zu nehmen!
- Bitte nun ebenfalls gedanklich deinen Schutzengel, hinter dir Platz zu nehmen!
- Nun lässt du die betreffende Person gedanklich auf der Theaterbühne erscheinen.
- Sie sitzt auf einem Stuhl aus dunklem Holz.
- Du atmest tief durch und bleibst in tiefem, behaglichem Frieden.
- Bilde visuell einen goldenen Kreis aus Lichtenergie um diese Person!
- Dadurch fühlst du dich wohl in deiner Haut und bist gesichert.
- Deine Gedanken bleiben ruhig und klar.
- Überlege dir, was die Person tun muss, damit du ihr verzeihen kannst!
- Was muss die Person tun, um von dir Vergebung zu erlangen?
- Stell dir vor, dass dies jetzt geschieht!
- Stell es dir im Detail vor!
- Wenn du meinst, es sei genug, dann lässt du nun alle inneren Widerstände los ..., du lässt jetzt alle Widerstände gegen diese Person los.
- Du lässt jetzt allen Groll los.

- Du lässt jetzt allen Ärger los.
- Du machst ihr Verhalten nicht länger zu deinem Problem.
- Du verzeihst dieser Person ihre Schwäche ..., du verzeihst ihr alles Fehlverhalten.
- Diese Person kann dich von heute an nicht länger verletzen ..., sie kann dich von nun an nicht mehr ärgern ..., sie kann dich von nun an nicht länger verletzen und ärgern, ganz gleich was sie tut.
- Lass es jetzt für immer vorbei sein!
- Sage gedanklich: *Ich vergebe dir und vergebe auch mir selbst ..., ich vergebe dir und vergebe auch mir selbst ..., ich vergebe dir und auch mir selbst!*
- *Danke, ich bin nun frei ..., danke, ich bin nun frei ..., danke, ich bin nun frei.*
- Und nun betrachte diese Person einmal freundlich und wohlwollend.
- Welche positiven Eigenschaften kennst du von ihr?
- Erinnerst du dich an ein nettes Verhältnis?
- Reiche ihr in deiner Vorstellung die Hand und lächle sie an!
- Sie lächelt überrascht zurück und reicht dir ebenfalls die Hand.
- Du schließt Frieden mit dieser Person.
- Sie kann dich von nun an nicht mehr verletzen.
- Du bemerkst das wohltuende Gefühl der Versöhnung.
- Aus deinem Wohlbefinden heraus überlegst du dir einen ehrlichen, positiven Wunsch für diese Person, beispielsweise gute Laune oder Erfolg oder Gesundheit.
- Du siehst sie lächelnd und gesund.
- Du segnest sie.

- Bedanke dich nun bei deinen beiden Engeln und deinem geistigen Führer für die Unterstützung.
- Du verlässt das Theater und gehst hinaus ins Freie.
- Du nimmst ein paar Atemzüge an der frischen Luft und spazierst ein Stück durch den schönen Park, der an das Theater angrenzt.
- Du lehnst dich an einen dicken Baumstamm und genießt die Energie des Baumes, die er gerne an dich weiterleitet ...!
- Nun fühlst du dich ganz frisch, stark und erfüllt mit unendlicher Kraft und Liebe.
- Du bedankst dich für die erhaltene Baumenergie und segnest ihn in Liebe.
- Zufrieden mit dir kehrst du langsam wieder hier in diese Situation, in diesen Raum zurück.
- Du befindest dich wieder im Hier und Heute ..., in diesem Raum ..., in dieser Zeit.
- Du öffnest deine Augen.

(Diese Übung basiert auf der Übung "Die Säule aus Licht" in dem Buch *"Achtung Energie-Vampire" von Dorothy Harbour, S. 63 ff., München 2004. Adaption von den Rechteinhabern genehmigt.)*

Ingrid aus Limburgerhof:

Ich habe meine Nachbarin gebeten, auf dem Holz-Stuhl im Theater Platz zu nehmen. Mit ihr bin ich schon seit vielen Jahren zerstritten und sobald wir uns begegnen, schleudert sie mir böse Blicke, manchmal sogar auch böse Worte entgegen. Die eigentliche Ursache unserer Feindschaft weiß ich schon gar nicht mehr, solange liegt sie zurück. Seit ich in Reiki eingeweiht bin, konnte ich mit der Situation zwar wesentlich besser umgehen, ärgerte mich nicht mehr so sehr über die alte Dame, aber ich war auch immer froh, wenn sich unsere Wege nicht kreuzten.

Während der Meditation nahm sie den Platz auf der Bühne ein – und stand zwei Sekunden später wieder auf und ging einfach weg. Ich konnte dem weiteren Geschehen der geführten Meditation gar nicht mehr folgen, denn nun rannte ich gedanklich hinter meiner Nachbarin her, um sie zurückzuholen, sie erneut zu bitten, sich auf den Holzstuhl zu begeben. Ohne Erfolg. Meine Nachbarin verließ das Theater und wir befanden uns plötzlich in einem Park. Sie eilte schnellen Schrittes davon, ich rannte ihr nach, erreichte sie aber leider nicht mehr. Nachdem ich sie endgültig aus den Augen verloren hatte, setzte ich mich auf eine Bank, um nachzudenken. Erst fand ich es richtig gemein von ihr, mir so meine Meditation zu verderben, doch dann kam mir in den Sinn, dass ich sie trotzdem segnen und ihr alles Liebe und Gute wünschen konnte. Das tat ich und begab mich dann alleine ins Theater zurück, genoss jedoch die restliche Zeit mit meinen Engeln und geistigen Führern.

Drei Tage später traf ich sie zufällig beim Einkaufen im Supermarkt und fiel fast in Ohnmacht, denn aus *heiterem Himmel* lächelte sie mir zu. Das erste Lächeln seit über zehn Jahren. Ich konnte es kaum fassen und schaute sie ungläubig an. Plötzlich ergriff mich ein überflutendes Gefühl von Liebe und ich lächelte zurück, dankbar, dass ich auf diese wunderbare Weise die Kraft der Vergebung erfahren durfte.

霊気

8. Kapitel

Leben und Sterben mit Reiki und Heilsteinen

Des Menschen Seele gleicht dem Wasser:
Vom Himmel kommt es,
zum Himmel steigt es,
und wieder nieder zur Erde muss es,
ewig wechselnd ...

(Goethe)

Martina aus Maxdorf: Tod der Oma

Die Oma meines Mannes lag seit kurzem im Krankenhaus. Aufgrund ihres hohen Alters von dreiundneunzig Jahren schien sich nun der letzte Lebensabschnitt zu vollenden. Nach Auskunft der Ärzte begann der Sterbeweg.

Eines Abends empfand ich das starke Gefühl, ihr Reiki senden zu müssen und zwar sofort. So setzte ich mich in Ruhe hin und sandte den Reiki-Energiestrahl. Bereits nach wenigen Minuten jedoch überkamen mich seltsame Gefühle, ein regelrechtes Verschmelzen mit ihr und kalte Schauer überliefen mich. Zugleich klebten meine Hände förmlich am Körper der Großmutter und ich überlegte, ob ich die Behandlung abbrechen sollte. Doch meine innere Stimme verneinte dies und so sandte ich den Strahl weiter.

Plötzlich begann ich aus tiefstem Herzen zu weinen. Mir war, als fühlte ich den Schmerz und den Todeskampf am eigenen Leib mit, Angst vor dem Unbekannten, Angst loszulassen. Mir war bewusst, dass dies keine normale Reiki-Behandlung, sondern ein Hinübergleiten in den Tod sein musste. Ungefähr dreißig Minuten lang verspürte ich dieses *Nicht-loslassen-Können* der Sterbenden und gegenpolig dazu die sanfte Reiki-Energie, tragend und schützend wie eine sanfte Welle. Unwillkürlich kam mir ein Geburtsvorgang in den Sinn und war ich gerade noch im Schmerz versunken, so überkam mich plötzlich ein unglaubliches Gefühl der Glückseligkeit. Da war mir klar, jetzt war sie erlöst, gestorben, befreit aus ihrem verbrauchten Körper, getragen in Liebe und unendlich glücklich.

Ich bedankte mich für die Hilfe der Reiki-Energie und nahm staunend meine tiefe innere Zufriedenheit und auch ein unwahrscheinliches Glücksgefühl zur Kenntnis. Es zog mich hin zu dem Körbchen, in dem ich meine bunt gemischten Engelskärtchen aufbewahre. Beim blinden Herausziehen befanden sich gleich zwei Stück in meiner Hand. Darauf stand:

Die Kraft der Transformation nimmt Altes und gibt Neues.

und

Sphärenklänge rufen dich in deine wahre Heimat.

Am Tag darauf wurden wir über den Tod der alten Dame exakt zu diesem Zeitpunkt am vorigen Abend benachrichtigt.

Martina aus Dannstadt: Unfall

Es war ein wunderschöner Morgen, ideal für einen gemütlichen Stadtbummel, und mein Mann und ich machten uns gut gelaunt auf den Weg. An einer stark befahrenen Kreuzung lagen viele Blumen an einer Hauswand. Im Vorübergehen fiel mein Blick auf einen Zettel, auf dem zu lesen war: *Wir werden dich nie vergessen. Deine Paten.* - An dieser Stelle musste etwas Schreckliches geschehen sein. Spontan empfand ich das Verlangen, einen Moment stehen zu bleiben, um direkt an diesem Ort Reiki zu spenden. Doch mein Mann war in der Zwischenzeit weiter gelaufen und so folgte ich ihm rasch.

Den weiteren Spaziergang genoss ich nicht mehr, denn ständig kehrten die Bilder der abgelegten Blumen in meinen Kopf zurück. Schließlich machten wir uns auf den Heimweg und kamen an der gleichen Kreuzung vorbei. Diesmal hörte ich auf meine innere Stimme, blieb stehen und gab Reiki auf diese Stelle. Es floss so stark aus meinen Handflächen, wie ich es nie zuvor erlebt hatte, und ich fühlte mich regelrecht festgehalten. Als sich der Energiefluss schließlich verringert hatte, bedankte ich mich dafür, dass ich als Reiki-Kanal hier sein durfte und folgte meinem Mann zum Hotel. Überrascht war ich über das erleichterte Gefühl.

Als ich etwas später zufällig erfuhr, dass an dieser Stelle vor einer Woche ein dreizehnjähriger Junge von einem LKW erfasst und getötet worden war, tat es mir zwar auch sehr Leid, aber in der Gewissheit, mit Reiki etwas für ihn oder zur Harmonisierung der Unglücksstelle beigetragen zu haben, erkannte ich, wie sehr Reiki in schlimmen Situationen nützt, und fühlte mich auf wundervolle Weise gleichzeitig auch getröstet. Ich schickte der Unglücksstelle noch mehrmals Reiki über die Ferne, und vielleicht wird dort dadurch nie mehr ein Mensch sterben müssen.

Sandra aus Speyer: Schwangerschaft

Mitten in der Ausbildung traf mich die Nachricht wie ein Schlag: der Schwangerschaftstest ist positiv ausgefallen. Positiv? Mein Freund lebte Hunderte von Kilometern entfernt, um in Norddeutschland seine Ausbildung zu machen und kam nur etwa alle vier Wochen zu einem kurzen Besuch. Mir war klar, über ein Baby würde er nicht erfreut sein, genauso wenig wie meine Eltern, die mich stets vor einem Abbruch meiner Ausbildung als Ergotherapeutin gewarnt hatten. In meiner Verzweiflung besuchte ich Gabriela in ihrem Mineralienstudio und sie ließ mich eine Affirmationskarte von Louise Hay ziehen, darauf stand:

Wer ja sagt zum Leben,zu dem sagt das Leben auch ja.

Ich durfte die Karte behalten, und ich habe sie an die Wand neben mein Bett gehängt. Ich möchte gerne ja sagen, und die Karte strahlt mit ihrer Energie die notwendige Kraft auf mich aus. Danke, Louise Hay. Danke, ihr himmlischen Führer. Ich werde ja zu meinem Baby sagen.

(Vier Wochen später zog die *werdende Oma* auf einem Meditationskurs die exakt gleiche Karte aus den vielen verschiedenen Karten des Louise-Hay-Affirmations-Kartensets).

Heinrich aus Bad Dürkheim: Hunderteins

Unsere Oma war schon seit längerer Zeit lebensmüde, müde vom Leben. Mit ihren hundertundeins Jahren fühlte sie sich vollkommen allein, sogar ihr einziges Kind musste sie bereits vor dreißig Jahren zu Grabe tragen. "Warum darf ich denn nicht sterben und zu meinen Lieben in den Himmel?", klagte sie häufig. Doch die Jahre vergingen, und Krankheiten nahmen ihr jegliche Lebensqualität. Auf einer Mineralienbörse entdeckte ich zwei schöne gelbe Bernsteine und intuitiv kam mir Oma in den Sinn. Ich entschloss mich, diese beiden zu kaufen und sie ihr ins Pflegeheim mitzubringen.

> *Bernstein hilft, Wünsche in der Realität zu manifestieren und liefert die Energie zu wählen. Er reinigt die Atmosphäre von allem Negativen und gilt als Symbol der Erneuerung. Er baut Widerstände ab und macht flexibler. Seit 7000 Jahren ist er als Heilstein und Amulett in Gebrauch.*

Bei meinem nächsten Besuch legte ich die Bernsteine in ihre Hände und sie umschloss beide sofort mit ihren ausgemergelten, dünnen Fingern. Dabei ging ein kurzes Lächeln über das fahle Gesicht.

Gegen Mitternacht stellte man ihren Tod fest, das alte Herz hatte für immer aufgehört zu schlagen, und sie war ganz friedlich eingeschlafen. Einen Bernstein hielt sie noch immer in ihrer Hand, den anderen fand man zur Überraschung unter ihrer Zunge.

Anett aus Mutterstadt: Hannahs Geburt

Am 31.01.00 setzten nachmittags meine Wehen ein, kurz darauf, gegen 17 Uhr platzte die Fruchtblase. Ich hatte dich, liebe Gabriela, dann verständigt und um Reiki gebeten. Mein Mann fuhr mich danach umgehend ins Krankenhaus, um mir bei der Geburt beizustehen. Wir kamen gegen 18 Uhr dort an, es folgte die übliche Zeremonie: Aufnahme und das Warten im Entbindungszimmer. Gegen

20 Uhr wurden die Wehen so stark, dass ich das Gefühl hatte, es nicht mehr aushalten zu können. Obwohl die Herztöne immer wieder nachließen, es war nicht klar warum, hieß es, die Geburt würde noch dauern. Doch dann, für alle vollkommen unerwartet, tauchte Hannahs Köpfchen auf und mit der nächsten Wehe war sie auf der Welt. Ich bekam unsere Tochter auf den Bauch gelegt und kurz darauf löste sich die Nachgeburt.

Der herbeigerufene Oberarzt traute seinen Augen kaum: Nicht nur, dass das Fruchtwasser bereits grün und es somit für die Geburt allerhöchste Zeit gewesen war, sondern auch die Nabelschnur war zweigeteilt (Placenta bipartita mit Insertio velamentosa) und hatte zwei Versorgungskanäle um die Gebärmutter herum gebildet. Möglicherweise für Zwillinge vorgesehen, aber eines verabschiedete sich wohl sehr frühzeitig. Hannahs unendliches Glück bestand darin, dass die Fruchtblase genau zwischen den Versorgungskanälen gesprungen war und sie es schaffte, exakt dazwischen durchzuschlüpfen, denn: Wäre auch nur einer der Versorgungskanäle verletzt worden, hätte dies niemand erkennen können. Hannah wäre verblutet und es hätte keine Chance gegeben, sie am Leben zu erhalten, erklärte uns das Ärzteteam. In diesem Germersheimer Krankenhaus war so ein Fall noch nie da gewesen.

Ich weiß, dass Hannahs Geburt nur dank der vielen Reikispenden, aktiviert durch deine Reiki-Hotline, so glücklich endete. Tief bewegt hat mich auch deine Aussage, liebe Gabriela, dass du zusammen mit dem Reiki-Meisterenergie-Strahl auch instinktiv das tiefe Bedürfnis empfandest, mehrere *Vaterunser* zu beten. Dies war wohl sehr tief begründet, wie du siehst und noch tiefer in seiner Wirkung. Wir danken dir so sehr dafür und fühlen uns in innigster Liebe mit dir verbunden.

Du ließest uns erkennen, wie wichtig das Gebet zu Gott, Reiki und die Kraft der Gruppe ist, und dass wir in unseren schwierigsten Momenten des Lebens nicht alleine sind, sondern getragen werden – wenn wir darum bitten.

Oh, Tochter der Erde,
ich möchte dich lehren,
die Kraft zu empfangen.
Sie ist die Lösung für alle Schwierigkeiten.
Sie ist der Weg, der zur Unsterblichkeit führt.
Doch sei gewiss, dass sie nur zu jener kommt,
die wie eine Dürstende in der Wüste
darum bittet.

(aus: »Die heilenden Verse« von Pir Kejttep Ancari)

Heike aus Frankenthal: Mutter

Seit zwei Wochen war meine Mutter in einem Pflegeheim, und es ging ihr körperlich von Tag zu Tag schlechter. Das Pflegepersonal war zwar sehr freundlich und hilfsbereit, doch sie vermisste ihr Leben im eigenen Haus.

Während der Meditation in deinem letzten Edelstein-Seminar, liebe Gaby, überkam mich plötzlich das immens starke Gefühl, dass meine Mutter bald abgeholt werden würde. Und obwohl der Kurs diesmal bis fast 23 Uhr ging, wollte ich noch am gleichen Abend meine Mutter sehen und fuhr ins Pflegeheim. Die Nachtschwester begleitete mich zu ihr. Meine Mutter lag in einem Dämmerzustand im Bett, es ging ihr sehr schlecht. Wegen eines Lungenödems war sie nicht mehr in der Lage zu sprechen, und unruhig drehte sie sich hin und her. So legte ich ihr meine Hände behutsam auf den Kopf, bat um Reiki und ließ die Energie fließen. Meine Mutter entspannte sich zunehmend und innerhalb ganz kurzer Zeit war sie richtig fest eingeschlafen. Beruhigt fuhr ich nach Hause, besuchte sie jedoch am nächsten Tag nach meiner Arbeit wieder. Ich behandelte auch die verschleimten Stellen mit Reiki. Daraufhin wurde meine Mutter so ruhig, dass sie nicht abgesaugt werden musste, und die Schwestern wunderten sich darüber.

Am nächsten Morgen verstarb sie um 7.30 Uhr. Sie sei ruhig und zufrieden eingeschlafen, tröstete mich das Pflegepersonal. Ich danke, dass ich ihr die letzten Lebensstunden durch Reiki erleichtern durfte. Das Reikigeben, besonders in der nächtlichen Ruhe, bewirkte auch in mir ein Loslassen der Meinungsverschiedenheiten vergangener Jahre, sie wurden ersetzt durch ein tiefes Gefühl von Verständnis und Liebe.

Baby in Nöten

"Liebe Gabriela, entschuldige, dass ich so früh störe", las ich auf dem eben angekommenen Fax. Stören? Faxe und Mails stören mich doch nicht, nur das lästige Telefonläuten zu unmöglichen Uhrzeiten. Seit ich an manchen Tagen bis zu dreißig Anrufe erhielt, gab ich unsere Privattelefonnummer nur noch selten weiter. Allerdings unterschätzte ich die Findigkeit pubertierender Girls, die unserem vierzehnjährigen Sohn schon die ersten Liebesbezeugungen per Kabel zuflüstern wollten, die dieser aber in seiner mächtig coolen Art noch ignorierte.

"Ich habe eine dringende Bitte an dich", stand da. "Am Samstag kam mein Neffe Simon auf die Welt. Er hat eine Infektion, Lungenprobleme, bekommt schlecht Luft und auch mit seinem Blut scheint etwas nicht zu stimmen. Kannst du bitte dringend einen Stein herausfinden, der ihm helfen könnte? Er ist zwar in ausgezeichneter schulmedizinischer Betreuung, trotzdem möchten wir begleitend dazu mit Heilsteinen versuchen, seinen Gesundheitszustand zu verbessern. Mutter und Kind befinden sich noch im Krankenhaus. Ich danke dir im Voraus von ganzem Herzen, alles Liebe und Gute, deine Christel."

Ja, liebe Christel, das könnte ich schon machen, aber will es denn die Mutter des neugeborenen Babys überhaupt? Manchmal wurde ich auch um Hilfe gebeten, die jedoch nicht erwünscht war. Liebevolle Verwandte baten mich darum, doch die Betroffenen selbst lehnten Hilfe durch Reiki und Heilsteine ab. Zum Teil, weil sie an die Wirkung solcher Behandlungsmöglichkeiten sowieso nicht glaubten oder auch einfach nicht verstanden, dass sie auch begleitend, unterstützend zur Schulmedizin eingesetzt werden können. Vorsichtig geworden durch solche Erfahrungen bestand ich seitdem darauf, dass sich die Betroffenen selbst mit mir in Verbindung setzten und ich mich so informieren konnte, inwieweit sie die Hilfe durch Reiki und Heilsteine überhaupt anzunehmen bereit waren. Schon auf meinen Reiki-Kursen zum ersten Reiki-Grad lehrte ich, nur auf ausdrücklichen Wunsch der Mitmenschen zu helfen und nicht, weil man es selbst für richtig hält oder meint, es wäre doch gut für denjenigen. Jeder Mensch hat ein Recht auf eigene Erfahrungen und es ist nicht die Aufgabe der anderen, diese durch ständige Einmischung zu verhindern. Doch wenn man um Hilfe gebeten wird oder sie in bestimmten Situationen aus der Stimme des Herzens heraus an einen herangetragen wird und man aus dem allertiefsten Bauchgefühl heraus bemerkt, hier ist sie erwünscht, dann sollte man Hilfe gewähren.

Wie zur Bestätigung schrillte das Telefon und die Mutter des kranken Babys war am Apparat. Nach einem kurzen informativen Gespräch versprach ich, das Unterbewusstsein des Babys zu befragen, welcher Kristall für ihn im Moment am besten sei. Sobald es mein Zeitplan zuließ, mich für kurze Zeit auszuklinken, wusch ich meine Hände und zündete mir ein Räucherstäbchen zur Stimulierung des sechsten Chakras, des Dritten Auges, an und begab mich in die Meisterenergie. In dieser besonderen Energie bat ich um göttliche Führung und Unterstützung für das richtige Herausfinden eines Heilsteins, der dem gerade zur Welt gekommenen Simon gut tun würde. Mit Hilfe des Pendels und einer Pendeltafel zeigte sich mir der *Dumortierit* an, Dumortierit zu tragen als Kette.

Nun, das war aber nicht gerade ein klassischer Heilstein gegen Entzündungen wie zum Beispiel der Malachit, der Aventurin, der Chalcedon, der Heliotrop, der Smaragd, Türkis oder Zoisit, und auch zur Kräftigung der Lunge empfehlen sich eher der Rutilquarz, der Bernstein, der Amethyst, der Fluorit und der Moosachat. So bat ich noch um einen alternativen Stein und erpendelte den Granat. Wieder keiner der klassischen Steine, und ich entschloss mich, mit Hilfe des Pendels zu schauen, welche Bachblüte für Simon gut sei. Der Pendel deutete auf Aspen = Zitterpappel. Aspen ist das Mittel für Lebensmut. Es wirkt gegen Bangigkeit und unbegründete Ängste.

"Simon ist ängstlich im Übermaß, er zittert vor Angst", schaltete sich plötzlich meine innere Stimme ein. "Was?", entgegnete mein Verstand, ein neugeborenes Baby kann doch nicht schon so voller Ängste sein. Ich dachte immer, wenigstens die freuen sich so richtig, da zu sein." "Absolut nicht, es gibt viele Gründe, warum Babys gar nicht glücklich über ihre Geburt sind. Angst vor dem Neuen und Unbekannten. Angst, weil sich die Eltern vielleicht zu stark ein anderes Geschlecht gewünscht haben oder es sowieso kein Wunschkind ist", erklärte meine innere Stimme weiter, "es gibt noch viele weitere Ursachen." - Dann hatte ich ja mit dem Dumortierit doch den wahrscheinlich besten Stein herausgefunden.

Dumortierit fördert eine positive Lebenseinstellung, gibt Mut und Zuversicht auch in schwierigen Situationen und hilft, Kontrolle über das eigene Leben zu gewinnen, schreibt der bekannte Mineraloge Michael Gienger in seinem Buch *Die Steinheilkunde. Seelisch vermittelt der Dumortierit ein leicht beschwingtes Lebensgefühl und wird daher oft als "Take it easy-Stein" bezeichnet. Er hilft bei Panik und großer Angst. Er fördert Harmonie und Vertrauen.*

Aber auch der Granat war nicht verkehrt. Über ihn schreibt Michael Gienger: *Granat stärkt die innere Flamme und fördert die grundlegende Dynamik des gemeinsamen Überlebens. Er schenkt Mut, Hoffnung und Zuversicht. Er hilft, ein neues Leben zu beginnen, stärkt die Regenerationskraft*

des Körpers und beseitigt energetische Blockaden, regt den Stoffwechsel an und harmonisiert die Zusammensetzung der Körperflüssigkeiten, insbesondere des Blutes.
Granat stabilisiert den Kreislauf und stärkt das Immunsystem, er fördert die Nährstoffaufnahme im Darm und beschleunigt die Heilung innerer und äußerer Wunden.

Jetzt entschied ich mich, die seelischen Ursachen der Infektion, der Lungenprobleme und der Blutprobleme nachzulesen und verwendete dazu das Buch *Heile Deinen Körper* von Louise Hay. Bei Lungenproblemen, auf der Seite 32, stand als mögliche Ursache: "Angst, Angst, Leben aufzunehmen", und auch in dem Buch *Dein Körper sagt: Liebe Dich* von Lise Bourbeau fand ich weitere aufschlussreiche Erläuterungen unter Lungenleiden auf Seite 174: " (...) besser im Jenseits als in dieser Welt aufgehoben." Vielleicht erinnerte sich Simon noch an sein Leben als Seele und empfand nicht so richtig Lust, dieses gegen ein Erdenleben mit seinen Mühen und Plagen einzutauschen. "Infektionen kann man bekommen, wenn man zu viele negative, pessimistische Einstellungen hegt. Und Blut steht für die im Körper frei fließende Freude." Die Autorin Bourbeau schreibt weiter: "Sie sorgen sich über alles, sind viel zu emotionsgeladen und sperren sich gegen ihr Feingefühl. Solche Menschen müssen lernen, sich selbst zu akzeptieren."

"Take it easy, kleiner Kerl, willkommen im Leben!", lächelte ich und schickte ihm liebevoll gleich ein paar Fern-Reiki-Energien zu. "Es kann so schön auf Erden sein, in jedem Alter, in jeder Zeit und in jedem Land, komm und lass dich darauf ein!" Jetzt war ich ganz sicher, der Dumortierit würde Simon helfen, ihm gut tun. Doch als Babykette gab es ihn gar nicht. Da kam mir allerdings der Umstand der Powerarmband-Mode zugute. Zwei Armbänder befanden sich in meinem Ladensortiment, sie konnte ich zu einer Kette umarbeiten. Anhand einer Babybernsteinkette nahm ich Maß, zerschnitt die Armbänder und fädelte sie auf ein längeres Power-Gummi-Band wieder auf. Drei übrig gebliebene Perlen legte ich beiseite. "Verwende auch die restlichen Perlen zur Kette, es macht nichts, wenn die Babykette dadurch etwas länger wird als die Original-Baby-Bernsteinkette. Die beiden Armbänder haben je einundzwanzig Perlen und durch die Verdoppelung ergeben sie zweiundvierzig. Beides sind mystische Zahlen und unterstützen verstärkt die Wirkung der Kette", schaltete sich wieder mein Inneres ein und sogleich fügte ich die restlichen Perlen hinzu. Anschließend verknotete ich die Gummienden mehrfach. Die Kette unter dem Shirt und Strampelanzug getragen, würde Simon mit seinen Ärmchen gar nicht erreichen, es konnte nichts passieren. Zum Abschluss lud ich die Kette mit Reiki-Meisterenergie auf, segnete sie und dankte meiner inneren Führung für ihre Hilfe.

Kurze Zeit später erkundigte sich Simons Großmutter nach dem Ergebnis. "Der Schwangerschaftsverlauf meiner Tochter war bis zum fünften Monat sehr schwierig. Wahrscheinlich übertrug sie in dieser Zeit ihre eigenen Ängste auf ihr Baby", bestätigte sie. "Das könnte gut möglich sein", entgegnete ich. "Gerade in der Schwangerschaft ist das *richtige Denken*, sich nicht so viel zu sorgen, enorm wichtig." Deshalb tragen inzwischen auch immer mehr Frauen Schwangerschaftsschutzsteine, wie zum Beispiel den *Achat, er vermittelt Schutz, Geborgenheit und Sicherheit, indem er innere Spannungen löst und gegen äußere Einwirkungen stabiler macht. Er fördert die Regeneration und das Wachstum bei Mutter und Kind.* Es ist am sinnvollsten, einen Achat zu wählen, der in seiner Signatur einen Embryo aufweist. Er ist in guten Fachgeschäften häufig zu finden. Im Kinderzimmer eignen sich schöne Achatscheiben, am Fenster hängend, auch wunderbar als Schutz. Unser Kleinster ist überzeugt, dass die Achatscheiben gegen Hexen helfen und laut Hildegard von Bingen schützen sie sogar vor Einbrechern. Eine *Bergkristall-Spitze* kann die Schwangerschaftsübelkeit lindern. Sie stärkt außerdem die Nerven und gibt zusätzlich Energie. Normalerweise reichen diese zwei Heilsteine als Schutz und für Kraft vollkommen aus. Wenn sich jemand trotzdem noch zu viele sorgenvolle Gedanken macht, kann ein Rosenquarz, zum Beispiel als Perle hinzugefügt, diese vertreiben, denn *Rosenquarz befreit von Sorgen, fördert die Gewebedurchblutung, stärkt das Herz und schenkt Urvertrauen.* - Das ist mit das Wichtigste, was jeder Mensch braucht: URVERTRAUEN. Nutzen wir doch einfach die Möglichkeiten und Hilfen, die uns die Natur bietet, am besten schon während der Schwangerschaft.

Gott gebe mir Gelassenheit,
hinzunehmen, was nicht zu ändern ist.
Mut, zu ändern, was ich ändern kann.
Und Weisheit, zwischen beidem zu unterscheiden.

Sorge dich nicht — lebe!

(Dale Carnegie)

Die Großmutter brachte die Kette umgehend ins Krankenhaus und schon drei Tage später konnten Mutter und Kind aus dem Krankenhaus entlassen werden. - Überraschenderweise ging es dem Neugeborenen plötzlich sehr gut.

Er starb allein

“Tag und Nacht war ich für meinen Mann da”, weinte Frau K. und schnäuzte kräftig die Nase in einem rosa umhäkelten Taschentuch. “Jetzt bin ich ein einziges Mal auf einen Ausflug der Landfrauen nach Bad Dürkheim mitgefahren und ausgerechnet an diesem Tag starb er. Wenn ich das geahnt hätte, ich wäre nie gefahren”, schluchzte sie weiter. Und nach einer kleinen Pause erzählte sie mir: “Der Herzinfarkt fesselte ihn schon seit vielen Jahren ans Bett. Innerhalb der letzten Jahre bekam er vier Infarkte und seine Parkinsonkrankheit nahm ihm die Bewegungsfähigkeit. Doch er hatte mich. Mich, seine angetraute Ehefrau, die ihn liebevoll pflegte, die Tag und Nacht für ihn da war. Ohne im Geringsten an mich selbst zu denken, opferte ich mich für ihn auf." Dabei wurde Frau K. von der eigenen Rührung über ihre Güte übermannt und sie verharrte einen Moment andächtig, anscheinend sich genau besinnend, was sie doch für ihren Mann alles getan hatte.

Zeit für mich zu überlegen, was die Krankheiten besagten, mir die möglichen seelischen Gründe anzuschauen:

Herzinfarkt

- Presst sich wegen Geld, Position oder Ähnlichem alle Freude aus dem Herzen.

Parkinson'sche Krankheit

- Angst und ein starkes Verlangen, über alles und jeden Kontrolle auszuüben.

Wer konnte seine Ehefrau besser kontrollieren als ein bewegungsunfähiger Mann, der von ihr gepflegt wurde? – "Ja, aufgeopfert habe ich mich für ihn", wiederholte Frau K. erneut und plötzlich wurde ihre Stimme einen Ton leiser, als sie weiter erzählte: "Eines Tages lag sein Ehering auf seiner Brust. Ich erschrak furchtbar, denn eigentlich war er überhaupt nicht in der Lage, den Ring abzuziehen und dort hinzulegen. Instinktiv fühlte ich, dass er ihn nicht mehr tragen wollte und legte den Ring in eine Schublade. Trotzdem verbat ich mir den geringsten Gedanken eines Lösens und behielt meinen Ehering selbstverständlich an. Schließlich waren wir seit fast fünfzig Jahren verheiratet und immer zusammen gewesen. Nein, er durfte nicht sterben und mich einfach zurücklassen. Wenn auch die früheren Jahren unserer Ehe nicht gerade rosig gewesen waren, er mich mit seiner dominanten Art und seiner Sparsamkeit oft zur Weißglut gebracht hatte, so waren wir vor Gott getraut und keiner war allein.

Doch nun fühle ich mich so einsam. Meine offenen Beine behindern mich in meiner Bewegung, und die Zuckerkrankheit ließ meine Augen so schlecht werden, dass ich fast nichts mehr lesen kann. Meine drei Töchter haben auch kaum Zeit für mich. Sie haben selbst genug Probleme mit ihrer Gesundheit und den Familien. Ich sage ihnen zwar jedes Mal, dass sie nun mehr für mich da sein sollten, wo es mir doch so schlecht geht, aber sie tun es nicht. So sitze ich tagein, tagaus in meiner Wohnung und weiß überhaupt nicht, was ich hier auf Erden noch soll. Solange ich meinen Mann pflegen konnte, war mein Tag ausgefüllt, doch nun ..." Und mit einem tiefen Seufzer zog Frau K. ein frisches, blau umhäkeltes Taschentuch aus ihrer Handtasche und warf einen klagenden Blick gen Himmel. "Ich habe sogar schon Herzprobleme bekommen, aber die Ärzte schieben vieles auf das Alter und meinen, dass man da sowieso nichts mehr machen könne. Sie kümmern sich auch nicht um mich, ich kann ihnen noch nicht einmal in Ruhe erzählen, wie schlecht es mir geht. Keiner hat mehr Zeit."

"Oh, Gott, bitte hilf mir, für diese Frau die richtigen Worte und den geeigneten Heilstein zu finden", bat ich, denn ich mochte ihr nicht sagen, dass sie ihren Mann viel zu lange festgehalten hatte. Mit Liebe hatte das nichts zu tun, vielmehr war es purer Egoismus. Kein Wunder, dass er verstarb, sobald sie ihn endlich einmal für kurze Zeit allein ließ. Vorher hatte er ja keine Chance zu gehen, die seelischen Fesseln waren zu stark und ungesund für beide.

"Danken Sie Gott für die vielen Jahre, die Sie mit Ihrem Ehemann verbringen durften, denken Sie in Liebe an diese zurück! Zehren Sie von den schönen Ereignissen! Eines Tages werden Sie sich im Himmel wiedersehen, doch jetzt wünscht sich Ihr Mann sicherlich, dass Sie noch ein bisschen Frieden finden und die restlichen Lebensjahre in Harmonie und Ruhe verbringen können. Vielleicht hilft Ihnen dieser Stein." Ich legte ihr einen grünen Malachit in die Hand und segnete sie gedanklich.

Malachit - reinigt die Seele und den gesamten Organismus.
Er kann zu mehr Ausgeglichenheit, Lebensfreude,
Verständnis und Liebe verhelfen.

Ich wünschte es ihr von ganzem Herzen.

Von guten Mächten wunderbar geborgen

Einen nahen Verwandten leiden zu sehen, leiden über Wochen, geht schon unter die Haut. Wenn Reiki auch hilft und stärkt, so nahmen mich die Besuche im Krankenhaus bei meinem Vater sehr mit und manchmal verspürte ich auch einfach keine Lust, die weite Fahrt auf mich zu nehmen.

So war es auch an jenem Donnerstag im April. Den ganzen Tag arbeitete ich und unsere Kinder waren an diesem Abend besonders nervig. Ich wünschte mir Ruhe, nur Ruhe und einen gemütlichen Feierabend vor dem Fernseher. Zwar wollte ich an diesem Tag zu meinem schwer kranken Vater ins Krankenhaus fahren, doch es fehlte mir jeglicher Antrieb und so rief ich im Krankenhaus an, um mich nach seinem Zustand zu erkundigen. Vielleicht hatte sich dieser in der Zwischenzeit verbessert und ich konnte mit ruhigem Gewissen zu Hause bleiben, musste nicht fünfzig Kilometer durch die Nacht fahren. Heute war ich einfach zu müde dazu. "Der Zustand Ihres Vaters ist unverändert", erklärte mir ein ziemlich mürrischer Krankenpfleger am Telefon. Hm, unverändert, das konnte bedeuten, er müsste sich noch länger quälen, aber möglicherweise auch, dass er diese Nacht nicht überlebt. Wenn ich mich heute aus Bequemlichkeit auf der Couch räkelte und mein Vater heute starb, würde ich es sehr bereuen.

So überwand ich meinen inneren Schweinehund, setzte mich ins Auto und fuhr nach Heidelberg. Nach knapp dreißig Minuten erreichte ich das Krankenhaus oben auf dem Berg, wunderschön gelegen. Doch jetzt war alles dunkel, die Natur schlief und ich begab mich unverzüglich in das Zimmer meines Vaters. Am frühen Nachmittag diesen Tages hatte ich bereits mit meiner Mutter telefoniert und sie hatte mich informiert, dass er in das Zimmer nebenan verlegt worden sei. Ich nahm mir vor, dieses zuerst mit Reiki zu reinigen, um es in einen anderen Schwingungszustand zu versetzen.

Reiki-Krankenzimmer-Reinigung:

1) Zweites Reiki-Zeichen (SHK) in eine beliebige Ecke visualisieren.

2) Gedanklich sagen: *Alle negativen Energien verlassen diesen Raum ... alle negativen Energien verlassen diesen Raum ... alle negativen Energien verlassen diesen Raum ...!*

3) Danach dreimal sagen: *Licht und Liebe erfülle diesen Raum, ... Licht und Liebe erfüllen diesen Raum ..., Licht und Liebe erfüllen diesen Raum.*

4) Fixieren mit dem ersten Reiki-Zeichen (CHO).

Jede weitere Ecke (Himmelsrichtung) des Raumes affirmieren, ebenso den Fußboden und die Zimmerdecke.

5) Je einmal die drei Reiki-Zeichen des zweiten Reiki-Grades sehr groß in die Mitte des Raumes stellen:

- erstes Reiki-Zeichen: CKR
- zweites Reiki-Zeichen: SHK
- drittes Reiki-Zeichen: HSZSN

Danken!

Als ich das Zimmer betrat, fiel mir sofort der angenehme, frische Geruch auf. Angenehm, frisch? So hatte es doch hier in diesem Krankenhaus noch nie gerochen. Ich musste mich irren. Mein Vater lag schlafend in seinem Bett und schnarchte leise. Er sah ja so friedlich aus. Friedlich, gar nicht von Schmerzen gepeinigt wie bei meinen letzten Besuchen. Aber der Pfleger hatte doch gesagt, der Zustand sei unverändert. “Das stimmt ja gar nicht”, dachte ich, “es geht meinem Vater viel besser”. Er schlief so friedlich, dass ich ihn gar nicht wecken mochte.

So beschloss ich, wie ich mir bereits zu Hause überlegt hatte, gleich einmal sein Einzelzimmer mit der Reiki-Energie zu reinigen. Wieder schnupperte ich, es roch aber so gut hier, so einen herrlichen Duft hatte ich noch nie wahrgenommen. Neugierig streifte ich um die verschiedenen Apparaturen herum. Konnte der Geruch davon kommen? Nein. Die waren nicht die Quelle, oder kam der Duft von draußen? Das Fenster war leicht geöffnet und ich trat dorthin. Nein, dieser Duft kam auch nicht von draußen, sondern schwächte ab, je mehr ich mich der Abendluft näherte. Was hatte das Personal nur verwendet, um diesen Wohlgeruch zu erzeugen? Ich nahm mir vor, später den Pfleger danach zu befragen und jetzt doch meinen Vater sanft zu wecken, damit er bemerkte, dass ich zu ihm gekommen war. Eine Reinigung ist hier vollkommen überflüssig, vermeldete mir meine innere Stimme und ich gab ihr spontan Recht. Denn es roch nicht nur außergewöhnlich gut, es lag auch eine ganz besonders angenehme Schwingung in der Luft. Etwas so Besonderes, was ich auf keinen Fall herausreinigen oder vertreiben wollte.

Liebevoll streichelte ich über die Wangen meines Vaters und massierte ihm ein bisschen seine Handgelenke. Wie schön, das Pflegepersonal hatte ihn diese Nacht nicht ans Bett gebunden wie in den Tagen zuvor, denn leider riss sich mein Vater immer wieder die Kanülen aus den Armen, sodass man ihn zu seinem eigenen Schutz die Hände ans Gitterbett band (aus heutiger Sicht würde ich eine solche Maßnahme nicht mehr dulden). Trotz seiner geschlossenen Augen glaubte ich, dass er mich wahrnahm, registrierte, dass sein Kind da war. Was ist bloß besser für ihn, richtig wach zu sein und mich zu sehen, dabei aber vielleicht wieder körperliche Schmerzen und Pein ertragen zu müssen, oder sollte ich ihn einfach schlafen lassen und dabei riskieren, dass er mich vielleicht doch nicht bemerkte? Ich konnte mich nicht entscheiden und begann, ihm Reiki zu geben. "Ein SHK-Zeichen ist bestimmt nun auch gut für ihn", dachte ich. Die ausgleichende Wirkung würde das Richtige für ihn tun, möglicherweise meinen Vater in friedvoller Ruhe weiter schlafen lassen oder ihn sanft wecken. Behutsam visualisierte ich das Reiki-Zeichen mit meiner Hand auf seine eingefallene Wange und bat um die Reiki-Energie.

Doch was war das? Es floss kein Reiki aus meinem Handchakra, sondern es geschah genau das Gegenteil. Auf für mich unerklärliche Weise erhielt ich eine Energie, und dieser Strom verlieh mir eine wohlige Kraft, ja sogar ein regelrechtes Glücksgefühl durchströmte mich und machte mein Hiersein so angenehm. Jegliche Anspannung in mir löste sich und ich verspürte überhaupt keine Müdigkeit mehr. So etwas hatte ich noch nie zuvor erlebt, ein Schwerkranker, der mir Energie gab und selbst keine Reiki-Energie benötigte. Was bedeutete dies?

Fragend betrachtete ich sein Gesicht und sah diesen besonderen friedvollen Ausdruck. Mein Gott, war das schön, ihn so zu sehen, nach diesen vielen schmerzhaften Anblicken in den vergangenen Tagen, wo er so verzweifelt gestöhnt und sich gequält hatte. Ob er doch wieder gesund werden würde? Irrten sich die Ärzte und eine Genesung war noch möglich? Ich begann zärtlich über seine Wange zu streichen und sah - er war gegangen.

Hinaus aus seinem gequälten Körper, hinüber in eine schönere Dimension. "Oh, Papa, wie freue ich mich mit dir, dass deine Seele sich lösen durfte und du nicht mehr länger körperlich so sehr leiden musst", dachte ich. Ich dankte, dass ich in der Stunde seines Todes bei ihm sein durfte, ja genau in diesem Moment, denn es waren noch keine zehn Minuten seit meiner Ankunft im Krankenhaus vergangen. Während ich seinen leblosen Körper umarmte und mir die Tränen übers Gesicht liefen, dankte ich Gott, dass ich an diesem Abend doch zum Herfahren gelenkt worden war, dass meine innere

Stimme mich laut genug zu dem Krankenhausbesuch überredet und ich meine Bequemlichkeit überwunden hatte.

Einige Zeit blieb ich in inniger Umarmung, tiefer Verbundenheit und andächtigem Gebet. Dann verabschiedete und löste ich mich, um das Krankenhauspersonal zu informieren. Der Tod wurde ärztlich bestätigt, und ich zog mich in die Krankenhauskapelle zum Gebet zurück. Eine halbe Stunde später ging ich wieder in das Sterbezimmer und da traf mich fast der Schlag. Mein Gott, stank das hier. Wo war denn diese wunderbare Luft, der besondere Duft, geblieben? Es roch ja wieder scheußlich, so scheußlich wie immer. Sofort schaltete sich meine innere Stimme ein und erklärte mir, dass die Seele meines Vaters den Raum verlassen hatte. Zusammen mit seinem himmlischen Begleiter, seinem Engel. Von diesem war er durch den Sterbeprozess begleitet und abgeholt worden. Das himmlische Wesen befand sich bereits in seinem Zimmer, als ich eintraf und daher kam der herrliche Duft. Deshalb benötigte Papa im Moment seines Todes auch keine Reiki-Energie von mir, sondern im Gegenteil, sogar ich durfte die himmlische Energie erleben und wurde in die unendliche Liebe mit eingehüllt. Jetzt hatte der Engel mit der Seele meines Vaters die Stätte des Leidens verlassen und nur sein Körper befand sich noch hier.

Ich glättete sein lang gewordenes weißes Haar, und steckte eine rote Rose zwischen seine gefalteten Hände. Dann setzte ich mich auf einen Stuhl und sandte ihm Reiki-Fernenergie begleitend auf seinen Weg. Danke Papa, das war für mich das großartigste Geschenk, das du mir machen konntest. Dass ich dabei sein durfte und zu der Erkenntnis gelangen konnte, keiner stirbt allein.

Der Engel des Todes ist nicht grausam, sondern voll unendlicher Liebe, umgeben von einem himmlischen Duft.

Ich durfte den Duft des Engels riechen, die Liebe spüren und den Tod als etwas Wunderschönes erfahren. Und wenn auch die anderen meine Tränen für Trauer hielten, so wissen Papa und ich, dass es Tränen der Freude waren. **Mein Gott, ich danke dir so unendlich für dieses Erlebnis.**

Bei allen bedeutenden Übergängen
sind Engel zugegen.

(Jeanne Ruland)

Wer lenkt, wenn ich falsch denke?

Der Tod von Lady Di schockte, wie so viele Menschen, auch mich sehr stark. An jenem Sonntagmorgen im August 1997 hörte ich die erschütternde Nachricht im Radio und vermochte sie erst gar nicht zu fassen. "Was reden die denn da,", dachte ich, "das kann doch gar nicht sein." Aber die Meldungen wiederholten sich und stellten sich leider als wahr heraus. In der darauf folgenden Woche verstarb auch Mutter Teresa und auch sie war für mich eine herausragende Persönlichkeit, deren Engagement ich sehr bewunderte.

Sehr positiv empfand ich die vielen gemeinsamen Gebete der Menschen, die Lichter, die für sie angezündet wurden und der Schleier von Frieden, der dadurch für kurze Zeit über weiten Teilen der Welt lag.

»Der Tod ist ganz einfach das Heraustreten aus dem
physischen Körper
und zwar in gleicher Weise,
wie ein Schmetterling aus seinem Kokon heraustritt«

»Sterben ist nur ein Umziehen in ein schöneres Haus«

Elisabeth Kübler-Ross

Wie die Menschen überall, so sprachen auch wir an unserem Reikiabend über die Todesnachricht von Lady Di, Mutter Teresa und Dodi. Eine Kursteilnehmerin schlug vor, den drei Verstorbenen Fernreiki zu senden, aber ich winkte ab: "Die brauchen unser Reiki nicht, für alle drei sind so viele Gebete gesprochen worden, da haben sie unser Reiki nicht mehr nötig." Und für mich dachte ich: "Allein für Mutter Teresa haben dermaßen viele Ordensschwestern und Geistliche gebetet, diese Gebetsqualität ist sicherlich viel besser als mein Reiki." Zwar war ich kein *Saulus* mehr, doch vom *Paulus* noch weit entfernt und vermochte mir zu dem damaligen Zeitpunkt nicht vorzustellen, dass mein Gebet den gleichen Stellenwert wie das einer Ordensschwester haben könnte.

So schlug ich vor: "Lasst uns lieber einer nicht so prominenten Seele Reiki senden, einer Seele, für die nicht so viele Gebete gesprochen wurden." Daher kam an diesem Abend einem älteren Herrn aus unserem Wohnort der Reikilichtstrahl zugute, an dessen Namen ich mich erinnerte, da ich von seinem Tod im Gemeindeblatt gelesen hatte. Während des Sendens von Reikienergie an Lebende oder Verstorbene kann man über alles sinnieren, was einen gerade so bewegt. Ich war gedanklich wieder bei Lady Diana und irgendwie empfand ich, dass ich einen Fehler beging mit dem Abschlagen des Reikienergiesendens. "Aber wenn wir Lady Di Reiki senden, dann sollten wir die Musik 'Candle in the Wind', ihr Lieblingslied, im Recorder abspielen", überlegte ich. Doch diese CD besaß ich nicht und in den Plattengeschäften war sie zu dieser Zeit ständig vergriffen.

Selbst später, als ich wieder zu Hause war, beschäftigte mich noch dieses Thema und das Gefühl, falsch gehandelt zu haben, ließ mich nicht los. Irgendwie fühlte ich mich zu einer Verteidigung gezwungen und so betete ich einmal wieder eines meiner wenig christlichen Nachtgebete: "Weißt du, lieber Gott, ich hätte ja vielleicht Reiki geschickt, aber ohne die Musik von Elton John fehlte der passende Rahmen. Und außerdem haben die drei ja auch genügend Licht und Liebe durch die vielen Gebete in aller Welt erhalten. Danke für den schönen Reikiabend und dein Verständnis."

Beruhigt schlief ich ein, und wie jeden Morgen klingelte mich um sieben Uhr der grässliche Wecker aus meinem Tiefschlaf, den ich um diese Uhrzeit immer habe. Ich schlurfte in die Küche, um die Frühstücksbrote der Kinder zu richten und da traf mich fast der Schlag. Auf dem Küchentisch lag eine CD von Elton John und bevor ich den Titel lesen konnte, war mir klar, es ist "Candle in the Wind". Ja, es war das alte Original, die erste Fassung. Vor lauter Aufregung wurde ich putzmunter und mein Gesicht immer roter. Mit niemandem hatte ich über das Lied gesprochen, nur mit Gott. Keinem Menschen gegenüber äußerte ich die Meinung, Reiki nur mit diesem Lied schicken zu wollen. Hatte ER etwa heute Nacht, als ich schlief, einen Engel mit der CD geschickt? Unsicher blickte ich mich um, vielleicht war der Gottesbote ja noch da. Nein, zum Glück war nichts zu sehen. Ich liebe zwar Engel, aber im Moment war mir so unheimlich zumute und mehr glaubte ich nicht mehr zu verkraften.

So setzte ich mich auf den Küchenstuhl und meine gewohnte morgendliche Müdigkeit kehrte zurück. Sieben Uhr ist einfach nicht meine Uhrzeit. Während ich leicht dösend die Brote richtete, vernahm ich plötzlich eine klare und muntere Stimme in meinem Inneren: “Es gibt nicht genug oder zu viel Licht und Liebe. Lass die Seelen selbst entscheiden, ob sie Fernreiki annehmen oder ablehnen wollen. Sage nie: ‘Ihnen braucht ihr kein Reiki zu senden, die haben schon genug positive Energie.’ Lass stets jede Seele selbst entscheiden!”

Uff. Das war deutlich. Ja, ja, ich verstand. Lady Diana, Mutter Teresa und Dodi würden vielleicht auch unser Reiki gerne annehmen und sollten dies zumindest selbst entscheiden dürfen. Natürlich würde ich mein Fehlverhalten auf dem nächsten Reikiabend korrigieren und der Reikigruppe das Senden von Fernreiki für die drei Verstorbenen vorschlagen. Doch wie kam die CD von Elton John heute Nacht auf unseren Küchentisch? Es ließ mir keine Ruhe, das wollte ich jetzt unbedingt herausfinden. So rief ich kurzerhand meinen Mann im Geschäft an und fragte ihn. Er war sehr überrascht, dass ich ihn zur frühen Morgenstunde wegen einer CD anrief, vergewisserte sich lieber noch, ob auch wirklich alles in Ordnung sei und sagte dann: “Ja, die habe ich auf den Tisch gelegt. Wie du ja eigentlich wissen solltest, habe ich heute Nacht meine Fußballfreunde in unserem Wagen zum Frankfurter Flughafen gefahren, damit sie ihren Mallorcaflieger erreichen. Harald vergaß dabei die CD im Autorekorder und ich nahm sie heute Morgen mit hinein. Was ist da Besonderes dabei?” “Ich erkläre es dir heute Abend”, versprach ich und beendete das Telefonat. Jetzt war ich doch beruhigt, dass es nur mein Mann war, der “zufällig” an diesem Morgen die CD auf den Tisch gelegt hatte. Aber gleichzeitig war ich auch gerührt, dass Gott mich wirklich hörte, mich, ausgerechnet mich.

Gott ist in uns und um uns.
Er sieht alles, hört alles und wenn wir ihn darum bitten,
leitet er uns.

Allerdings wurde ich mit zunehmender Munterkeit dann auch ärgerlich. Wie konnte er, mein Gott, meiner empfindsamen Seele am frühen Morgen so einen Schreck einjagen. Schon wieder selbstsicher geworden, motzte ich dafür ein bisschen: "Weißt du, lieber Gott, das ist die alte Version, eigentlich hätte ich ja lieber die neue Version von 'Candle in the Wind' gehabt, die hat Elton John nämlich extra für Diana etwas verändert", klärte ich ihn dann vorsichtshalber noch auf.

Nun erschrak ich allerdings nicht mehr, als ein paar Stunden später ein Fax einer meiner Reikischülerinnen ankam: "Habe zufällig Elton Johns neue CD 'In loving memory of Diana, Princess of Wales' erstehen können, bringe sie mal zum nächsten Reiki-Treffen mit." - Wow, wie schnell Gott CDs besorgen konnte. Ich nahm mir vor, doch enger mit ihm und der geistigen Welt zusammenzuarbeiten.

Und wäre Christus
tausendmal
in Bethlehem geboren
und nicht in dir,
so wärst du
ewiglich verloren!

(Ein christlicher Mystiker)

Reiki als Depot anlegen

Mareike aus Otterstadt schrieb mir: "Zur Geburt unserer zweiten Tochter habe ich mir rechtzeitig das von dir empfohlene Reiki-Depot angelegt. Ich bin überzeugt, dass es mir sehr geholfen hat, denn diese Geburt war wesentlich einfacher und unkomplizierter als beim ersten Kind."

Reiki-Depot anlegen:

1) Hände waschen, Schmuck ablegen, sich in die innere Mitte begeben (zentrieren).
2) Bestimmen: *Reiki soll als Depot angelegt sein. Reiki soll fließen zur Unterstützung bei der Geburt, zum Wohle aller Beteiligten. Alle Beteiligten sind frei, die Heilenergie Reiki anzunehmen oder abzulehnen.*
3) Um Reiki bitten.
4) Erstes Reiki-Zeichen (Kraftzeichen) visualisieren.
5) Zweites Reiki-Zeichen (Harmoniezeichen) visualisieren.
6) *Reiki-Depot für ...* - 3-mal sagen.
7) Drittes Reiki-Zeichen (Fernkontaktzeichen) visualisieren.
8) Mit der Reiki-Energie das Depot füllen.
9) Erstes Reiki-Zeichen (Kraftzeichen) visualisieren.
10) Personen und Situationen verkleinert in Händen vorstellen.
11) Sagen: *"Friede sei mit euch, Gott schütze euch!"*
12) Wegpusten und Hände ausschütteln.
13) Für die erhaltene Reiki-Energie danken.

Durch den Wind

Langsam glitt das Flugzeug höher und höher durch die dichten Wolken, die Frankfurt vollkommen einhüllten, auf die strahlende Sonne zu. Wir befanden uns auf dem Flug nach Fuerteventura, der Insel *der starken Winde* im Atlantik. Zwei Wochen Urlaub lagen vor uns, Pause vom Alltag, abtauchen in die Entspannung und Erholung, soweit das mit vier Kindern im Alter von fünf bis dreizehn Jahren überhaupt möglich war. Diese schauten inzwischen aufgeregt durch die kleinen Bordfenster und so fand ich Zeit, meinen eigenen

Gedankengängen zu folgen. Ein Blick auf die Armbanduhr zeigte, dass es kurz vor fünfzehn Uhr war. In wenigen Minuten würde die Trauerfeier zur Beerdigung meiner Reiki-Schülerin Johanna beginnen. Bedächtig malte ich visuell das Reiki-Fernkontaktzeichen in die Luft und schickte ihr einen Reiki-Meisterenergiestrahl mit der rechten Hand. Durch die Einweihung in den dritten Reiki-Grad kann man diese Technik nutzen und es ist sehr sinnvoll, Toten Reiki zu senden.

So wie die Christen für ihre Toten beten, bewirkt auch der DKM-Lichtstrahl Positives für die Seelen und hilft bei der Heimkehr ins Licht.

1) *Sich selbst in das Meisterzeichen begeben.*
2) *Auf die Person einstimmen.*
3) *Sagen: "Du bist frei, die DKM-Energie anzunehmen oder abzulehnen."*
4) *Sagen: kompletten Vor- und Zunamen, 3-mal.*
5) *Fernkontaktzeichen (HS) visualisieren und Mantra dazu sprechen.*
6) *Zweites Zeichen (SHK) malen und Mantra sprechen.*
7) *Um Meisterenergie bitten.*
8) *Lichtstrahl visualisieren und ihn so lange wie notwendig zur betreffenden Person fließen lassen.*
9) *Erstes Zeichen malen und sprechen.*
10) *Kontakt beenden, sagen: "Friede sei mit dir, Gott schütze dich!"*
11) *Für die erhaltene Meisterenergie danken.*

Anschließend visualisierte ich erneut das Fernzeichen, um dann mit der linken Hand Reiki-Energie an Johannas trauernde Angehörige zur Hilfe für ihren schweren Gang zu senden. Welche Fügung Gottes, dass ich mich ausgerechnet in diesem Moment zwischen Himmel und Erde befand, beides verbindend, beides liebend.

Die Bilder der letzten Tage tauchten wieder vor mir auf. “Bitte sprechen Sie mit niemandem darüber!”, eine Spur zu schrill tönte die Stimme der bekannten Heilpraktikerin aus meinem Telefonhörer. “Erzählen Sie niemandem von den Stimmen, die Johanna in den letzten Wochen gehört hat!” Nur sie und ich, Johannas ehemalige Reiki-Lehrerin, wussten von den ständigen Stimmen in Johannas Kopf. “Sie hätte nicht gewollt, dass Sie darüber sprechen und außerdem verhilft es ihr nun auch nicht mehr zum Leben. Sie ist tot, gestorben durch einen Unglücksfall. Das hat die Polizei recherchiert, lassen Sie deshalb die Dinge ruhen wie sie sind!”, betonte Frau K. weiter mit einem drohenden Unterton. “Ich werde darüber nachdenken”, entgegnete ich leicht irritiert und wusste doch sofort, dass es falsch sein würde, über das ganze Geschehen den Mantel des Schweigens zu hüllen. Doch die Todesnachricht meiner Reiki-Schülerin Johanna schockte mich so sehr, dass ich über das Gespräch mit der Heilpraktikerin vorläufig nicht länger nachdenken wollte.

Ich lernte das hübsche junge Mädchen aus dem Nachbarort im Frühling des Jahres kennen. Sofort fielen mir ihre ausgeprägte Feinfühligkeit und Spiritualität auf. Mit strahlend blauen Augen stand sie in meinem Mineralienstudio und betrachtete fasziniert die Fülle der Kristalle. Während ich Johanna erklärte, dass Mineralien über ihre Schwingung bestimmte Wirkungen erzielen können, nahm sie als erstes einen Aquamarin in die Hand. Sie fühlte bedächtig prüfend und lachte plötzlich erfreut auf, da sie seine feine Schwingung nun auch selbst spürte.

Aquamarin,

der Name ist lateinisch und bedeutet Meerwasser. Der Überlieferung nach bringt er Wohlbefinden, gutes Gedächtnis und Hellsichtigkeit. Er klärt Verwirrung, kann Allergien lindern, fördert das geistige Wachstum, macht zielstrebig, ausdauernd, dynamisch und erfolgreich.

"Dann ist das genau der richtige Stein für mich, seit Jahren leide ich unter Allergien und möchte nun mit anderen Mitteln versuchen, diese endlich loszuwerden. Dynamisch und erfolgreich zu sein, das klingt auch sehr gut, ja das möchte ich auch gern", meinte sie nachdenklich. "Komisch, dass ich ausgerechnet diesen Stein als ersten gegriffen habe." "Das ist sogar normal, überhaupt nicht komisch. Kristalle, die wirklich gut für dich sind, *rufen* dich mit ihrer feinen Strahlung und ziehen dich automatisch an.

So lasse ich auch Kinder die Steine dadurch auswählen, indem ich ihnen verschiedene, für sie geeignete Mineralien hinlege, und sie dürfen dann selbst entscheiden, welchen sie möchten, zum Beispiel einen Ruhestein (*Aventurin - zum besseren Einschlafen*) oder einen Powerstein (*Tigereisen - behebt jeglichen Energiemangel*), einen Schutzstein (*Achat - dekorativ auch als Scheibe im Kinderzimmerfenster*) oder einen Konzentrationsstein (*Fluorit - ein hervorragender Lernhilfestein*). Da Kinder noch einen besseren Kontakt zu ihrer inneren Stimme haben, wählen sie intuitiv den für sie zur Zeit richtigen Stein aus. Die Mutter hätte vielleicht für ihren Sohn den Ruhestein gewählt, doch dieser sucht sich einen Kraftstein aus. Vielleicht benötigt er genau diese Schwingung im Moment, um sein Immunsystem zu stärken und so vor einer Krankheit geschützt zu sein."

Fasziniert hörte Johanna mir zu und sah mich mit ihren großen blauen Augen durchdringend an. Das intensive Blau erreichte dabei den Grund meiner Seele. Johannas Blick schien zu sagen: "Mehr, erzählen Sie mir mehr, viel mehr über diese Dinge!" Johanna saugte jede spirituelle Information in sich hinein wie ein trockener Schwamm die Feuchtigkeit. Ihre Feinfühligkeit als Talent und göttliche Gabe zu erkennen, war neu für sie. Bis zu unserem Kennenlernen empfand sie diese meist als hinderlich. Die hohe Sensibilität ließ sie kontaktscheu werden, allzu oft fühlte sie sich von ihrer Umwelt nicht verstanden. Im Moment jedoch genoss sie es, den feinen Energiestrom, von den Mineralien ausgehend, zu erspüren, und sie wählte sich sorgfältig verschiedene Steine aus.

Ich lehrte sie gerne, denn sie war in ihrer Sensitivität eine außergewöhnliche Besonderheit. Ich fühlte mich ähnlich einem Musiklehrer, der einen Caruso unter seinen Erstklässlern entdeckt. Johanna ein Stück ihres Weges begleiten und sie unterrichten zu dürfen, dafür war ich Gott sehr dankbar, wunderte mich jedoch auch, dass ausgerechnet ich die richtige Ausbilderin dieser *spirituellen Perle* sein durfte. Aber ER würde schon seine Gründe haben. Seit langem wusste ich, dass der Zufall, der die Menschen zu mir führte, immer richtig in der göttlichen Ordnung war.

Insbesondere empfahl ich Johanna ein paar kräftige Schutzkristalle, denn gerade sensitive Menschen nehmen die negativen Schwingungen ihres Umfeldes viel zu leicht auf und geraten dadurch schnell aus ihrem Gleichgewicht. Deshalb riet ich ihr zu dem schwarzen Schörl in Verbindung mit einer facettierten Bergkristall-Kugel.

Schörl (schwarzer Turmalin)

bewahrt davor, Opfer der negativen Energie eines anderen zu werden. Er ist einer der kräftigsten Schutzsteine überhaupt und wie kein anderer Edelstein in der Lage, uns vor jeglicher Art negativer Einflüsse und Strahlungen zu schützen.

Er verleiht Neutralität und Gelassenheit, leitet Spannungen ab und hilft bei Stress und Belastungen. Schörl regt klare und logisch rationale Gedankenvorgänge an, kann auch zur Narbenentstörung verwendet werden und alte Wunden heilen.

Er ist mit der Basis, den Wurzeln bzw. dem ersten Chakra verbunden und hilft daher auch, uns zu erden.

Die ***prismatische Bergkristall-Kugel***

harmonisiert negative Energie, die durch ihre vielen Facetten gebrochen wird. Sie kann zu starkes Sonnenlicht zerstreuen und positive Regenbogenfarben erzeugen.

Schörl-Bergkristall-Kombination

schützt vor negativer Strahlung und wandelt diese in harmonische Lichtenergie um, dadurch entsteht eine Kräftigung der Aura und Verstärkung der persönlichen Energie.

"Für diese wunderbare Kombination gilt also: Die Negativität der Umgebung wird in positive Kraft für dich umgewandelt und du kannst sie nutzen. In einer Lehre der Shaolin-Mönche heißt es ebenfalls: ***Nutze die Energie eines Angriffs zu deinem Vorteil. Die Kraft wird die deine werden, wenn du sie verstehst!***", erklärte ich weiter und Johanna fand auch gleich eine Zusammenstellung, die ihr besonders zusagte. Außerdem wählte sie für ihr spirituelles Wachstum und gegen ihre Allergien noch einen ausgefallenen Aquamarin-Rohstein. Spirituell wachsen wollte sie, in Windeseile, schnell, viel zu schnell.

"Johanna, mach doch langsam, mit deinen einundzwanzig Jahren hast du noch das ganze Leben vor dir!", lachte ich und bremste sie in ihrer Ungeduld. "Einen hohen Berggipfel darfst du auch nicht in kurzer Zeit ohne richtige Ausbildung, Unterstützung und Akklimatisierung erklimmen. Je höher du kommst, desto wichtiger ist es, deinen Körper auf die veränderten Bedingungen einzustimmen. Bei einer Höhe von über achttausend Metern, wie zum Beispiel bei dem Mount Everest, bedarf es sogar wochenlanger Vorbereitung in Zwischenlagern, bis der Körper soweit ist, dass man den Aufstieg wagen kann. Würde dich jemand innerhalb ganz kurzer Zeit vom Tal zum Gipfelkreuz bringen, so wärst du verloren, schon nach zwei bis drei Minuten tot. Und auch mit dem spirituellen Wachstum musst du aufpassen, es langsam angehen, damit die Schwingungsveränderungen deinen Körper nicht schädigen oder gar zerstören. Du bist so jung, hast dein ganzes Leben noch vor dir, lass dir Zeit mit deinem spirituellen Wachstum. Versuche nichts auf die Schnelle zu erzwingen!" Aber sooft Johanna in dem elterlichen Betrieb abkömmlich war, sprang sie bei mir ins Mineralienstudio herein und freute sich besonders, wenn sie mich einmal allein, ohne weitere Kunden, im Geschäft antraf und wir in Ruhe über ihre Probleme sprechen konnten.

Ihre Eltern besaßen eine große Farm, einen Viehbetrieb, der seit einigen Generationen von den Eltern an die Kinder weitervererbt wurde. Zwar war die Familie zu Ansehen und Wohlstand gekommen, doch es steckte für jedes Familienmitglied eine stressige und kräftezehrende Arbeit dahinter. Ein Zwölfstundenarbeitstag war an der Tagesordnung, werktags wie sonntags, und abends fielen alle erschöpft in ihre Betten, um am nächsten Tag in aller Herrgottsfrühe erneut mit dem Tagwerk zu beginnen.

Johannas ausgeprägte Feinfühligkeit und Sensibilität ließen sie in dem harten Geschäftsalltag nur schwer zurecht kommen. Dem alltäglichen Stress war ihre empfindsame Seele nicht gewachsen, Johanna konnte sich nicht genügend durchsetzen und manchmal bekam sie dann einen Tobsuchtsanfall, manchmal befiel sie eine Allergie nach der anderen.

Lise Bourbeau schreibt in ihrem Buch hierzu sehr treffend, dass Menschen, die an einer Allergie leiden, ihre Mitmenschen oder eine bestimmte Situation ablehnen; es fällt ihnen schwer, sich anzupassen. Demnach sind Allergiker - nach Aussage von Lise Bourbeau - innerlich zerrissen: ein Teil von ihnen liebt etwas, was ein anderer Teil von ihnen vehement ablehnt. So sträubte sich einiges in Johanna gegen das Leben auf dem Hof, doch diesen verlassen und damit ihre Eltern enttäuschen, das mochte Johanna auch nicht - und ihre Allergien wurden immer schlimmer.

Johanna liebte extravagante Autos, und so erhielt sie von ihren Eltern ein schickes Cabrio als Ausgleich zu ihrer harten täglichen Arbeit. Wenn sie so an warmen Sommertagen mit offenem Verdeck und langen, wehenden Haaren durch unser Dorf fuhr, folgte ihr manch neidischer Blick. "Oh, geht es der gut!", dachten viele - wussten sie doch nichts von dem tiefen Leid in der Seele des Mädchens, wie eben diesen Allergieproblemen, unter denen sie nun schon seit

Jahren litt. Die klassischen schulmedizinischen Behandlungen brachten nur leichte Erfolge, daher war Johanna vor kurzem auf Empfehlung einer Bekannten zu einer Heilpraktikerin gewechselt, und auch diese führte sie allmählich auf neue spirituelle Wege.

"Ja", nickte ich anfangs den Behandlungen zustimmend zu, "es ist besser, sich nicht ausschließlich auf die Schulmedizin zu verlassen, sondern auch mit alternativen Möglichkeiten und Naturheilverfahren zu versuchen, einen Heilerfolg zu erzielen. Es gilt außerdem zu erkennen, dass dir dein Körper mit jeder Krankheit etwas sagen will, dich auf einen Lebensfehler aufmerksam machen möchte und nur indem du diesen erkennst, kannst du wirklich gesund werden.

Dies betone ich auch ausdrücklich auf meinen Reiki-Kursen: **Es ist nicht die Reiki-Energie alleine, die zur Heilung führen kann, sondern das Lernen, anders zu denken, zu sprechen und zu handeln. Ein Leben in Liebe zu führen.** Immer wieder erlebe ich, dass mir Reiki-Schüler auf dem Kurs erklären: ‚Ich kann meinem Mann (Partner, Mutter, Vater etc.) nicht verzeihen, was er mir angetan hat. Ich will auch nicht vergessen und verzeihen.' Dann muss ich antworten: 'So wird dir weder die Reiki-Energie noch die Schwingung der Heilsteine etwas nützen, denn sie arbeiten nicht gegen deinen Willen.' Wenn du nicht bereit bist, wirklich aus tiefstem Herzen zu verzeihen und das Leid loszulassen, dann wirst du auch deine Krankheit durch diese Energien nicht heilen können."

"Eine Reiki-Einweihung ist sicherlich genau das Richtige für mich", überlegte Johanna und bat mich um einen schnellstmöglichen Termin. "Eigentlich kann ich nur am Dienstag einen ganzen Tag aus dem Betrieb fern bleiben", zögerte sie, und ich schaute in meinem Kalender nach. Die nächsten vier Wochen waren komplett mit täglichen Reiki-Kursen ausgebucht, nur der gewünschte Dienstag, der war zufällig frei. Das war wieder einmal typisch - der *Terminkalender Gottes*, so nannte ich manchmal diesen schwarzen, in

Leder gebundenen Timer. Im Laufe der vielen Jahre als Reiki-Lehrerin stellte ich immer wieder fest, dass Einweihungen, die stattfinden sollten, regelrecht von oben ermöglicht und organisiert wurden, oft auf wundersame Weise und indem andere Termine für Einweihungen blockiert und verhindert wurden. Mit diesem Gottes-Arrangement war ich auch vollkommen einverstanden, denn schon zu Beginn meiner Tätigkeit als Reiki-Lehrerin lehnte ich es ab, entscheiden zu müssen, wer in Reiki ausgebildet werden darf und wer nicht. Auch wann der zweite oder dritte Grad erlernt werden konnte, sollte ein aufrichtiger Wunsch allein des Schülers selbst sein und in göttlichem Einklang stehen, fand ich. So bat ich damals um himmlischen Beistand für den richtigen Zeitpunkt der Einweihungen und seitdem erhielt ich die Reiki-Schüler, für die ich die momentan richtige Ausbilderin war, mit himmlischer Perfektion.

Bei der Einweihung von Johanna war ich äußerst berührt und fühlte intensiv ihre Besonderheit, spürte etwas Königliches in ihr. Zwar blieben die ersten drei Einweihungen zum ersten Grad ohne außergewöhnliche Ereignisse, doch während des Schlussrituals der vierten Einweihung wechselte in meinem Bewusstsein der Einweihungsort, und wir befanden uns plötzlich nicht mehr in meinem Reiki-Raum, sondern in einer ägyptischen Pyramide. In tiefem Meditationszustand durfte ich Johanna an diesem besonderen Ort einweihen, in absolut reiner und geistiger Atmosphäre. Mystische Stimmen aus dem Nirgendwo flüsterten liebevoll: “Eigne dir göttliche Besonnenheit an!” “Lerne Vorsicht!” “Zügele dein Temperament!” “Lass Entscheidungen mit Geduld reifen!” “Als Mitarbeiter am großen Werk **binde dich nicht an Menschen, sondern erkenne in allen, was in ihnen göttlich ist, was irdisch und was höllisch ist!”**

“Schätze das Leben, das Leben ist Gott selbst!”

Nie mehr werde ich den Klang der Worte vergessen, sie sind mir ins Blut und ins Knochenmark gegangen, und es war nun meine Aufgabe, all dies zu verwirklichen, Johanna zu helfen. – "Halte sie, halte sie fest!", raunte es weiter. "Verbinde sie mit der Erde!" Voller Ehrfurcht nickte ich, bedankte mich für die Weisungen und tauchte aus dem Zustand des veränderten Bewusstseins wieder auf, kehrte in den Raum zurück. Ja, ich würde mir Mühe geben und mit der mir anvertrauten Seele, mit Johanna, ausführlich darüber sprechen.

"Johanna, die Erdung ist gerade bei dir besonders wichtig", erklärte ich ihr nach der Beendigung des Einweihungsrituals. "Du darfst nicht spirituell wachsen, wenn du nicht fest mit dem Boden verbunden bist. Erdung bedeutet die Verbindung zur Erdenergie und die Verbindung zum eigenen physischen Körper. Die Energie der Erde nährt und stabilisiert den Körper. Eine gute Methode sich zu erden, ist der Sport. Leider lieben gerade spirituelle Menschen diesen recht wenig, wie auch umgekehrt Sportler oft wenig mit Spirituellem anfangen können, sie sind zu fest verwurzelt, die anderen oft leicht abgehoben." Johanna nickte mir schmunzelnd zu und ich wusste, dass auch sie kein Interesse an sportlichen Aktivitäten besaß. So erklärte ich ihr weiter: "Du kannst dich auch mit visuellen Übungen erden, zum Beispiel lange Lichtwurzeln gedanklich in den Boden wachsen lassen, einen Baum gedanklich oder in Wirklichkeit umarmen, hüpfen oder frische Luft tief einatmen."

"Oh, diese Erfahrungen sind alle so wunderbar für mich", strahlte mich Johanna mit ihren blauen Augen an, schien aber an weiteren Ausführungen über die Erdung nicht sonderlich interessiert zu sein. Sie wechselte das Thema: "Stellen Sie sich vor, schon nächstes Wochenende bin ich wieder auf einem Seminar. Ein ganz besonderer Kurs, an dem nur speziell Ausgewählte teilnehmen dürfen. Meine Heilpraktikerin hat mir einen Platz ermöglicht und sie stellte für mich persönlich einen Kontakt zu diesem berühmten Professor her. Dort werde ich in ganz besondere spirituelle Techniken eingeweiht. Ist das nicht toll?" "Nun, was soll ich dazu sagen, ich persönlich denke, du solltest nicht so schnell so viel Energiearbeit machen. Wachse spirituell langsamer, so wie es dir bei der Reiki-Einweihung empfohlen wurde!" "Dieser hohe spirituelle Lehrer ist ein Professor der Schulmedizin, er hat sich zwar schon vor vielen Jahren anderen Heilungsverfahren zugewandt, doch ich kann davon ausgehen, dass er weiß, was er lehrt und mir nicht schadet", entgegnete Johanna. "Ich würde an deiner Stelle noch abwarten, ganz besonders nach den erhaltenen Ratschlägen während deiner Einweihung. Aber du musst deine Entscheidungen selbst treffen, ich weiß über die Dinge, die er dich lehren wird, zu wenig Bescheid, trotzdem bitte ich dich immer, auf deine Erdung zu achten, bleibe auf dem Boden, Johanna! Vertraue nicht den falschen Menschen! Lerne auch das Ablehnen, das Neinsagen. Sei vorsichtig und wachsam auch gegenüber sympathischen Menschen und lass dich auch nicht von spirituellen Lehrern im Übermaß beeindrucken!" "Keine Sorge, Frau Hilf, für mich beginnt jetzt ein ganz neues Leben, das spüre ich, und ich bin alt genug, um zu unterscheiden, was mir gut tut und was schadet." Gut gelaunt und voller Lebensfreude verabschiedete sie sich am Ende des Reiki-Kurses und versprach, sich bald wieder zu melden.

Bei einem der nächsten Zusammentreffen bemerkte ich, dass Johanna anscheinend auch das Pendeln gelehrt worden war. Bei jeder von ihr gestellten Frage reagierte der Isis-Pendel mit einer starken Schwingung und ab diesem Zeitpunkt kaufte Johanna nichts mehr ein, ohne den Pendel vorher zu befragen, wie gut das Produkt für sie sei. Ob Bett, Stuhl, Tapete oder Handtuch, bei allem wurde zuerst nachgefragt und von dem Ergebnis der tatsächliche Kauf abhängig gemacht. Ich war entsetzt. Gerade Johanna mit ihren wunderbaren Möglichkeiten durch die angeborene Feinfühligkeit benötigte dieses esoterische Hilfsmittel überhaupt nicht, sie durfte zumindest dem Pendel auch nicht so bedingungslos vertrauen. Doch wenn ich bei ihrem Tun besorgt meine Stirn in Falten legte und die Augenbrauen hochzog, meinte sie schnippisch: "Aber Frau Hilf, Sie benutzen doch selbst den Pendel." "Ja, das ist richtig, Johanna, ich pendele, wenn ich auf anderem Wege gar keine Möglichkeit habe, die Wahrheit zu finden. Ansonsten schaue ich mir zum Beispiel an, ob mir der Kristall gefällt, oder ob er in meiner Hand warm wird, ich gehe nach innen, lausche meinem Gefühl. Du musst unbedingt wieder deine innere Weisheit nutzen und dich selbst fragen, was dir gefällt und wie viel dir gut tut. Du musst den Kontakt mit deiner inneren Stimme wieder pflegen und nur, wenn du gar nicht weiter kommst, sind Hilfsmittel wie Pendel, Biotensor und Kinesiologie hilfreich zum Erkennen der möglichen Wahrheit. Mach dich doch vom Pendel nicht so vollkommen abhängig, er bestimmt ja schon regelrecht deinen kompletten Alltag, womöglich auch dein Berufsleben, das kann furchtbar katastrophale Folgen haben!" Missmutig wandte sich Johanna von mir ab, ignorierte meine warnenden Hinweise, denn was sie nicht hören wollte, was ihr unangenehm war, ließ sie einfach nicht mehr an sich heran. Sie blockte es ab. Trotzdem kam sie immer wieder auf einen Sprung in mein Mineralienstudio herein und erzählte von außergewöhnlichen Erlebnissen auf sehr exklusiven Seminaren. Doch es reichte auch nicht, alleine das Geld für die Gebühren der teuren Kurse aufzubringen, nein, nur ganz besonders ausgewählte Menschen durften daran teilnehmen. Auserwählte. Sie sei so eine Auserwählte und ihre Schilderungen beunruhigten mich immer mehr. Ich meinte, Anzeichen einer Sektentätigkeit zu erkennen, beschwor Johanna erneut, auf sich aufzupassen und wurde ausgelacht.

Inzwischen kam auch ihre Mutter öfters zu mir und entdeckte ebenfalls die geheimnisvollen Kräfte der Kristalle. Manchmal sprachen wir dann auch über Johanna, wobei ich sorgfältig darauf achtete, keinen Vertrauensbruch zu begehen. Allerdings fühlte ich, dass nun die Zeit gekommen war, wo ich auch Johannas Mutter warnen musste. Dem Realitätsverlust ihrer Tochter mochte ich nicht länger schweigend zusehen. Die starken Stimmungsschwanken, die esoterischen Abhängigkeiten, eine regelrechte Hörigkeit war zu erkennen. Das Mädchen befand sich in Gefahr und daher bat ich die Mutter, doch mal einen Psychologen um Rat zu fragen. Leider konnte ich ihr nicht die volle Wahrheit um Johanna erzählen, ohne deren vertrauliche Gespräche zu verraten. So ließ sie sich auch nicht von der Notwendigkeit überzeugen. Ich verstand sie, wurde ich doch vor ein paar Monaten selbst von einer Lehrerin eines meiner Kinder zu einem Gespräch in die Schule gebeten und es wurde mir der Besuch eines Psychologen mit dem Kind nahe gelegt. Mir war bekannt, dass die Lehrerin eine totale Gegnerin meiner beruflichen Tätigkeit war, Reiki und Heilsteine als Teufelswerk verurteilte, und ich vermutete insgeheim, dass sie im Grunde genommen mir eins auswischen wollte. Sie behauptete, unser Sohn gehöre in eine psychologische Betreuung, es wäre gut, zu einem beratenden Gespräch zu gehen und reichte mir auch gleich eine Telefonnummer über den Schreibtisch. Hierbei handelte es sich um einen ihrer Bekannten, der die Klasse für eine halbe Stunde besucht und angeblich verhaltensauffällige Kinder herausgefischt hatte. Darunter eben auch einen unserer Söhne.

Ich lehnte ein Gespräch mit dem Psychologen rigoros ab und ließ auch mit Absicht die Telefonnummer auf ihrem Tisch liegen. Ständig war die Lehrerin krank und es fehlten den Kindern immense Unterrichtsstunden. Sollte sie sich doch besser einmal ihre eigene Seele untersuchen lassen und sich mehr spirituellen Naturgesetzen öffnen, anstatt zu verurteilen. Ärgerlich verließ ich das Schulzimmer, doch als ich nach Hause kam, begann ich nachzudenken. Vielleicht war ich ja doch *fachblind* geworden, beschäftigte mich mit so vielen menschlichen Problemen und übersah in nächster Nähe womöglich Nöte und Defizite bei meinen eigenen Kindern. Als Gründe nannte besagte Lehrerin: überschwänglich sei er, mal himmelhoch jauchzend, dann wieder sehr betrübt. Unausgeglichen, mal laut redend am Stück, dann wieder überhaupt nichts sagend. Er stehe gern im Mittelpunkt und habe ständig verrückte Ideen im

Kopf. - Liebe Zeit, das konnte genauso gut eine Beschreibung von mir sein, ich genoss meine Autorenlesungen und stand dann natürlich im Mittelpunkt, ich neigte auch zu Überschwänglichkeit, das Alter hatte mich zwar gemäßigt, aber manchmal war ich auch heute nicht zu bremsen. Jauchzend, wenn mir Reiki-Schüler schöne Erlebnisse berichteten und betrübt, wenn wir mit der Heilenergie nicht genügend erreichen konnten oder ein Leben zu Ende ging. Nach ihrer Beurteilung war ich also selbst ein Fall für den Psychiater. Nein, meine verehrte Lehrerin, jetzt musste ich wirklich schmunzeln, so gesund, glücklich, zufrieden und erfolgreich wie ich mich fühlte, würde ich nichts an mir verändert haben wollen.

Tja, und der Apfel fällt nicht weit vom Stamm. Trotzdem entschloss ich mich, noch andere Meinungen zum Verhalten unseres Sohnes einzuholen, Personen zu fragen, die mit ihm in Kontakt waren, ihm aber doch nicht so nah standen, wie ich es tat: Betreuer aus den Sportvereinen, Horterzieher, Bekannte und gute Freunde. Doch wo ich auch nachfragte, alle bestätigten mir eine große Sympathie für dieses Kind, er sei manchmal etwas sehr spontan, aber er habe das Herz auf dem rechten Fleck - ja, alle liebten ihn. Na gut, dann lag ich doch richtig mit meiner Meinung über ihn, und nach dieser Umfrage erklärte auch mein Mann der Lehrerin, dass wir nicht gewillt waren, mit einem kerngesunden und überall beliebten Kind zum Psychologen zu gehen. An diese Vorkommnisse musste ich denken, als ich Johannas Mutter den Rat gab, sich einmal noch an anderer Stelle zu informieren.

Innerhalb weniger Wochen veränderte sich Johannas Verhalten weiter recht auffällig. Früher war sie sensibel und schüchtern gewesen, nun verhielt sie sich oft aggressiv, sogar verhöhnend und meinte zu mir: "Ich habe Dinge kennen gelernt, wenn ich darüber sprechen würde, würde es keiner glauben. Energien mit unvorstellbaren Kräften und Mächten. Da können Sie Reiki vergessen." "Johanna, meinst du nicht, dass die Kurse, die du besuchst und ja anscheinend sehr teuer bezahlst, auch gefährlich für dich sein können?", entgegnete ich entsetzt, doch Johanna richtete sich kerzengerade auf und sprach mit eigenartiger Stimme: "Ich bin berufen, ich bin die Reinkarnation der Mutter Gottes Maria. Ich bin wiedergeboren, um die Welt zu retten. Ich muss die ganze Welt retten, dies ist meine Aufgabe, dies ist meine Bestimmung, sonst wird die Menschheit ausgelöscht. Danach werde ich heilen, bald werde ich viele Leute heilen. Aus der ganzen Welt werden die Menschen zu mir kommen, um geheilt zu werden und Sie, Frau Hilf, sind eine meiner Prüfungen." Dabei ließ Johanna ihre Hand durch die Luft sausen. "Sie wollen mich daran hindern, dazu sind Sie auserwählt worden, aber nichts wird mich mehr von meiner Berufung stoppen können, denn nun bin ich stark."

"Ach, du liebe Zeit!", jetzt wurde ich wirklich blass. In welch verzwickte Situation war ich nun schon wieder geraten, gefährdete ich womöglich mangels spirituellem Durchblick die Rettung der Erde? Ich ging kurz in mich, in meine Tiefe, zu meinem Bauchgefühl und antwortete dann festen Blickes in ihre Augen: "Ich bin absolut nicht erwählt, um spirituelle Entwicklungen zu verhindern, sondern genau das Gegenteil, ich fördere das geistige Wachstum, die Verbindung mit hohen Bewusstseinsanteilen und dem göttlichen Sein. Aber bei dir habe ich das Gefühl, dass du deinen spirituellen Weg zu schnell gegangen bist und die Verbindung zur Erde verloren hast. Spirituelle Entfaltung bedeutet nicht *abheben,* sondern die Bewusstheit in alle Richtungen auszudehnen, zwar in Kontakt zu sein mit höheren Bewusstseinsebenen, das Unbewusste bewusst werden zu lassen, aber man muss auch bewusst im Hier leben und das Gelernte als Hilfe für den Alltag umsetzen.

Du aber besuchst zu viele Seminare, scheinst abhängig und in gefährliche Kreise hineingeraten zu sein. Mein Instinkt sagt mir, dass du in großer Gefahr schwebst und aufpassen musst, nicht in die Fänge einer Sekte zu geraten. Ich bin etwas im Internet gesurft und habe herausgefunden, dass es da eine Verbindung von deiner Heilpraktikerin zu deren Ausbilder, dem Leiter deiner Seminare und von diesem weiter zu einem Netzwerk in der Schweiz gibt. Die Struktur dieses Schweizer Netzwerkes sieht verdächtig nach einer Sekte aus. Johanna, sei vorsichtig, sprich doch mal offen mit deinen Eltern!" "Nein, meine Eltern können mich nicht verstehen und außerdem ist es lächerlich, was Sie sagen", ereiferte sie sich wütend über meine so direkten Worte. "Meine Heilpraktikerin ist vollkommen erhaben über solche Mutmaßungen. Sie ist wie eine Göttin und sie führt mich voll Liebe. Ich bin nun unter direktem göttlichen Schutz, mir kann überhaupt nichts mehr passieren. Meine Stimmungswahrnehmung und die Sinneswahrnehmungen sind durch die Schulungen immens verstärkt worden, ich höre besser, rieche besser, sehe besser und bin von sämtlichen Allergien geheilt worden. Außerdem kann ich jetzt sogar selbst Heilenergien übertragen, telepathische Fähigkeiten entwickelten sich bei mir, ich bin hellsichtig geworden und ich kann häufig die Gedanken meiner Mitmenschen lesen. Zum Beweis sage ich ihnen jetzt: Bis zum nächsten Wochenende wird sich der große Geistführer X. bei Ihnen melden." Und mit diesen Worten machte Johanna auf dem Absatz kehrt und rauschte hinaus.

Nachdenklich blieb ich zurück und überlegte: Sollte ich mal den Vater informieren über Johannas riskante Kontakte? Ihn über die Gefahr durch die geballte Ladung an feinstofflicher Energie aufklären, welche sie durch die craniosakralen Behandlungen, Reinkarnationstherapie, Channeling, Aura-Soma, Bachblüten usw. erhielt? Johanna machte so vieles gleichzeitig, in zu kurzen Abständen und benutzte zu viele verschiedene Energiespender. Alles, was sie in esoterischen Werbekatalogen fand, glaubte sie bestellen zu müssen. Jedes für sich einzeln angewandt, konnte möglicherweise ein hilfreiches Produkt sein. Ein guter Kurs kann sicherlich der Heilung dienen, **aber alles gleichzeitig kombiniert, in viel zu kurzen Abständen und unkontrolliert von Fachleuten, musste katastrophale Folgen haben, genau wie ein übermäßiges und undosiertes Einnehmen von Tabletten.**

Doch wenn ich mit dem mir unbekannten Vater versuchen würde zu sprechen, setzte ich das Vertrauen Johannas und ihrer Mutter aufs Spiel. Sie wären dann mit Sicherheit von mir vollkommen enttäuscht und es würde danach für mich keine Möglichkeit mehr bestehen, ihnen beratend beizustehen. Außerdem bezweifelte ich, dass der Mann mir überhaupt zuhören würde. Von dem ganzen "esoterischen Kram" hielt er nichts, höchstwahrscheinlich würde er mich mit der Mistgabel vom Hof jagen.

So wartete ich etwas mulmig auf das Wochenende und den angekündigten Hinweis des Geistwesens. Ich nutzte die Gelegenheit, zwischenzeitlich einmal nachzuschauen, was in den Medizinbüchern über Schizophrenie geschrieben stand:

Im allgemeinen versteht man unter dieser Krankheit eine Zerrissenheit der Gedanken und Gefühle. Die Grenzen zwischen dem "Ich" und der Umwelt verwischen sich. Es ist nicht mehr möglich, zwischen wichtig und unwichtig zu unterscheiden. Es kommt zum Realitätsverlust.
Schizophrene Menschen sind fast immer hochsensibel, empfindsam und kreativ. Durch ihre Fähigkeit der überklaren Wahrnehmung werden sie für das normale Leben anscheinend untauglich.

Johanna.

Unterschieden werden drei Verhaltensweisen:

1) Hebephren: *Das Verhalten wirkt jugendlich, ein bisschen distanzlos, unangepasst, bizarr.*

Ja, so war Johanna.

2) Kataton: *Die Menschen wirken äußerst gespannt, verkrampft und innerlich erregt.*

Auch hier erkannte ich Johanna sofort wieder.

3) **Paranoid:** *Sie ist die häufigste Form der Schizophrenie, meist begleitet von Halluzinationen:*

- *Wahrnehmungsstörungen treten in den Vordergrund. Sie mischen sich mit einer großen Erregung und Zerfahrenheit, wobei es den Betroffenen nicht mehr möglich ist, zwischen Wirklichem und Unwirklichem, zwischen Gedachtem und real Vorhandenem zu unterscheiden.*
- *nicht zusammenhängende Ereignisse werden miteinander verknüpft. Es kommt zu Wahnvorstellungen: Man fühlt sich Manipulationen, fremden Einflüssen und Mächten ausgesetzt oder von Außerirdischen bedroht.*
- *Wahnvorstellungen (Halluzinationen) können alle Sinne erfassen. Die Betroffenen sehen ungewöhnliche Dinge, riechen und schmecken ungewöhnliche Speisen oder hören Stimmen. Die Betroffenen handeln so, als wären diese Vorstellungen Realität.*

Paranoide Schizophrene sind fast immer selbsttötungsgefährdet, meist am Anfang oder Ende eines Schubs.

Schizophrene Menschen haben nur dann eine Möglichkeit zur Selbsthilfe, wenn sie ihr Leiden als Krankheit erkennen. Hilfe können andere Menschen, Freunde(innen), Bekannte oder Familienangehörige bieten.

Lassen sie die Kranken nicht allein und überzeugen sie diese, dass sie psychotherapeutische und fachärztliche Hilfe vom Leidensdruck befreien kann. Spätestens wenn Wahrnehmungsstörungen oder -veränderungen auftreten, muss unbedingt ein Arzt konsultiert werden. In vielen Städten gibt es Selbsthilfegruppen für Angehörige, in denen diese ihre Unsicherheit und Ängste im Umgang mit den Kranken bewältigen lernen.

Am liebsten wäre ich selbst zu einer Selbsthilfegruppe gegangen, doch es sprengte total meinen Zeitrahmen. "Halt dich da raus!", beschwor mich auch mein Mann. Doch ich nahm mir vor, weiterhin zumindest Johanna und ihre Mutter von dem Besuch bei einem guten Schulmediziner zu überzeugen.

Es war später Sonntagnachmittag geworden und nichts geschah. Das schöne, sonnige Wochenende verlief ansonsten harmonisch, mit unseren Kindern tollten wir im Garten und genossen das erste Planschen im Pool. Da inzwischen auch alle gute Schwimmer waren, brauchte ich mir keine Sorgen zu machen und konnte die Kleinen auch eine Zeit lang unbeaufsichtigt planschen lassen. Ich beschloss, an meinem neuen Buch weiterzuschreiben und setzte mich an den Computer. Zuerst jedoch schaute ich in meinen Mailbriefkasten, und plötzlich jagten eiskalte Schauer über meinen Rücken. Ich fand eine Mailnachricht von einer meiner Reikischülerinnen vor mit dem Betreff: Geistwesen X.

Dann las ich: "Hallo, meine Liebe, habe zufällig eine interessante Geschichte im Internet gefunden und wollte sie dir zum Lesen weiterreichen." Sie handelte von einem Gleichnis, in dem der Sohn aufgefordert wurde, seinen elterlichen Betrieb zu verlassen, um seinen eigenen Weg zu gehen und nie mehr, auch nicht an das Sterbebett des Vaters, zurückzukehren. Mir gefiel die Geschichte überhaupt nicht, ich lehrte stets Versöhnung, Verzeihen und das Miteinanderauskommen. Aber, dass mir meine Reiki-Schülerin Hanna ausgerechnet heute diese Geschichte gesandt hatte, irritierte mich total. Steckte die Mutter zweier kleiner Kinder vielleicht selbst schon in den Fängen dieser Sekte? Ich musste mich auf der Stelle vergewissern und rief sie an. "Wie kommst du dazu, mir ausgerechnet heute ein Gleichnis von X. zu mailen?", fragte ich Hanna atemlos, und sie antwortete erstaunt: "Aber Gaby, du weißt doch, dass ich dir ab und zu mal eine interessante Information zukommen lasse." "Ja, ich weiß, die letzte Nachricht von dir ist aber bestimmt acht Wochen her, wieso ausgerechnet heute und ausgerechnet von diesem

Geistwesen?", bohrte ich weiter. "Weil ich heute Mittag im Netz gesurft bin und diese außergewöhnliche Story gefunden habe. Ich wollte deine Meinung dazu hören, mehr nicht. Ich verstehe deine Aufregung überhaupt nicht, kannst du mir das erklären?" "Nein, tut mir leid, ich kann es dir nicht sagen, ich befürchte nur, dass hinter diesen Informationen eine mächtige Sekte steckt. Pass auf mit solchen Dingen und danke für deine Auskunft!", verabschiedete ich mich von ihr. Also, augenscheinlich war es tatsächlich ein reiner Zufall, denn Hanna hatte wirklich keine Ahnung, um wen es sich handelte und um was es ging. Da ich aber nun einmal längst nicht mehr an Zufälle glaubte, sträubten sich mir immer noch sämtliche Nackenhaare. Ich verspürte absolut keine Lust, mit einem hohen Geistwesen Katz und Maus zu spielen, vor allen Dingen nicht, wenn ich die Maus war.

Ein paar Tage vergingen in Ruhe und ich konzentrierte mich auf meine Arbeit als Reiki-Lehrerin. Ebenfalls *rein zufällig* fand Brigitta, eine Ärztin der Psychologie, ausgerechnet meine Adresse im Internet und meldete sich zu einem Reiki-Kurs bei mir an. Wir wurden schnell gute Freundinnen und so bat ich sie um Auskunft und Rat. "Ja, du hast mit deinen Bedenken Recht, nach dem, was du mir schilderst, gehört deine ehemalige Reiki-Schülerin Johanna sofort in eine fachärztliche Betreuung", bestätigte sie mir. "Natürlich nicht einfach in eine normale Psychiatrie, dort werden die Patienten häufig nur ruhig gestellt, ihre Sensitivität zerstört." Mir kam ein furchtbares Bild in den Kopf, meine hübsche, lebenslustige Johanna dumpf vor sich hin siechend, vollgepumpt mit Tabletten. Oh, das durfte ich nicht zulassen. "Ich kann dir aber helfen", holte mich Brigitta aus meinen albtraumhaften Visionen wieder heraus. "Vor zwei Jahren arbeitete ich in einer Klinik, in welcher der Oberarzt auch nicht nur den reinen schulmedizinischen Weg gegangen ist. Da er selbst sehr spirituell veranlagt war, beschäftigte er sich auch mit alternativen Heilwegen und fand Möglichkeiten, in Kombination mit der klassischen Schulmedizin, gerade auf

Hochsensitive besonders einzugehen, aber ohne starke Psychopharmaka. Wenn du möchtest, gebe ich dir die Telefonnummer seiner Sekretärin und du kannst sie Johanna beziehungsweise noch besser ihren Eltern weiterreichen." "Ja, das ist genau, wonach ich suchte, dich hat der Himmel im richtigen Moment zu mir geführt", lachte ich erfreut und entschied mich, nun rasch zu handeln.

Noch am gleichen Tag suchte mich Johanna von sich aus wieder auf, klingelte an unserer Privatwohnung und bat um ein Gespräch. Tränen liefen dabei über ihre Wange und ich bat sie sofort ins Haus. Sie war in einem furchtbaren Zustand, die Haare total struppig, die Kleidung ungepflegt und tiefe, dunkle Ringe unter den Augen. Jammervoll klagte sie: "Ich kann gar nicht mehr schlafen. Fast jede Nacht wecken sie mich, holen mich aus dem Bett, und ich muss von ihnen lernen." "Wer holt dich nachts aus dem Schlaf?", fragte ich erschrocken. "Es sind sehr hohe Geistwesen, zwei Führer, die mir als Lehrer zugewiesen wurden. Ich darf aber über das nächtliche Geschehen mit niemandem sprechen. Aber ich schaffe mein Tagespensum überhaupt nicht mehr. Der fehlende Schlaf in der Nacht und tagsüber die Hektik im Betrieb, ich kann nicht mehr." Voller Verzweiflung schlug sie die Hände vor die Augen und vergrub ihren Kopf in ihrem Schoß. Ein heftiges Schluchzen schien den ganzen Körper zu erschüttern und tröstend strich ich ihr übers Haar. "Es ist nicht richtig, dass dir spirituelle Wesen so schaden. Wenn sie dich wieder wecken, dann sprich mit ihnen und sage, dass dies so nicht weitergeht. Du musst unbedingt die heilsame Maßnahme des Ablehnens und des Neinsagens ergreifen. Das Jasagen hat nur Wert, wenn man Nein sagen kann, sonst wird es schnell zur Liebesdienerei. Nein sagen und Ja sagen sind Aspekte von Freiheit. Wer nicht Nein sagen kann, ist gefangen.

Du bist ein Mensch und hast die Aufgabe, hier in deinem jetzigen Erdenleben zurecht zu kommen. Deine spirituelle Entwicklung darf nicht dein menschliches Sein zerstören. Geistige Wesen sind keineswegs alle vollkommen. Nur weil eine Botschaft medial empfangen wird, muss sie nicht *gut, richtig* oder *unterstützend* sein", erklärte ich ihr weiter. "Die Informationen von wahren, hohen Geistführern zeichnen sich durch Liebe und Klarheit aus. Sie lassen jedem Menschen seine Freiheit. Anstatt zu befehlen oder zu bestimmen, geben sie Ratschläge und vermitteln Einsichten", und mir kamen *Anastasias* (der Stimme aus der Taiga) Worte in den Sinn:

> *"Jeder Mensch ist zum Kontakt mit allen Welten dieses Universums fähig, ob sichtbar, ob unsichtbar. Er ist mit einem Radio vergleichbar, das viele Sender empfangen kann. Der Mensch ist auch der Besitzer dieses Radios und wendet sich bestimmten Sendern zu.*
> *Der Mensch empfängt und er selektiert. Das Wichtigste ist, dass der Mensch den Stimmen, die seinen falschen Stolz ansprechen, nicht nachgibt. Im Weltall leben allerlei Geschöpfe. Und einige davon sind ohne Seele und ohne Leib. Sie wollen ihren Platz in der Seele finden und damit einen Körper beeinflussen. So sprechen sie zum menschlichen Bewusstsein, zu seinem Ich und zu seiner Angst: So etwa: 'Folge mir, ich bin vollkommen. Du bist zu meinem Schüler auserwählt. So folge mir, ich mache dich zum Größten.'*
> *Doch diese Geschöpfe gilt es zu vertreiben. Da sie feige sind und unsere Gedanken stärker, genügt es zu sagen: 'Geh, sonst verbrennt dich mein Gedanke!' Denn die Geschöpfe kennen die Kraft eines Gedankens viel zu gut.*
> *Es kann auch ausreichen, ein Blättchen Schöllkraut (Vorsicht: Giftpflanze!!!) zu pflücken und ein wenig dran zu kauen, es anschließend auf die Hand zu legen und zu sagen: 'Du liebes Blättchen, mach mich wieder rein.'"*

Abrupt unterbrach Johanna plötzlich meine gedanklichen Ausschweifungen. "Pst, die Stimmen sprechen gerade zu mir!" Sie lauschte eine kurze Zeit und automatisch versuchte ich nun ebenfalls angestrengt etwas zu hören, doch ich vernahm nur das plätschernde Geräusch unseres Quellsteinbrunnens. "Sie befehlen, dass ich sofort gehen muss, auf Wiedersehen, Frau Hilf", und schnurstracks verließ sie den Raum ohne auf meine Bitte, wenigstens noch einen kurzen Moment zu bleiben, einzugehen. Hilflos blieb ich zurück. Stimmen in ihrem Kopf, die so krass befahlen, was sie zu tun und zu lassen hatte, Johanna derart manipulierten, das bedeutete höchste Gefahr an Leib und Leben für sie. Irgendwie befürchtete ich, dass es diesen niedrigen Wesen möglich war, auch meine Gedanken zu erkennen, dass sie meine zerstörenden Schwingungen ihnen gegenüber merkten und daher Johanna sofort wegschickten. Ein höheres Bewusstsein dagegen sprach nur mit Wärme in der Seele, weise, voll Liebe, mit spürbaren Düften, auch nur unverzerrt empfangbar für eine reine Seele.

Es musste dringend etwas geschehen, ich konnte es nicht mehr verantworten, tatenlos zuzusehen, so nahm ich sofort Kontakt mit ihrer Mutter auf und bat sie, folgenden Text aus dem Buch *Hilfe aus der geistigen Welt* von der Autorin Petra Schneider durchzulesen.

> *Gefahren der erweiterten Wahrnehmung*
> *Durch erweiterte Wahrnehmung erhält man Zugang zu Bereichen, die unsere normale Wahrnehmung ausblendet. Das kann einen labilen Menschen aus der Bahn werfen und Psychosen auslösen.*
> *Ich kenne zwei junge Menschen, die durch Training und Meditation ihre Wahrnehmungsfähigkeit enorm gesteigert hatten, aber selbst nicht stabil genug waren. Ihnen fehlten Urteilskraft, die Verankerung im Körper, eigener Wille und Standfestigkeit. Sie begannen Stimmen und Schwingungen auch während der normalen Wachzeit zu hören und konnten diese Stimmen nicht mehr von der "normalen" Realität unterscheiden.*

Die Ebenen verschwammen miteinander. Sie glaubten, den Aufforderungen dieser Stimmen folgen zu müssen und stürzten in ein emotionales Desaster. Einer versuchte sogar, sich aus dem Fenster zu stürzen, weil die Stimmen ihm dies befahlen. Beide befinden sich heute in einer psychiatrischen Klinik.
Wer Kontakt zur geistigen Welt bekommt, sollte sich erden, sich gut mit dem Körper verbinden, die eigene Kraft und Stabilität stärken, wissen, was er tut und mit welcher Ebene er sich verbindet. Und es ist wichtig, im eigenen Tempo zu wachsen. Jedes zu schnelle Vorhasten birgt Gefahren. Sollten Situationen auftreten, in denen man selbst nicht mehr weiter weiß, ist es wichtig, Hilfe bei erfahrenen Menschen zu holen.

"Bitte, lassen Sie sich dringend einen Termin von der Sekretärin geben und führen Sie ein Gespräch mit dem zuständigen Facharzt der Psychiatrie! Erzählen Sie von den Stimmen, die Johanna beeinflussen und den nächtlichen Störungen, die Ihnen ja ebenfalls aufgefallen sind! Schildern Sie alles, zum Glück vertraute Johanna Ihnen ja doch noch einige Situationen an!" "Glauben Sie, dass man Johanna dann zwangseinweisen wird?", fragte sie mich erschrocken und ich stöhnte: "Keine Ahnung, vielleicht können Sie ja Johanna dazu bewegen, selbst zu einem Gespräch mitzukommen. Ich kann Ihnen als Mutter nur sagen, wenn eines meiner Kinder in einem solchen Zustand wäre, ich würde nicht länger warten, sondern mir anderweitig zusätzliche Hilfe und Rat holen.

Allerdings ist Ihre Tochter volljährig und daher können Sie natürlich nicht so einfach über ihren Willen verfügen. Doch wir können auch nicht länger nur zuschauen, zumal ich die ernsthafte Befürchtung habe, dass Johanna in den Bann einer Sekte geraten ist. Sie stammt aus einem sehr vermögenden Elternhaus und verfügt selbst über größere Summen, gerade diese jungen Leute sind besonders gefährdet." Johannas Mutter nickte zustimmend und versprach, sich umgehend genauer zu informieren und ein klärendes Gespräch zu führen.

Schon einen Tag später kam sie zu mir: "Alles im grünen Bereich", sagte sie merkwürdig gelassen. "Gestern bin ich sofort zu der behandelnden Heilpraktikerin meiner Tochter gefahren und sie hat mir alles ausführlich erklärt. Sie hat mich vollkommen überzeugt und beruhigt, dass alles nur zum Besten unserer Tochter geschieht und auch mir eine kleine Behandlung gemacht, damit ich mich nicht so viel sorge. Sie ist allerdings sehr empört darüber, dass Sie ihre Tätigkeiten in Verbindung mit einer Sekte bringen."

Oh, Gott, gleich würde ich selbst in Ohnmacht fallen. Nun war die Mutter wahrscheinlich ebenfalls manipuliert worden und sicherlich nicht mehr in der Lage, die entscheidenden Schritte zu unternehmen. Ihr Ehemann würde meine Bedenken garantiert auch nicht anhören wollen, was auch verständlich war, denn auch meinem Mann wurde vor Jahren so ab und zu mal zugetragen, dass ich mich wohl mit *gefährlichen esoterischen Dingen* beschäftigte und zum Glück ignorierte er unliebsame Gerüchte. Wir sprachen stets über alles, er vertraute darauf, dass ich das Richtige tat und nie jemanden in Gefahr brachte, egal, ob es sich um Kunden oder die eigene Familie handelte. Vielleicht wäre es aber wirklich besser gewesen, wenn ich mich herausgehalten hätte. Nun würde ich mich noch bei der Heilpraktikerin entschuldigen müssen, meinen Verdacht, basierend auf den Internet-Recherchen, konnte und wollte ich auch gar nicht beweisen. Schließlich war ich keine Sektenjägerin, sondern schon immer der Meinung, jeder solle so leben wie er es für richtig hält. Und wenn der behandelnden Heilpraktikerin keine Anzeichen von Schizophrenie auffielen, dann hatten sie mir auch nicht aufzufallen. Da ich weder eine schulmedizinische Ausbildung noch eine als Heilpraktikerin besaß, durfte ich nach unserer Rechtsprechung auch keine Diagnose stellen - und meine innere Stimme weinte verzweifelt.

Zwei Tage später besuchte mich Johanna erneut. Diesmal meinte sie direkt beim Hereinkommen: “Ich bin zu Ihnen geschickt worden, um mir verschiedene Steine auszusuchen, die wichtig für meine weitere Entwicklung sind.” Dann drehte sie leicht den Kopf mit einem Ohr gen Himmel, lauschte und kommunizierte mit einer für mich nicht hörbaren, aber anscheinend von oben kommenden Stimme. “Soll ich diesen Stein kaufen?”, fragte sie laut, erhielt anscheinend eine Antwort und legte den Kristall in das Körbchen zurück, um einen anderen herauszuholen. Schnell fand sie auf diese Weise etwa zehn verschiedene Steine und legte sie an die Kasse. “Mit wem sprichst du denn die ganze Zeit?”, fragte ich sie. “Mit meinen beiden Führern. Sie sind nun ständig bei mir, dank einer erneuten Sitzung bei meiner Heilpraktikerin, und helfen mir, den Alltag zu bewältigen. Sie wissen genau, was gut und was weniger gut für mich ist. Es sind ganz hohe geistige Führer und sie müssen nun ständig bei mir sein, da ich bald die ganze Erde zu retten habe. Nur noch kurze Zeit darf ich im Betrieb meiner Eltern arbeiten, dann muss ich sie verlassen, ich habe andere, wichtigere Dinge zu erledigen.”

Ich erinnerte mich bei diesen Worten sofort wieder an die Mail, in der stand, der Sohn habe den Vater zu verlassen und auch nicht mehr zurückzukehren, selbst wenn dieser auf dem Sterbebett nach ihm verlangt. “Ich kann auch Ihre Gedanken lesen und weiß, dass Sie an meinen Worten zweifeln, meine Pläne nicht gutheißen”, sprach Johanna weiter, “doch ich bin Ihnen nicht böse. Sie wissen es nicht besser, aber in Zukunft darf ich nicht mehr zu Ihnen kommen, da Sie meine Weiterentwicklung verhindern wollen und sogar mit dem Gedanken spielen, mein in Sie gesetztes Vertrauen zu verraten. Deshalb bin ich heute das letzte Mal bei Ihnen.”

Erschrocken schaute ich sie an. Ja, sie hatte Recht, am liebsten würde ich sie höchstpersönlich einweisen lassen, um ihren Zerstörungsprozess aufzuhalten. Nun wollte ich aber auch ihr gegenüber zu meiner Überzeugung stehen und sagte deshalb klipp und klar:

"Johanna, ich möchte dein Vertrauen nicht verlieren, muss dich aber unbedingt bitten, dringend ärztlichen Rat von einem Psychiater einzuholen. Die Stimmen, die du hörst, halte ich definitiv für sehr negativ, denn sie manipulieren dich ständig. Dein Wesen hat sich sehr verändert und du kannst inzwischen überhaupt keine Entscheidung mehr aus dir selbst heraus treffen, alles wird dir vorgegeben. So eine Entwicklung kann nicht im göttlichen Sinne sein, ich lehne sie total ab und rate dir als deine Reiki-Lehrerin dringend, dich zu lösen und einen Schulmediziner zu konsultieren." Dabei überreichte ich ihr den Zettel mit der Telefonnummer des Psychiaters, den ich noch immer aufbewahrte.

Zornig wischte Johanna das Blatt vom Tisch und meinte: "Ich bin bei einer hervorragenden Heilpraktikerin in Behandlung. Diese und ihre gesamte Familie bewundern meine außergewöhnliche spirituelle Entwicklung, begleiten und fördern sie. Sie erstellen für mich die Kontakte und wissen, was das Beste für mich ist. Vielen Dank für Ihren Rat, auf den ich in Zukunft verzichten werde. Ich muss jetzt gehen." Und sie strebte zur Tür, ohne einen der ausgesuchten Kristalle noch eines Blickes zu würdigen. Daher überraschte es mich, dass sie kurz vor dem Verlassen des Raumes doch noch mal anhielt und sich zu mir herumdrehte: "Sie, Frau Hilf, hören doch auch Stimmen. Ganz häufig erzählten Sie von Ihrer Stimme, die Sie leitet und führt." "Ja, meine liebe Johanna, das stimmt. Aber es ist eine Stimme in meinem Inneren, leise und unaufdringlich. Sie lässt mir immer die Freiheit, mich für oder gegen eine Sache zu entscheiden, ich kann immer selbst wählen und werde nie zu etwas gezwungen."

Doch Johanna stoppte meine Erklärungen mit den Worten: "Ich bin geboren worden, um die Welt zu retten. Bald bin ich selbst eine große Führerin. Deshalb stehe ich unter dem persönlichen Schutz der beiden Geistführer, die alles von mir fern halten, was mich behindert oder mir schadet. Ich bin sogar unverletzbar geworden, durch diesen besonderen Schutz kann mir überhaupt nichts mehr passieren.

Stellen Sie sich vor", erklärte sie mir mit stolz erhobener Stimme, "gestern fuhr ich mit meinem Auto über die Autobahn, genau zu der Uhrzeit, als der heftige Orkan über unsere Region hinwegfegte. Überall um mich herum zuckten die Blitze in den Boden. Doch ich wusste, mir kann überhaupt nichts passieren und ich brauchte noch nicht einmal das Tempo zu drosseln, meine Geistführer hüllten mich in einen göttlichen Schutz." Sprach`s, und verließ das Mineralienstudio mit erhobenem Kopf.

Fassungslos starrte ich ihr nach. Johanna war sich ihrer lebensgefährlichen Einstellung überhaupt nicht bewusst. Wie konnte ich ihr nur helfen? Wer befahl ihr? Was sollte ich nur tun? "Johanna", rief ich ihr noch nach, "warte, pass auf dich auf! Hörst du? Sei vorsichtig!" Doch ich wusste nicht, ob sie meine Worte noch vernahm. Verdrossen setzte ich mich an den Computer und ging ins Internet. Irgendwie automatisch gab ich den Namen des Geistwesens in die Suchmaschine ein und staunte über die vielen Informationsmöglichkeiten, die ich fand. Ich begann zu lesen:

Ein Vortrag über Magnetfelder

Haltet euch von großen statischen oder elektrisch angetriebenen Magneten fern. Wichtig ist, dass ihr eure Schlafstätten untersucht und alle magnetischen Geräte mindestens in einer Entfernung von drei Metern aufstellt!

Das können elektrische Uhren (an das Stromnetz angeschlossen), Fernsehgeräte, Abspiel- und Aufnahmegeräte, Lautsprecher, Heizgeräte und Ventilatoren sein.

Benutzt keine elektrischen Decken, um euch zu wärmen. Benutzt keine Heizvorrichtungen im Bereich einer wassergefüllten Schlafunterlage! Motorbetriebene Geräte sollten nicht ständig in eurer Nähe stehen und sollten abgeschirmt werden. Vergewissert euch, dass eure künstlichen Stromnetze und -anschlüsse nicht direkt über oder nahe bei euren Schlafstätten liegen!

Nun, dem konnte ich nur beipflichten. So lehrte ich es auch auf meinen Kursen und ich erinnerte mich, dass auch Johanna eines Tages von sich aus ihre Zimmer strahlengeschützt gestaltete. Ich selbst war ihr behilflich gewesen, ein paar schöne, große, schwarze Turmaline und Rauchquarzspitzen zum Schutz vor Computern und anderen elektrischen Anlagen auszusuchen.

Ich bin zweimal hier gewesen, um größere globale Anpassungen vorzunehmen. Jetzt bin ich für die dritte Anpassung hier, und es ist mein letzter Besuch.
Als ich die beiden Male hier war, war es nötig und angebracht, mittels der globalen Anpassung euer Wachstum zu fördern. Jedes Mal wurde die Menschheit ausgelöscht. Jedes Mal blieben einige Wesenheiten, um für die Fortpflanzung der biologischen Körper zu sorgen.

Na, das waren ja tolle Aussichten. Doch die Worte Martin Luthers kamen mir in den Sinn: ***Und wenn ich wüsste, dass morgen die Welt untergeht, so würde ich heute noch einen Apfelbaum pflanzen.***

Ob Johanna mit ihren Bemerkungen, die Welt retten zu müssen, darauf anspielte. Ein kommendes Weltende, welches angeblich nur sie, als Auserwählte Gottes, in irgendeiner Form verhindern konnte. Meine Aufgabe war es auf jeden Fall, noch mein Buch zu beenden, egal mit wie vielen Geistern ich mich da anlegte, sowie Gott um Schutz für meine Familie und alle anderen Wesen dieser Erde zu bitten. Ich las weiter:

Ihr seid nie allein. Jene warten darauf, euch in jene Situation zu führen, wo ihr hergekommen seid.

Zwei Tage später starb Johanna durch einen Autounfall. In einer schmalen Linkskurve schien sie keine Kontrolle mehr über ihr

Fahrzeug gehabt zu haben und prallte gegen eine Felswand. Durch die enorme Wucht des Aufpralls verstarb sie noch am Unfallort.

Gott rettet mich

Es sieht nach Hochwasser aus.
Es regnet und regnet seit Wochen.
Langsam werden die Bewohner aus ihren Wohnungen evakuiert.
Bis auf einen alten Mann, der partout nicht aus seinem Haus will.
Die Nachbarn fahren mit dem Auto vorbei:
»Steigen sie doch ein, wir nehmen sie mit«, rufen sie ihm zu.
»Nein danke«, sagte der alte Mann, »nehmt jemand anderen mit.
Gott sorgt für mich!«

*

Mittlerweile muss er in den ersten Stock umziehen,
das Wasser überschwemmt bereits das Erdgeschoss.
Ein Boot schwimmt vorbei.
Sie wollen ihn mitnehmen.
»Rettet jemand anderen. Ihr braucht euch um mich
keine Sorgen zu machen.
Gott rettet mich«,
antwortete er zuversichtlich.

*

Drei Tage später sitzt er schon auf dem Dach,
als er den Hubschrauber hört.
Ein Seil wird nach unten geworfen.
Aber auch da winkt er gelassen nach oben:
»Geht nur zu jemand anderem,
Gott sorgt für mich!«

*

Er ertrinkt.

Der alte Mann trifft Gott und beschwert sich:
»Wo warst du denn? Ich habe auf dich gewartet.
Ich habe fest daran geglaubt, dass du mich rettest.«

Gott antwortet:
»Das habe ich auch versucht.
Ich schickte dir ein Auto, ein Boot und einen Hubschrauber.«

(Autor mir leider nicht bekannt)

Ja, Gott versuchte auch Johanna zu retten, schenkte uns die Zufälle, aber sie war - durch den Wind - nicht mehr in der Lage, den entscheidenden ersten Schritt selbst zu tun.

Die Polizei-Recherchen schlossen einen Selbstmord nicht aus. Ich schon, denn ich wusste genau, wie gerne sie lebte, leben wollte, um zu helfen und zu heilen. Visuell tauchte das Elternhaus von Johanna vor mir auf, ein schönes Landhaus, vor wenigen Jahren erst neu gebaut. Siedend heiß schoss es mir plötzlich durch den Kopf. Es war so gebaut, dass auf der linken Seite des Anwesens ein großer freier Platz als Zufahrt für Autos möglich war. Nach der Feng-Shui-Lehre war dies der Bereich des *Wissens* - an diesem Haus fehlte der komplette Bereich des Wissens - das Wissen um die Gefahr, in welcher sich die geliebte Tochter befand.

Ich entschloss mich, diesmal wieder der Stimme meines Herzens zu folgen und Johannas Eltern nach unserer Rückkehr aus dem Urlaub die Möglichkeit zu bieten, die ganze Wahrheit zu erfahren. Für sie gefror die Zeit, als Johanna starb. Zukunftspläne waren zerstört, die Vergangenheit nur noch Bilder, so tief der Schmerz im Herzen, ein Trauma. Ich musste sie befreien von dem WARUM, sie nicht länger in Schuldgefühlen lassen, ob sie etwas hätten verhindern können. Ich bezweifelte dies selbst, denn nur eine Person hätte Johanna wirklich retten können, nur eine besaß genügend

Wissen und Einfluss auf das Mädchen: die behandelnde Heilpraktikerin.

Vierzehn Tage würde ich im Urlaub Zeit haben zum Schreiben, zum Berichten, wie sehr Johanna ihre Eltern wirklich geliebt hatte, Vater und Mutter, den Bruder, ihre Heimat, das kleine Dorf in der Pfalz und die gesamte Welt. Jetzt flog ich hier mit achthundertvierundneunzig Stundenkilometern in elftausenddreihundert Metern Höhe, und die Stimme des Bordlautsprechers riss mich abrupt aus meinen Gedanken: "Bitte klappen Sie den Tisch vor Ihrem Sitzplatz hinunter, wir reichen Ihnen nun ein warmes Mittagessen!" Das Leben ging einfach weiter, und ich verspürte nun auch tatsächlich Hunger, wir waren mit Anreise ja schon seit ein paar Stunden unterwegs. Wahrscheinlich war das Essen gut, aber ich schmeckte nichts, aß gegen den Hunger, aber ohne Genuss. Erneut dachte ich an Johannas Heilpraktikerin. Ob ihr zur Zeit das Essen wohl schmeckte? Konnte sie genießen oder grübelte auch sie über den Tod Johannas?

»*Nun will die Sonn' so hell aufgeh'n,*
als wär ein Unglück nie gescheh'n.«

(Kindertotenlied von Gustav Mahler)

Innerhalb von drei Jahren war das nun meine zweite Reiki-Schülerin, deren Tod ich miterleben musste durch unverantwortliches Handeln einer Heilpraktikerin. Beide wurden nicht rechtzeitig an die Schulmedizin weitergeleitet. Carmen starb vor drei Jahren, da sie monatelang für den Knoten in ihrer Brust die falschen Diagnosen von ihrer Heilpraktikerin bekam. Sie vertraute zu lange den Aussagen, die Wucherungen seien mit Sicherheit gutartig, und selbst ihre Familie weiß bis heute nicht, dass Carmen die Knoten schon so früh bemerkte und eine reelle Chance zum Überleben gehabt hätte, wenn noch rechtzeitig eine fachärztliche Diagnose eingeholt worden wäre. Damals riet ich ihr ebenso, sich grundsätzlich auch eine schulmedizinische Diagnose erstellen zu lassen. Aber Carmen lehnte dies ab, befand es nicht für notwendig und beruhigte mich: “Ich bin bei einer ganz außergewöhnlich befähigten Heilpraktikerin. Sie ist berühmt, die Leute reisen von weit zu ihr. Sie ist absolut in der Lage, richtige Diagnosen zu erstellen, da kann ich ihr voll und ganz vertrauen.” - Zehn Monate nach diesem Gespräch war Carmen tot. Sie glaubte zu lange der falschen Person.

Vertrauen und Überprüfung schließen einander nicht aus.

*

Vertrauen ist ein Geschenk der Liebe.

*

Gutgläubigkeit ein Ausdruck von Angst.

Ich möchte nicht richten, möchte nicht urteilen und bin schon gar kein Gegner von Heilpraktikerinnen, sondern selbst mit vielen befreundet. Die meisten arbeiten seriös und unterstützen das Wohl der Menschheit mit den alten und neuen Wegen der Naturheilkunde.

Ein guter Mediziner zeichnet sich dadurch aus, dass er alternative Heilmethoden zulässt und akzeptiert, ein guter Heilpraktiker zeichnet sich dadurch aus, dass er seine Grenzen kennt.

Doch immer wieder werden auch falsche Berater und falsche Freunde unseren Lebensweg kreuzen. Viel weniger Schaden können sie anrichten, wenn wir begreifen, dass alle Weisheiten in uns selbst zu finden sind, alles Wissen in uns erreichbar ist.

Es gilt den Kontakt mit der eigenen inneren Stimme zu fördern, zu trainieren und aufzubauen. Die Weisheit der eigenen Seele zu erkennen, zu verstehen und dementsprechend zu handeln – dies ist der beste Schutz vor falschen Beratern.

Hilf dir selbst,
dann hilft dir Gott!

Sieben Wochen später

Exakt vor sieben Wochen erhielt ich die Nachricht von Johannas Tod, und auf die Stunde genau betrat eine junge Frau mein Mineralienstudio, an der Hand einen kleinen Jungen. "Ich habe gehört, dass Sie sich mit Steinen so gut auskennen und würde mich gerne beraten lassen", sagte sie beim Eintreten. "Wissen Sie, wir haben im Nachbarort einen großen Viehbetrieb, eine Farm, und Sie ahnen gar nicht, wie sehr ich unter Druck und Stress stehe." Die Worte elektrisierten mich und ich bemerkte, wie eiskalte Schauer über meinen Rücken rannen. Oh, mein Gott, nicht schon wieder! Ich blickte der Frau unauffällig, aber intensiv in die Augen. Nein, zum Glück, diese hochsensitive Schwingung wie bei Johanna war hier nicht zu spüren. "Aber das Wichtigste ist jetzt erst mal unser kleiner Sohn Daniel", fuhr sie fort. "Ich möchte Sie bitten, einen Stein für ihn herauszusuchen." Das blonde Kleinkind war bis dahin damit beschäftigt gewesen, sich die verschiedenen Kristalle im Studio genau zu betrachten, doch jetzt drehte es sich zu mir herum und schaute mich mit seinen stahlblauen, großen Augen an – bis tief in meine Seele – und berührte sie.

Ein Schmerz zog durch meinen ganzen Körper, denn die Schwingung erkannte ich sofort und mein Verstand lehnte panisch ab: "Nein! Bloß nicht, ich will nicht schon wieder ein solches außergewöhnlich spirituelles Seelenleben begleiten", jedoch meine innere

Stimme kämpfte schmeichelnd dagegen: "Du bist doch nicht allein, sondern erhältst alle himmlische Unterstützung, die du benötigst." "Ich will aber nicht, lass mich in Ruhe!", entgegnete mein Verstand. "Ich möchte ein ruhiges und ganz normales Leben führen, mich um meine eigenen Kinder und deren Seelen kümmern und mich aus den Lebensproblemen anderer Menschen so weit wie möglich heraushalten." "Aber, aber, was für Gedankengänge lässt du denn nun zu? Es ist doch exakt deine Aufgabe, den Menschen das Göttliche näher zu bringen, du kannst nicht gegen deine Seelenessenz arbeiten, sonst wirst du nur unglücklich und krank. Du sollst dich weder einmischen noch heraushalten, sondern in Liebe begleiten!", flüsterte mir nun wieder meine innere Stimme zu - es war ein recht lautes Flüstern.

So atmete ich einmal tief durch und antwortete ihr unhörbar für andere: "Nun denn, meine liebe göttliche Führung, dann sage mir mal bitte, was ich für dieses Kind tun soll?", wollte ich wissen und meine innere Stimme antwortete: "Schütze das Kind mit einem Stein! Ein ***blauer, gebänderter Achat*** soll es sein. Der *schwarze Turbo-Schutzstein Schörl* wäre für dieses junge Wesen zu stark." "Blaue Achate habe ich im Moment sowieso nicht da, beteuerte ich trotzig, damit hat sich das wohl dann erledigt. Und tschüss!" Dennoch steuerte ich auf die Tafel mit den Kristallen zu. Mein Blick fiel sofort auf einen wunderschönen Trommelstein, gebändert blau. Der einzige blaue Achat unter ansonsten nur grauen Steinen. Seit wann hing der denn da, irgendwie war er mir noch nie aufgefallen und jetzt strahlte der Kristall mich regelrecht an.

Also gut, entschied ich mich, soll der Kleine zumindest seine Chance erhalten, aber er muss den Stein selbst herausfinden. Deshalb legte ich ihm den blauen Achat, zusammen mit einer Auswahl verschiedener bunter Steine, hin und fragte, welcher ihm am besten gefalle. Zielstrebig griff er sofort nach dem blauen Achat und gab ihn nicht mehr aus der Hand.

Achat

verleiht Schutz, Geborgenheit und Sicherheit und vermittelt geistige Reife, Wachstum, innere Stabilität und Realitätssinn.

"Ich unterstütze, schütze und begleite die Seele des Kindes aber nur, wenn die Mutter mich genügend versteht", beschwerte ich mich innerlich bei meiner inneren Stimme trotzdem weiter über die neue Aufgabe. "Gib der Mutter einen Rosenquarz, sie benötigt mehr Urvertrauen, muss lernen, dass das Sanfte die Härte besiegen kann. Sie braucht keine Härte mehr, sie darf sanft sein", erläuterte mir meine innere Stimme.

Ob es tatsächlich noch einmal klappen würde, überlegte ich still. Wird sie ebenfalls aus verschiedenen Steinen den Rosenquarz wählen? Ich bezweifelte es, irgendwie passte die Farbe Rosa gar nicht zu dieser Frau, aber sicherlich war es einen Versuch wert und letztendlich war mir schon klar, dass meine innere Stimme, vorausgesetzt ich interpretierte sie richtig, doch stets zum Wohle der Menschen verhalf.

Rosenquarz

steigert das Einfühlungsvermögen, die Liebesfähigkeit (auch sich selbst zu lieben), Herzenskraft und Romantik. Er gibt die Verbindung zu unserem Urvertrauen zurück und macht Mut, das Leben zu lieben.

Befreit von Sorgen, harmonisiert den Herzrhythmus, stärkt das Herz und löst den Stress. Bringt die Yin- und Yang-Energie ins Gleichgewicht und kann jedes Chakra in die richtige energetische Schwingung versetzen.

Rosenquarz heilt wunderbar verletzte Gefühle.

Ich legte der jungen Mutter einen schönen Stein aus Rosenquarz, ebenfalls wieder zusammen mit diversen anderen Kristallen, auf den

Tisch. Jeden einzelnen Stein nahm sie in die Hand, betrachtete ihn und legte ihn wieder zurück. Dann ergriff sie den Rosenquarz und sagte spontan: "Ich nehme den, dieser Stein gefällt mir am besten." Hach, ich war begeistert. Schade, dass ich ihr nicht verraten konnte, dass sie soeben einen Test bestanden hatte. Sie glaubte, nur zwei kleine Steine gekauft zu haben, in Wirklichkeit waren wir alle drei dem Himmel gerade so nah. Wir waren nicht alleine, sie nicht, das Kind nicht, ich nicht. Wir wurden geleitet, beraten, geführt und betreut. Das Göttliche war in uns und um uns herum. Johanna hatte ich vorläufig auf Erden verloren, doch sie musste hinter der Situation stecken, dass dieser kleine Junge zu mir geführt wurde. Zu mir geführt, damit ich seine Sensibilität erkenne und schütze, um ihn vielleicht eines Tages vor einem ähnlichen Schicksal bewahren zu können.

Wie zur Bestätigung tauchte plötzlich Johannas wunderhübsches Antlitz vor meinem geistigen Auge auf, strahlend vor Licht und Liebe und dem unendlichen Blau ihrer himmlischen Augen, klar und rein - in Gottes Gnade - mit einem verschmitzten Lächeln: "Hallo, Frau Hilf, ich habe Ihnen doch gesagt, ich werde Menschen retten."

* *

Ich wandle mit meinen
Meistern,

was gut an ihnen ist,
übernehme ich,

was schlecht an ihnen ist,
ändere ich an mir selbst.

(Konfuzius)

Vertrauen und Überprüfung schließen einander nicht aus.

霊気

9. Kapitel

Die direkte Linie zu Dr. Usui

Fiktives, himmlisches Gespräch zwischen Dr. Usui und Erzengel Gabriel, dem Engel der Verkündung, dem Botschafter zum Heile der Menschen. Erzengel Gabriel begleitet Neubeginn und löst starre Strukturen auf.

Neujahr 1957

Dr. Usui: Schau, mein lieber Gabriel, was haben die Menschen nur aus Reiki gemacht! Die einen wollten, dass Reiki sich nur die Reichen leisten können, sie machten es zum luxuriösen Geheimtipp für Insider, die anderen benutzen es zur Abhängigkeit, ja sogar die original Reiki-Zeichen wollen vereinzelte Meister nur für sich selbst benutzen dürfen, lassen sie sich gar patentieren.

Erzengel Gabriel: Ja, mich wundert, dass noch keiner Gottesliebe zum Patent angemeldet hat und stückchenweise verkauft. **Doch du hast Recht, die Zeit ist gekommen für die Auflösung einiger starrer Strukturen und Linien unter den Reikilehrern.** Wir müssen dafür sorgen, dass zum einen mehr Menschen Reiki kennen lernen, erfahren und erleben dürfen und zum anderen sollte auch da weitergemacht werden, wo du damals aufgehört hast. Deine Heimkehr ins

Licht erfolgte am 9. März 1926, am besten wir nehmen eine Seele, die am 9. März geboren wird. Schauen wir uns mal um, wer käme denn da in Frage? Aja, das kleine wuschelige Licht hier, sie bietet sich an.

Dr. Usui: Ausgerechnet die?

Erzengel Gabriel: Ja, sie wird am 9. März 1957 geboren werden und kann so deine Linie nach einunddreißig Jahren wieder direkt fortführen (*1 - steht für: die Alleinheit, aus der alles andere hervorgeht. 3 - tritt immer dann auf, wenn die Seelenkräfte wirksam sind: Das Denken, das Fühlen und das Wollen. Alles Seelische organisiert und gliedert sich in der Dreizahl.)*. Sie ist sehr spirituell und sensitiv und zur Stärkung wird sie meinen Namen erhalten: Gabriela. Als *reife Seele* versteht sie, dass Leid, Hoffnungslosigkeit und Qual nicht unliebsame oder durch Sündhaftigkeit bedingte Phänomene sind, sondern dass sie unmittelbar zu der Lebens- und Erfahrungsreise gehören. Sie wird eine gute Botin Gottes werden.

Dr. Usui: Aber sie ist so furchtbar vergesslich.

Erzengel Gabriel: Nun, dann werden wir sie auf den Nachnamen Hilf taufen lassen. Durch die ständige Schwingung ihres Namens wird sie sich zu gegebener Zeit an ihren Auftrag erinnern.

Dr. Usui: Sie ist in jungen Jahren viel zu sorglos, trampt durch halb Europa, mit achtzehn fährt sie Autos, die die reinsten Schrottkisten sind. Lebensgefährlich!

Erzengel Gabriel: Wir stellen ihr drei weitere Schutzengel zur Seite.

Dr. Usui: Gib ihr lieber fünf! Schau mal, schau wie sie das Vergnügen und die Nacht liebt!

Erzengel Gabriel: Wir lassen sie sich in jungen Jahren austoben.

Dr. Usui: Ja und dann, später hat sie vier Kinder, will zusätzlich sogar noch ganztags berufstätig sein und wird überhaupt keine Zeit zum Meditieren finden.

Erzengel Gabriel: Lassen wir sie doch Berufe ausüben, bei denen sie während der Arbeitszeit meditieren kann. Als Kosmetikerin muss sie während der Gesichtsmassage vollkommen abschalten und kann so den meditativen Zustand erreichen. Und als Meditationslehrerin kann sie die eigenen Kurse auch für ihre persönliche Einsicht nutzen. Außerdem sorgen wir dafür, dass sie abends keine Babysitter finden wird, dann wird sie die Nächte zu Hause verbringen und sich dem Lesen, Lernen, Schreiben und Lehren widmen.

Dr. Usui: Auch gefährlich, sie wird in die Esoterik abdriften.

Erzengel Gabriel: Nein, wir geben ihr einen bodenständigen Ehemann, der sie mit verwurzelt.

Dr. Usui: Sie wird sich scheiden lassen.

Erzengel Gabriel: Wird sie nicht, denn sie darf ihren absoluten Traummann und Idealpartner heiraten.

Dr. Usui: Das wird sie aber nicht erkennen.

Erzengel Gabriel: Das erkennen die wenigsten Menschen.

Dr. Usui: Sie ist suchtanfällig.

Erzengel Gabriel: Wir tricksen sie aus. Ansonsten können wir ihr gelegentlich ein Glas Rotwein genehmigen.

Dr. Usui: Was spricht denn so stark für die Seele Gabriela?

Erzengel Gabriel: Sie wird Reiki und alle Menschen so sehr lieben.

Dr. Usui: Also, gut, mein lieber Gabriel. Wenn du sie begleitest, bin ich schon damit einverstanden, lassen wir ihr also den speziellen Reiki-Funken zukommen, aber nicht nur ihr allein. Ich wünsche mir, dass auch anderen Menschen in dieser Zeit der spezielle Funke übertragen wird.

Erzengel Gabriel: Ja, so soll es sein. Zum Wohle der Menschen in liebevoller Verbundenheit.

Und so kam es, dass vielen Menschen ein ganz besonderer Funke des Reiki-Usui-Systems zukam. Frauen wie Waltraud, Roswitha, Ursula, Angela, Sharamon, Leila, Doris, Gisela, Susanne und Männern wie Walter, Klaus, Wolfgang, Ralf, Manfred, Frank, Michael und vielen, vielen mehr, alle bekamen *die direkte Verbindung zu Dr. Usui.*

Ich glaube, es ist an der Zeit,
dass wir unser begrenztes Denken aufgeben
und eine stärker kosmisch orientierte Sicht
des Lebens entwickeln.

*

Die Gemeinschaft der menschlichen Wesen
auf dem Planeten Erde öffnet sich gegenwärtig
auf nie gekannte Weise.

*

Neue Ebenen der Spiritualität verbinden uns.
Auf der seelischen Ebene lernen wir,
dass wir alle eins sind.

(Louise L. Hay)

Quellenverzeichnis

I. Bücher über die Wirkungen von Heilsteinen:

Gienger, Michael: *Die Steinheilkunde*, Neue Erde Verlag, Saarbrücken

Melody: *Das Handbuch der Edelsteine und Kristalle,* Droemersche Verlagsanstalt, München

Das große Lexikon der Heilsteine, Düfte und Kräuter, Methusalem Verlagsgesellschaft mbH, Neu-Ulm

II. Bücher über Engel:

Marooney, Kimberly: *Engel - Himmlische Helfer,* Buch u. Kartenset, Windpferd Verlag, Aitrang

Ruland, Jeanne: *Die lichte Kraft der Engel*, Schirner Verlag, Darmstadt

Schneider, Petra / Pieroth, Gerhard K.: *Engel begleiten uns,* Windpferd Verlag, Aitrang

Virtue, Doreen: *Das Heilgeheimnis der Engel*, Heyne Verlag, München

III. Bücher und Kartensets für Affirmationen:

Ancari, Pir K.: *Die heilenden Verse - Die geheime Kraft der Worte,* Farren Bel Verlag, Saarbrücken

Hay, Louise L.: *Gesundheit für Körper und Seele,* Heyne Verlag, München

Hay, Louise L.: *Körper und Seele,* Kartenset, Heyne Verlag, München

Hay, Louise L.: *Meditationen für Körper und Seele,* Heyne Verlag, München

IV. Bücher zum Thema Wasser

Hendel, Barbara Dr. med. / Ferreira, Peter: *Wasser & Salz,* Ina Verlag, Herrsching

V. Bücher über Schutztechniken

Harbour, Dorothy: *Achtung, Energie-Vampire,* Integral Verlag, München

Kristall, Phyllis: *Die inneren Fesseln sprengen,* Econ & List Taschenbuch Verlag

Mohr, Bärbel: *Aura-Schutz,* falk-Verlag, Seeon

VI. Bücher über die seelischen Ursachen von Krankheiten:

Bach, Edward: *Heile dich selbst*, Hugendubel, München

Bind-Klinger, Anita: *Heilung durch Harmonie,* Aquamarin Verlag, Grafing

Bourbeau, Lise: *Dein Körper sagt: Liebe Dich!*, Windpferd Verlag, Aitrang

Dethlefsen, Thorwald / Dahlke, Ruediger: *Krankheit als Weg,* Goldmann Verlag, München

Hay, Louise L.: *Heile deinen Körper,* Alf Lüchow Verlag, Freiburg

Und auch:

Megre, Wladimir: *Anastasia,* Band I - IV, Govinda bzw. Vega Verlag, Frankeneck

Powers, Margaret Fishback: *Spuren im Sand,* Brunnen Verlag, Gießen-Basel

Über die Autorin

Gabriela Hilf lebt und arbeitet seit über zwanzig Jahren in Dannstadt/Pfalz und bietet dort Kurse zu Reiki und Kristall-Behandlungen an. In ihrem Ladengeschäft “Body & Spirit” kann die (der) Heilsteininteressierte sich über die Wirkungen der Steine informieren.

Neben ihrer Tätigkeit als Seminarleiterin ist Gabriela Hilf auch gerne Mutter von ihren vier Kindern und genießt es, ein harmonisches Familienleben und berufliche Interessen zu verbinden. Ihre Bücher, die zu Beginn von ihr nur für den eigenen Reikischülerkreis gedacht waren, sind inzwischen zu beliebten Arbeits-Vorlagen vieler anderer Reiki-Praktizierender geworden.

Ihr Anliegen ist es, den Menschen die Botschaften des eigenen Körpers nahe zu bringen und zu verstehen, dass das persönliche Glück oder Unglück kein reiner Zufall, sondern stets eine Auswirkung von einer Ursache ist. Diese gilt es dann zu behandeln.

Kristalle und Reiki können dabei wunderbare Hilfsmittel und Wegbegleiter sein für ein Leben in Harmonie und Gesundheit.

Programme zu Seminaren und Vorträgen sowie weitere Informationen erhalten Sie bei:

Body & Spirit
Gabriela Hilf
Neckarstr. 2c · 67125 Dannstadt · Tel.: 06231/4030288
seminare@hilf-heilen.de · www.hilf-heilen.de

250 Seiten, broschiert
€ [D] 12,90 / sFr 23,50
ISBN 3-89845-045-7

Gabriela Hilf

Reiki im Alltag

Neue Türen öffnen sich

Entdecken Sie die Kräfte der Heilsteine und Reiki für sich! Lassen Sie sich im Alltag helfen! Dieses Buch ist nicht nur für Mütter, aber die Autorin, selber Mutter von vier Kindern, zeigt Ihnen die richtige Anwendung von Reiki und Heilsteinen – während der Schwangerschaft, bei der Geburt, gegen Neurodermitis und auch vor allem bei den alltäglichen kleineren und größeren Problemen einer berufstätigen Mutter.
Mit seinen vielen praktischen Tipps und erprobten Ratschlägen ist es ein ideales Buch für den Reiki-Anfänger zum Einsteigen in den ersten Reiki-Grad, aber auch ein interessantes Werk für bereits praktizierende Reikianer und Heilstein-Liebhaber.

120 S., 24 farb. Karten
€ [D] 19,90 / sFr 34,90
ISBN 3-89845-035-X

Marion Mietke & Dorothea Elisabeth Piper

Die Reiki-Botschaft

I Karten-Set mit Buch I

Das Kartenset für den Reiki-Prozess

Dieses Kartenset ist eine wunderbare Bereicherung für jeden Reiki-Interessierten, der sich die Philosophie und die bewusste Nutzung von Reiki erschließen möchte. Es lädt ein, sich wieder an die eigenen Fähigkeiten, die eigenen Kräfte und vor allem an das eigene Licht zu erinnern. 24 wunderschön illustrierte Karten mit Begleitworten und besinnlichen Kommentaren im Buch sind liebevolle Begleiter, die erahnen lassen, dass Reiki mehr ist als Handauflegen. Es ist Bewusstwerdung, Wachstum, Freude und das Öffnen der Herzen – Reiki ist in allem ...

40 Karten in Faltschachtel
€ [D] 9,90 / sFr 18,90
ISBN 3-89845-110-0

Sabine Bauer

Reiki – Energieaffirmationen

Neuheit: Das komplette System der natürlichen Heilung durch Reiki erstmals im Kartenformat! Dieses Kartenset kombiniert zum einen sämtliche Reiki-Positionen, die durch passende Affirmationen und den Hinweis auf die zugehörige Chakrenfarbe ergänzt werden, und besticht zum anderen dennoch durch seine Schlichtheit, die es selbst Anfängern erlaubt, schnell und effektiv mit Reiki zu arbeiten.
Durch das handliche Format kann man die Karten überdies überall mit sich tragen als Orakelkarten, Tageskarten, zum Energetisieren von Wasser oder einfach als liebevolle Weggefährten.

Hagen van Beeck

Dufte Düfte

Eine Schnupperreise für die Sinne

In Untersuchungen über menschliche Verhaltensweisen wurde der Geruchssinn bisher vielfach zu gering bewertet.
Bestimmte Düfte versetzen uns in Hochstimmung, wecken unser kreatives Potenzial, muntern uns auf oder haben gar aphrodisierende Wirkung. Sonnenröschen wirkt gegen die Furcht, Lavendel für Reinheit und Ordnung, Sandelholz für das süße Leben mit Lust – in vielerlei Düften schwelgen Sie mit diesem mit Anekdoten gewürzten Sachbuch. Auch von der Heilwirkung und Psychologie der Düfte, ihrer Geschichte, ihrer astrologischen Bestimmung und ihrem mystischen Hintergrund erfahren Sie.

236 Seiten, broschiert
€ [D] 12,90 / sFr 23,50
ISBN 3-931652-36-X

J.M. Paffenhoff / D. Mantez

Kristallokosmik

Die magische Verbindung zwischen Mensch und Stein

Ein sehr tief gehendes, umfassendes und schön gestaltetes Handbuch zu einem viel besprochenen Thema, das hier jedoch unter völlig neuen Gesichtspunkten beleuchtet wird. Die Autoren spannen einen Bogen von den altüberlieferten Traditionen der Indianer über die chinesische Energielehre bis zu den Kristallen und ihren Möglichkeiten, als "intelligente Werkzeuge" das Gleichgewicht zwischen Körper, Geist und Seele wiederherzustellen. Eine spannende Mischung aus theoretischem Wissen und einer für jeden anwendbaren Praxis.

280 Seiten, gebunden
€ [D] 17,90 / sFr 31,70
ISBN 3-931652-74-2

Dick Nijssen

Karten zur Selbstverwirklichung

Worte von großen Weisheitslehrern inspirieren dich und laden dich ein, zu einer noch tieferen Wirklichkeit erweckt zu werden.

80 Karten in Karton; € [D] 10,90 / sFr 20,70; ISBN 3-89845-023-6

Weitere Karten von Dick Nijssen:

Erkenntnis-Karten ISBN 3-931652-39-4 · 78 Karten · € [D] 10,90 / sFr 20,70

Psychologische Erkenntnis-Karten ISBN 3-931652-58-0 · 78 Karten · € [D] 10,90 / sFr 20,70

Spirituelle Erkenntnis-Karten ISBN 3-931652-69-6 · 78 Karten · € [D] 10,90 / sFr 20,70